标准参照语言测试研究

黄锐 著

Criterion-Referenced Test

ABCDEFGHIJKLMNOPQRSTUVWXYZ

厦门大学出版社
XIAMEN UNIVERSITY PRESS

国家一级出版社
全国百佳图书出版单位

本书获"集美大学优秀学术
著作出版基金"资助

序

　　黄锐的专著《标准参照语言测试研究》是在她的硕士学位论文《现代教育测量理论在标准参照语言测试中的应用与案例研究》的基础上，经过她多年的努力和孜孜不倦的耕耘、积累、拓展和深入研究，最终撰写而成的。该书现正式出版，作为她的老师，我感到颇为欣慰。

　　自从上个世纪 60 年代 Glaser 提出"标准参照测量"概念后，在教育测量界有关它的讨论就热门起来，国内对此的研究也在 90 年代迅速开展起来，到本世纪初达到高潮。中国汉语水平考试自 1984 年研制实施以来，语言测试界对标准参照测试的研究也随之发展，但就英语作为外语的语言测试界来说，对标准参照测试的研究却相对落后，国内目前尚无一本有关此内容的专著，研究该方向的文章也不多见。本书作者能在教育测量界和汉语测试界在标准参照测试研究的基础上，结合外语测试的特点撰写此书是一种大胆尝试。

　　本书从语言测试理论出发，通过与常模参照测试的理论和发展建构过程的比较，探讨了标准参照语言测试的理论和应用。信度和效度研究是语言测试中的难点，而标准参照测试的信度和效度更难把握。作者通过反复研读文献，以及几年的思考和写作，系统地梳理了标准参照语言测试的信度估计和效度研究的理论和方法，为同行们提供了一个比较全面了解标准参照语言测试全貌的专著。此外，作者还结合自身参与普通高等学校招生命题的工作经验，在书中就外语教师如何更好地参与命题、改卷、试题分析等方面的工作，提出了一些建设性意见。

　　该书对语言测试研究者、外语教师、高校师范生和语言测试的硕士生都有较高的参考和应用价值,是一本很值得阅读的专著。

　　是为序。

史秋衡

2012 年 9 月 21 日

于厦门大学颂恩楼

前　言

　　本书以语言测试的基本理论为基础,通过比较常模参照测试的理论和发展建构过程,探讨了标准参照语言测试的理论和应用,重点说明了标准参照语言测试的编制、项目分析以及标准参照语言测试的信度、效度和分数的解释。对标准参照语言测试的难点,即信度和效度进行了比较全面的探讨和研究,并通过理论联系实际的案例,采用了 NEATs 和 TEM 等国内大型的标准参照语言测试的统计数据,介绍了经典测量理论、概化理论和项目反应理论在标准参照语言测试的信度估计和效度验证中的应用,为同行学者提供了较多可参考和借鉴的依据。本书的主要读者对象为语言测试研究人员和外国语言学及应用语言学专业的硕士生、英语教师、英语专业的师范生以及对语言测试感兴趣的人士。

　　本书得以完稿和出版,首先要感谢我的授业恩师,教育部评估专家、国家"985 工程"创新基地副主任、厦门大学高等教育质量与评估研究所所长、教育研究院副院长、博士生导师史秋衡教授,尽管毕业多年,但他始终鼓励我在自己的研究领域里进行不断的探索和研究,并为本书作了序言;其次要感谢集美大学资助本书的出版并为我提供到广东外语外贸大学访学一年的机会,让我不但能全身心地完成书稿,还能直接地向语言测试界的专家们学习;感谢我的访学指导老师,广东外语外贸大学副校长、博士生导师刘建达教授和广东外语艺术学院院长、博士生导师曾用强教授,是他们的教导和鼓励,让我能顺利地完成书稿;刘建达教授在百忙中通读了本书,并对书中的不足提出了宝贵的修改意见;广东外语外贸大学的博士生导师亓鲁霞教授对本书的目录和书名也提出过修改意见,在此一并表示感谢。

由于本人才疏学浅,书中难免有错误和不足,望读者批评指正。

黄 锐

2012 年 7 月于广东外语外贸大学

缩略语词汇

AERA	American Educational Research Association
APA	American Psychological Association
CI	Confidence Interval
CET 4 & 6	College English Test, Band 4&6
CRT	Criterion-referenced Test
CRLT	Criterion-referenced Language Test
CTT	Classical Testing Theory
DI	Difference Index
ETS	Educational Testing Service
ICC	Item Characteristic Curve
ID	Item Discrimination
IF	Item Facility
IELTS	The International English Language Testing System
IRT	Item Response Theory
IIFs	Item Information Functions
LAD	Language-acquisition Device
LID	Local Item Dependence
MLAT	Modern Language Aptitude Test
NCME	National Council on Measurement in Education
NEAT	National English Achievement Tests
NRT	Norm-referenced test
PETS	Public English Test System
PLAB	Pimsleur Language Aptitude Battery
SEM	Standard Error of the Measurement
TCC	Test Characteristic Curve
TEM 4 & 8	Test English for Major, Grade 4&8
TOEFL	The Test of English as a Foreign Language

目　录

第一章　绪论/1

1.1　研究的目的和意义/1

1.2　基本概念界定/4

  1.2.1　测试、考试、测量、评估和评述/4

  1.2.2　语言测试/8

  1.2.3　标准参照测试与标准参照语言测试/9

  1.2.4　项目反应理论/10

第二章　语言测试的发展和理论架构/12

2.1　语言教学发展的四大阶段/12

  2.1.1　科学前阶段/12

  2.1.2　结构主义语言学/13

  2.1.3　认知法与转换生成语法语言学/14

  2.1.4　交际能力语言教学法/15

2.2　语言测试的发展史/16

  2.2.1　短文写作—翻译测试法/16

  2.2.2　结构主义—心理测量法/16

  2.2.3　综合测试法/17

  2.2.4　交际测试法/17

2.3　语言测试的实质/18

2.4　语言测试的功能及其种类/19

  2.4.1　测试、考试、测量、评估和评述的关系/19

  2.4.2　测试的功能/21

  2.4.3　测试的种类/24

2.5　语言测试的理论构架/31

　　2.5.1　信度/31

　　2.5.2　效度/36

　　2.5.3　真实性/44

　　2.5.4　交互性/48

　　2.5.5　影响/56

　　2.5.6　可操作性/57

第三章　标准参照语言测试的理论探讨/59

3.1　常模参照测试概述/59

　　3.1.1　常模参照测试的含义/59

　　3.1.2　常模参照测试编制原则/60

3.2　标准参照测试的兴起与内涵/61

　　3.2.1　标准参照测试理论的兴起/62

　　3.2.2　标准参照测试的概念及内涵/64

　　3.2.3　标准参照与常模参照的异同/67

　　3.2.4　标准参照语言测试的含义和作用/73

3.3　标准参照语言测试的编制及使用/75

　　3.3.1　编制的基本原则/75

　　3.3.2　项目分析参数/77

　　3.3.3　及格的标准水平/79

　　3.3.4　信度估计/90

　　3.3.5　效度验证/91

第四章　测试成绩分析与标准参照/93

4.1　测试成绩/94

　　4.1.1　原始分数/94

　　4.1.2　转换分数/94

　　4.1.3　Z 分数和 T 分数/95

4.2　分数的频数分布/96

　　4.2.1　分数的整理/96

　　4.2.2　分数的频数分布/98

4.3　分数频数的图形显示/99

4.4　分数的集中量/102

　　4.4.1　平均数/102

　　4.4.2　众数/102

　　4.4.3　中位数/103

　　4.4.4　集中量的比较/103

4.5　离散量/104

　　4.5.1　全距/105

　　4.5.2　四分位区间距/105

　　4.5.3　平均差/106

　　4.5.4　方差与标准差/106

4.6　分数的分布/108

4.7　偏态值和峰值/109

第五章　标准参照语言测试应用理论的分析/111

5.1　经典测试理论的建立背景/111

5.2　经典测试理论在标准参照语言测试中的应用/113

　　5.2.1　项目分析基本原理/114

　　5.2.2　传统项目分析对常模参照测试的影响/115

5.3　标准参照语言测试的项目分析/123

　　5.3.1　概述/123

　　5.3.2　测试项目的差异性指标/126

5.4　小结/132

第六章　标准参照语言测试与项目反应理论/134

6.1　经典测试理论的局限性/134

6.2　现代测试理论的基本原理/136

　　6.2.1　项目反应理论的基本概念/136

　　6.2.2　项目反应理论的基本假设/140

6.3　基本的试题反应模型介绍/141

　　6.3.1　单参数模型/142

　　6.3.2　双参数模型/144

    6.3.3　三参数模型/145

    6.3.4　其他常用的模式/146

  6.4　三种不同模型的优点和不足/147

  6.5　IRT 对 CRLT 问题的实际应用/148

  6.6　小结/154

第七章　项目反应理论在标准参照语言测试中的应用/156

  7.1　能力与试题参数的估计/157

    7.1.1　能力参数的估计/158

    7.1.2　其他估计方法与计算机程序/160

  7.2　信息函数/161

  7.3　多面 Rasch 项目反应理论/167

  7.4　IRT 在 CRLT 中应用的案例研究/168

    7.4.1　数据背景说明/169

    7.4.2　整套试题测试成绩分布情况/170

    7.4.3　结论与启示/177

第八章　标准参照语言测试的信度、可靠性和单维性/179

  8.1　标准参照语言测试的可靠性/180

    8.1.1　基本概念:一致性、信度和可靠性/180

    8.1.2　阈限损失一致性方法/181

    8.1.3　概化理论和领域分数可靠性/186

  8.2　概化理论在标准参照语言测试中的应用/195

    8.2.1　概化理论的单面交叉设计模型/195

    8.2.2　概化理论在标准参照语言测试中的具体应用/198

  8.3　信度和可靠性系数的关系比较/199

  8.4　项目反应理论一致性问题:单维性、局部独立性及
     模型拟合/201

    8.4.1　单维性/204

    8.4.2　局部独立性/207

    8.4.3　模型拟合/208

  8.5　IRT 模型与局部独立性假设问题的认识/213

8.5.1　局部独立性假设/213

8.5.2　局部依赖问题/216

8.5.3　题组中局部试题依赖问题的解决/220

第九章　标准参照语言测试的效度研究/223

9.1　概述/224

9.2　内容效度/227

9.2.1　内容效度的理论论证法/227

9.2.2　内容效度的专家判断法/231

9.3　构念效度/234

9.3.1　干预组群构念效度研究/234

9.3.2　差异群体构念效度研究/237

9.3.3　分层结构的构念效度研究/240

9.4　内容效度和构念效度的关系/244

9.4.1　关系/244

9.4.2　联合内容和构念效度/245

9.5　效度扩展观/247

9.5.1　Messick 的效度观/247

9.5.2　Cronbach 的效度观/252

9.5.3　对标准参照语言测试作决策/254

9.6　小结/264

第十章　标准参照语言测试的分数报告、反馈和管理/265

10.1　概述/265

10.2　标准参照语言测试的开发/265

10.2.1　团队开发/266

10.2.2　加强教师间的协作关系/267

10.2.3　分配充足的资源/271

10.2.4　均衡标准参照形式/271

10.3　提供标准参照反馈/273

10.3.1　谁应获得反馈/273

10.3.2　双向交流式反馈/276

10.4　报告标准参照结果/278

　10.4.1　考试不想及格的学生/278

　10.4.2　对只参与了前测的学生的处理方法/279

　10.4.3　提高分的解释/279

　10.4.4　CRLT 成绩报告的困难/280

参考文献/282

第一章 绪 论

◄|1.1 研究的目的和意义|►

中国教育心理界的权威人士张厚粲教授(1992)在她的《考试改革与标准参照测试》的开篇这样说道:"任何教育和心理测试的所得分数都必须有所参照才有实际意义,即测试分数只有与测试以外的某种指标进行比较,才能对应试者的分数给予适当的解释。"可见,分数的解释必须有个特定参照,才能全面地进行解释。在教育测量文献中,自 Glaser 在 20 世纪 60 年代提出"标准参照测量(Criterion-referenced measurement)"至今大概半个世纪的时间,标准参照测试对语言测试界来说仍然是新领域,因此,许多教师和考试管理者对其理论了解并不多,也不够深入。在国内的 CNKI 网站上,以"标准参照"和"语言测试"为关键词的文章,不足 5 篇,检索"标准参照"主题词,则多为教育或心理测量及医学类文献。故而,有必要从语言测试角度来探讨标准参照测试。尽管有学者认为要"告别标准参照测验和常模参照测验二元划分"(罗莲 2007),因为从同一测试得到的分数可作出常模参照和标准参照两种解释,两者是从分数解释的意义上划分的,并非两种不同的考试,但是,经过多年的实践和探讨,测量学界的研究者们基本上持两种不同的观点,绝大多数人认为,虽然标准参照和常模参照测试有一定区别,但两者是从不同角度对分数进行解释的。另外一个观点则认为,需要明确区分常模参照和标准参照测试,将标准参照测试的内容范围进行精确的定义后,其产生的分数可以进行常模参照的解释,但反过来是不行的(张凯 2002)。不管持哪种观点,我们知道,标准参照测试是在常模参照测试(Norm-referenced Tests,NRT)的理论基础上发展起来的,可以认为是两种不同性质的考试,但又有许多相似之处。在应用标准参照测试的理论处理大规模考试时,又必须引入一些常模参照测试的办法,同时,在常模参照测试中,也借用标准参照测试中的一些思路来深入细致地分析题项和数据。两者互相借鉴和补充,从而丰富了测试理论。

上世纪 80 年代初,在我国影响和规模最大的普通高等学校招生全国统一考试中,引进了国外现代教育测量的理论和技术,对传统考试的办法进行了改革,形成了考试科学化、现代化的热潮。高考作为我国高等学校选拔新生的考试,最早它取用的是一种常模参照测试(张厚粲 1992),即学生从试卷上得到的成绩要和所有参加考试的考生成绩相比较,从而反映他在考生总体(常模总体)中的相对位置;随着教育改革的不断深化,考试改革已不仅局限在考试形式的改革,而是在考试内容、考试制度方面改革的深入发展,人们进一步要求完善考试的功能。随着高中新课改的不断深化,任何一名普通高中学生都需面对高中毕业会考,而这种旨在客观地评价中学生的学业情况,促进学生德、智、体、美、劳的全面发展,并用已定的标准为对照检验学生是否达到培养目标的考试,不再只是"常模参照测试",而是标准参照测试(Criterion-referenced Tests,CRT)。如果参加会考的师生们还用常模参照测试中的理论和技术选定题项,他们就会发现很好的试题会被弃置不用。因此,靠单一的常模参照测试理论来选定题项、解释分数已远远不能满足当今日益完善的考试制度。

从国外教育测量史来看,20 世纪初,在实验和教育统计的基础上形成了教育测量的理论,在 30 年代,教育测量的理论应用于选拔和人员安置的考试之中,到了四五十年代,这种着重于研究人员之间差异的常模参照性的测试运动达到了高潮。在这之后,随着教育、教学和教育测量研究的不断深入,人们已不满足于只用来反映考生做得好不好的测试结果,而是希望通过测试进一步了解考生在什么方面好,什么方面差以及优劣的程度,这样美国心理学家 R. Glaser 和 D. J. Klaus 首先于 1962 年提出了"标准参照测验"这一概念,其目的就是更好地用测试的结果对考生作出评价,并在实践教学中指导教学,帮助学生进步。

在高校外语教学领域,人才培养也日益需要多元化的评价方式。随着标准参照测试理论的推广,相应的考试改革也在紧锣密鼓地开展。大学英语四、六级考试(College English Test Band 4&6,CET4&6)也从原来单一的常模参照语言测试走向标准相关常模参照语言测试(Criterion-related Norm-referenced Language Testing)(杨惠中 2001),而英语专业的四、八级考试(Test English for Major Grade 4&8,TEM-4&8)则一向被认为是标准参照语言测试(Criterion-referenced Language Testing,CRLT)。此外,尽管从语言测试对常模和标准参照测试的概念定义上看(参见第三章),这两种测试的性质不同,且在 20 世纪 80 年代后,标准参照测试的理论有了较快的发展,在理论和技术上也提出了一些独特的见解,反映了测试理论深入发展的方向,但是就目前的研究来看,国内外有较多的书籍介绍常模参照测试的理论和方法,而介绍标准参照测试理论和方法的专著则比较少(张厚粲 1992;张凯 2000),介绍标准参照语言测试的专著则几乎没有,因此,标准参照语言测试的理论和技术都还未完善。虽然,标准参照和常模参照测试在应用中有许多不同,但两者之间又有很多共同之处,并非决然对立。标准参照测试理论是在常模参照测试理论的基础上发展起来的,在应用标准参照测试处理大规模的考试问题时,仍然不能脱离常模参照测试方法。而近年,常模参照测试中也借用了标准参照测试的一些思路来分析题目和数据,特别是在语言教学越来越重视语言应用目标的今天,在大规模标准化语言考试中,如何把握学习者需要的不同语言应用目标是个难题,如何更好地了解应试者对所学知识"未掌握、掌握和熟练"(non-master,master and mastery)等情况,以及教、考、学的目标如何兼顾都需要作更深入细致的研究,这些不仅需要用到常模参照语言测试理论,更多的需要标准参照语言测试理论,以及结合其他的测量方法来解决。因此,研究标准参照语言测试有着较大的现实意义。

◀ 1.2 基本概念界定 ▶

1.2.1 测试、考试、测量、评估和评述

在教育测量学和语言测试文献中,有五个词义接近、使用频率很高的术语,分别是测试(testing)、考试(examination or exam)、测量(measurement)、评估(evaluation)和评述(assessment)。很多测试学者(如 Ebel and Frisbie 1991;Davies et al. 1999;Bachman 1997等)都曾经讨论过它们的异同。

一、测试与考试

在《现代汉语词典》①里有测试、测验(test)和考试之分,对这三者它是这样解释的:

测试指的是(1)考查人的知识、技能;(2)对机械、仪器和电器等的性能和精度进行测量。测验则为(1)考查学习成绩等(与考试同义);(2)用仪器或其他办法检验(p196~197)。考试则是通过书面或口头提问的方式考查应试者的知识或技能(p1085)。

在 1989 年版的《辞海》(夏征农 1989)里没有测试、测验的词条解释,但对考试词条却有更进一步的解释:

学校评价学生学业成绩的制度之一。检查学生的学习情况和教学效果的重要方法。根据学科特点和各年级的不同情况,一般采用口试、笔试、开卷考试、闭卷考试等形式。根据学校教学阶段,又可分期中考试、学期考试、学年考试和毕业考试等。

在《朗文语言教学及应用语言学词典》(Richards1998)里对这三个概念解释如下:

---

① 中国社会科学院语言研究所词典编辑室.《现代汉语词典》(The Contemporary Chinese Dictionary)[Z]. 2002 年增补本,北京:外语教学与研究出版社,pp. 196~197、1085.

4

测试(testing)指测试的进行，或指对测试的进行、发展及评估等理论上和实践上的研究(the use of tests, or the study of the theory and practice of their use, development, evaluation, etc.)；测验(test)指任何衡量能力、知识或表现能力的做法(any procedure for measuring ability, knowledge, or performance)。

考试(exam)作为与测验(test)同义的术语，常常没有清晰的界定来区分这两个概念，在一些英文著作里两者是混用的(Alderson 1995)，通常认为客观性或分离式(discrete-point types)评估常常采用测验，而考试"更多地使用于与大纲相关(syllabus-related)的主观性评估中"(Alan Davies 1999)。可见，考试可以是测量，因为应试者最后得到一个分数；考试也是测验，因为它收集一个应试者行为的样本；考试还是评价，因为人们根据分数确定一个应试者的优劣，或用人单位(大学、企业)等根据分数选择人才，所以考试是有评估目的的测试。但是，我们平时使用的"考试"未必是这样一个清楚的概念，因为人们往往会把没有严格操作程序的面试也称为"考试"(没有量化过程)，这实际上是非测量的评价。本书按照语言测试学的习惯将与"test"有关的词条都翻译成测试①；而"考试"则用作没有修饰限定的一般用语。

测量学上的测试是一种特殊的测量技术，正如 Payne(1997)所说：

测试是测量的特殊形式。测试可以定义为按规则收集数据的方法，而收集数据的目的是在个体内或个体间进行比较。一个测试就是一个行为样本。

尽管上面我们已经解释过测试，但这里还要强调，本书所说的测试是测量学上的测试，在侧重点上与普通的测试还有一些区别，主要是以获取量化(由数字体现)的信息为目的，该信息反映应试者所掌握的某一方面知识或能力的程度。Bachman(1990)对测试的定义是：

---

① 王振亚.《英汉语言测试词典》[Z].北京:北京语言大学出版社,2008:p.230.

　　测试是用于在个人的行为中得出一个特定样本的测量工具。作为一种测量，测试必然按严格的程序量化个人的特征，测试和其他测量形式的区别在于，测试要获得一个行为的特定样本。

　　在教育测量（除语言测试以外的其他教育测试）中，典型的测试由一套问题构成。测试中的每一个问题都有一个正确答案。这些问题由应试者口头或书面回答。测试中的问题和测量态度、动力、兴趣、偏好等性格因素以及学习策略、认知风格等认知因素的问题不同。后者由被测量人员根据自己的实际情况来回答，答案的正确与否不是由评分人确定的。评分人无从知道这些答案是否反映了被测量人员的实际情况，只能假定被测量人员是诚实的，他们的答案反映了他们的实际情况。而对测试问题答案（包括问答题）的正确性，学科专家会取得一致意见，不会受到他们个人的价值观和好恶的影响。在语言测试中，很多问题也有正确答案。例如，多项选择题、正误判断题、匹配题等一般只有一个正确答案。而完形填空、其他形式的填空题、简短答案题则可以有不止一个的正确答案，但语言专家仍可以就其正确性取得一致意见。使语言测试比较复杂的是有些主观性的测试，如口语面试和作文测试，没有正确答案。但在多数情况下，语言专家仍可以就应试者提供的答案是否达到测试要求，达到测试要求的程度或反映出的知识、能力水平达成一致意见，并以分数的高低来体现应试者掌握该项测试测量的知识或能力的程度。

二、测量

　　对于测量的定义虽然文献中有许多种表达方式，但从广义上讲，正如漆书青（2002）所说：

　　按照一定规则给研究对象在一定性质的数字系统（尺度）上指定值，目的就在于正确地认识和对待客体对象，客观事物经测量后在数字（即量，从而也反映在质）上就会显出差异，人们把握了事物的个别差异性，就有可能更好地来对待它们。

　　简单地说，测量就是收集量化的信息来决定被测量之物（不限于知识或能力）存在的程度。在这一点上测量和测试是一致的。但在测量中可以使用那些不要求评分人对其答案作出正误判断的问题。例如,我们可以根据被测量人员对一组问题的答案判断出他们有内向或外向倾向。这些答案是否反映被测量人员的实际情况只有他们自己知道,评分人无法,通常也无须,对其作出正误判断。因此,测量包括测试,测试是测量的一种形式。测试由一套可以由评分人对其答案作出正误判断的题目构成,而测量可以由这样的题目构成,也可以由一套无法也无须评分人对其答案作出正误判断的题目构成。测试和测量的结果都必须是由分数体现的量化信息。

这里我们也解释一下教育测量(educational measurement),教育测量就是针对学校教育影响下学生各方面的发展,侧重从量的规定性上予以确定和描述的过程,尤其是为评定学习成绩而进行的测量活动。这是教育测量活动最原始的动机。黄光扬(2002)认为:

教育测量不但关注学校的教学效果,而且还关注学生的发展;教学效果是教与学双方共同作用的结果,而学生的发展是多方面的。因此,教育测量的结果不但用于评定学生的学习效果,还要评价学生在道德、智育、体育、美育、劳动技能以及个性、心理素质等许多方面的能力,同时它还被用于了解教师的课堂教学效果,反馈关于课堂教与学两方面的信息。

教育测量的任务就是把测试建立在科学的基础上,以客观的定量分析代替传统测试方法的主观随意性,使测试在选才、育才和用才上更有成效。

三、评估

Weiss(1972)将评估(又译评价)定义为"以作出决策为目的而去有规则地收集信息",但这很难把评估和测量或测试区分开。Payne认为,评价是"作出判断和决策的全过程",评估所用的数据,既是定量的,也是定性的。在任何已知情况下,"作出正确决策的概率,不仅是决策者能力的函数,而且也跟作为决策依据的信息的质量有函数关系"(Bachman 1990)。在其他一切条件不变的情况下,信息越可靠,所作的决策越接近于正确。

评估不局限于量化手段。在评估过程中,也经常使用面晤、问卷调查、观察等定性手段来系统地收集信息,目的是作出价值判断或决定。对一个语言教学计划进行评估,能够为教育管理者、教师,甚至学生家长提供有关语言教学质量的信息,也能够决定该语言教学计划的未来。在语言教学效果评估中,语言测试是常用的手段之一,如运用教学计划前测试和教学计划后测试来考察学习者的进步情况,运用学业测试来考察学习者掌握学习内容的情况等。

四、评述

根据 Payne 的工作定义,评述等于测量加评估。评述是使用最宽泛的术语,既可以和测试换用,也可以广义地指收集语言数据,包括测试数据,又可以狭义地指不包括测试的各种评估手段,如面晤、个案研究、问卷调查、观察等。总之评价收集定量和定性信息,供评述人了解被评述之物的现状。从某种意义上说,评估是评述的一种形式,是需要作出价值判断或决定的评述。测量是评估的一种形式,仅采用定量手段收集信息。测试是测量的一种形式,仅由评分人可以对其答案作出正误判断或是否达到测试要求的判断的题目构成。

1.2.2　语言测试

语言测试(language testing)这里指英语作为外语学习的语言测试,是外语教学和学习过程中有计划有目的的重要环节,是用以检测教学效果和达到教学期望值水准的手段,是对应试者的外语语言能力(或潜能)作出准确、公正的测量,是学校和教师检查教学效果、取得反馈信息的主要方法(李筱菊 1997;邹申 2005;王振亚 2009)。语言测试是应用语言学的一门重要分支学科,现代测量统计意义上的语言测试是一门跨学科的综合性科学,从语言学、语言教学法和学习理论取得科学内容,从心理和教育测量学获得科学手段,它所研究的对象主要是如何衡量人的语言能力,以及如何解释测试结果等,因此,它有自己的研究领域和研究方法。语言测试是随着语言教学的出现而出现,也是随着语言教学的发展而发展的,没有语言教学也就无所谓语言测试。因此,语言教学与语言测试之间存在着密切的关系,语言教学的效果必须通过测试加以检测,而测试不但可以对学生语言能力和外语教学成果作出正确的鉴定,而且可以通过其积极的反拨功能(作用)促进外语教学活动的开展,提高学生外语学习的积极性。目前,国内外语言测试界对语言测试的共性问题包括信度、效度、测试手段和统计方法等作了广泛深入的研究。大规模标准化语言测试的理论和实践的研究,如美国的托福(The Test of English as a Foreign Language,TOEFL),英国的雅思(The International English Language Testing System,IELTS),中国的非英语专业出国人员英语水平测试(English Proficiency Tests,EPT),全国英语专业四、八级统测,大学英语四、六级测试,公共英语等级测试(Public English Test System,PETS),汉语水平考试(HSK)等是推动语言测试这门学科发展的巨大动力。

1.2.3 标准参照测试与标准参照语言测试

标准参照测试(CRT)又称尺度参照测试。有关 CRT 名词的定义很多,如:Gray,M. W(1978)说有 57 种之多,很难予以统一;目前较多采用 Popham,W.J(1969)的定义,即:一种精心编制的,在一定的行为领域上按照具体的行为标准水平对应试者的测试结果作出直接解释的测试。它为人们提供了有关应试者是否达到某种行为标准水平或要求的信息,是一种以经典测试理论为基础的常模参照测试相对的测试类型,它提供的应试者的能力程度不依赖于其他应试者的成绩(黄锐 2004)。它的产生标志着教育测量向心理测量学的告别,对教育测量产生了巨大影响。心理学家 Popham,W.J 认为 CRT 主要关心的问题是要获得严格而精确的领域规范(Specifications for Domains)或行为领域规范。依据事先明确规定的知识能力标准而指定,并根据此标准对应试者的测试成绩作出解释的一类测试,因此他认为:首先,在这个领域规范中像目标、能力及技巧这样的术语可以互相换用;其次,CRT 所测的内容、行为目标或能力技巧等必须是规定明确而详细的;再次,在一次测试中测量几种不同的能力时,通常更好、更科学的解释应当是分别按每种能力进行;最后,Popham,W.J 的标准参照定义并不以某个切断分数为参照,通常是将 CRT 的每项能力定出一个最低的要求,然后把应试者的成绩同这个最低要求进行比较。此外,在标准参照的研究文献中,经常会看到与 CRT 相关的一些概念,由于篇幅较长,笔者把它放在第三章标准参照语言测试理论相关内容中进行详细论述。

标准参照语言测试(CRLT)是在标准参照测试基础上建立和发展起来,并将其理论在实际中进行应用的语言测试,其目的是利用 CRT 的理论和方法来达到区分外语类学生"掌握"或"未掌握"外语类课程目标,从而修正相关课程的课程教学大纲、课程计划和课程目标,以达到教学与测试相辅相成、测试为教学服务的目的。

1.2.4　项目反应理论

项目反应理论(Item Response Theory,IRT)又称为潜在特质理论(Latent Trait Theory)或潜在的特质模型(Latent Trait Model),是现代教育测量理论的代表和核心,是一种新兴的心理与教育测试理论,它突破了经典测试理论的局限性,将特质水平与在项目上的行为关联起来并且将其参数化、模型化。它产生于 20 世纪 40 年代,最早用于分析动植物从出生到成熟期的生长发育过程。自 20 世纪 50 年代丹麦数学家拉希(Georg Rasch)创立了单参数项目反应模型(Rasch Model,或称 1-Parameter Model)后,该理论逐渐应用于测试领域。

项目反应理论的两个主要分支在理论上和实践上都有差别,分别源自这两个发展传统。两个分支的本质特点是努力让测试数据概括化,取得如下估测值:

(1)应试者能力,把具体的测试任务考虑在内;

(2)项目特征,把参与生成数据的受试者的特征考虑在内。

与此相反,经典测试理论(Classical Test Theory,CTT)分析中的受试者能力值(即原始分)和项目特征(即项目难易度),项目区分度存在潜在的不稳定性。如果涉及不同的测试项目和具有不同学业水平的测试对象,应试者能力值和项目特征很容易发生变化。项目反应理论分析取得的更为稳定的估测值能够应用于一些重要领域,如测试等值、测试连接、计算机自适应性考试（Computer-Adaptive Test）等，在欧美发达国家和台湾地区比较盛行。项目反应理论与经典测试理论相比，它最大的特点是建立在强势假设的理论基础上，即测试不受样本影响，也不受测试试题的影响。而经典测试理论是建立在弱势假设的理论基础上，它的理论核心是"真实分数理论（测试分数＝真实分数＋误差分数）"，误差分数的精确数值是无法测出的，所以真实分数永远也测不出来。经典测试理论依赖于样本和测试，因此其分析的科学性和可靠性远不及项目反应理论的分析方法。

　　项目反应理论是以数学概率来解释考生能力和所做试题答案之间的关系，就是依据考生在测试中的答题结果，经数学模式的运算，估计考生的能力或心理特质，将运算结果用比较直观的试题特性曲线（Item Characteristic Curve，ICC）表达出来（漆书青 2002）。有关项目反应理论的具体内容本书的第六章还会有详细介绍。

第二章 语言测试的发展和理论架构

语言测试既然是随着语言教学的发展而发展的,讨论标准参照语言测试,就必须先讨论语言测试的发展历史,而谈语言测试发展史自然离不开语言教学发展的几个过程。

◄| 2.1 语言教学发展的四大阶段 |►

2.1.1 科学前阶段

科学前阶段(Pre-scientific Stage)主要是基于 2000 年前的拉丁或希腊语法对语言的描述而产生的,是在语言学还没有完全形成之前的产物;它主要强调语言的正确性、文学性及保持拉丁语的模式,强调文字的重要性。在语言教学中,课本主要基于传统语法,采用的是以教师为核心的语法翻译方法。也就是说,主要的教学活动是翻译和语法研究,与之相对应的语言教学法被称为"语法翻译法",它的代表人物是德国语言学家奥朗多弗(H.G.Ollendoff),语法翻译法在 1840—1940 年代期间大行其道,并在当时机械语言学、心理学的影响下,给语法翻译法以理论上的解释,使语法翻译法成为一种科学的外语教学法体系。语法翻译法是为培养阅读能力服务的教学法,其教学过程是先分析语法,然后把外语译成本族语,主张两种语言机械对比和逐词逐句直译,在教学实践中把翻译既当成教学目的,又当成教学手段。

2.1.2　结构主义语言学

结构主义语言学(Structural Linguistics)起源于 19 世纪末 20 世纪初,它的创始人为瑞士语言学家费尔迪南·德·索绪尔(Ferdinand de Saussure),它把人类的言语活动(language)分为语言(langue)和言语(parole)两个方面。语言是言语活动中的社会部分,是社会成员共有的一种社会心理现象;语言是人类社会进行交际的符号系统,这个系统是通过系统内各要素之间的相互关系而形成的结构。结构主义语法学有如下特征:一是口头语优先于书面语;二是语法应该是描写而非规定;三是语言无优劣之分;四是共时描写优先原则。结构主义的语法学描绘了有助于语音系统教学的音位系统,与传统语法一样,结构主义语法学的交点仍然是语言的语法结构。结构主义的教学材料是根据语法句型和结构选择的,也是适合于教学的。由于结构主义在描述语言现象时强调口语优先的原则,在外语教学方面它自然要以听说领先,即所谓的"听说法"。由于受行为主义理论的影响,结构主义语言学家认为,语言是一种有结构的习惯性行为,结构主义听说法的教学特征可概括如下:

(1)外语教学严格遵守听、说、读、写的顺序,以听说训练为主,听先于说;读写为辅,读先于写。

(2)强调句型演练是语言教学的基础,一切教学活动都必须以句型为中心来展开。

(3)语言教学过程是一种通过"刺激、反应"而形成新的语言习惯的过程,因此,教学过程中注重反复模仿、操练、记忆、重复等实践活动。

(4)言语教学是教授语言本身,即培养语言能力,而不是教有关语言的知识。

(5)教学要借助直观手段、语言环境(即情景和上下文等)来进行,要用所学外语直接讲授。这种方法是 20 世纪 40 年代末、50 年代初在美国出现的一种外语教学方法,这种教学法的产生基于二战中美国军队培养翻译的经验,我国在抗美援朝战争中曾尝试过此种方法,改革开放后,为了快速培养能在短期内基本听懂日常生活会话或与本专业相关的基本理论对话的外语人才,举办了大量以"刺激—反应"为手段的外语速成班,为大批技术研究人员出国深造提供了有利的语言保障。可以认为,以结构主义语言学流派为基础的听说法外语教学在改革开放初期曾大有所为。

2.1.3 认知法与转换生成语法语言学

认知法与转换生成语法语言学(Cognition and Transformational-Generative Grammar Linguistics)是以认知心理学为指导而建立起来的外语教学法。20 世纪 60 年代首先出现在美国。认知法的出现主要有以下历史条件:

(1)教育改革的需要。苏联第一个人造卫星上天后,美国不甘落后,谋求通过在教育领域进行改革来加强竞争力。50 年代末、60 年代初,美国政府委托心理学家杰罗姆·布鲁纳(Jerome Seymour Bruner)领导教育改革,Bruner(1966)在课程教育论、教学等方面提倡"基本结构论"和"发现性学习"。

(2)听说法的危机。在 Saussure(1916)理论的影响下,听说法在40 至 50 年代是很流行的。Noam Chomsky(1957)提出的转换生成语法大大动摇了美国结构主义语法的地位。按 Chomsky 的解释,转换生成语法语言学(或称 TG 语法)把语言理解为自身含有固有规律的系统。每个说本族语的人有某种特殊的语言能力,具体表现为孩子天生就有的语言天赋。当小孩说话时,他把本身的语言系统与母语系统比较并规范自己的语言。所以,语言的学习并不是习惯的养成,而是建立和检验假设人固有的语言系统的一种行为。就句子结构而言,TG 语言分为深层结构、表层结构和一些可转化的规律。尽管 Chomsky 没有试图使他的理论成为语言行为,使他的研究成果确实用在语言的交际中,但是一些应用语言学家发现,TG 语法对语言教学提供了有用的理论支持。同时,转换规律也许可以帮助教师讲授复杂句型。在文学的教学中,TG 语法为文体的解释提供了新的手段。尽管有着不同的将 TG 语法应用于语言教学的尝试,但是在语言教育中,这种正式而且抽象的语法影响毕竟是有限的。

(3)认知心理学的支持。认知心理学在 60 年代至 70 年代作为一门新学问而兴起。让·皮亚杰(Jean Piajet)的著作也因此广为流传。同时,奥苏贝尔(D. P. Ausubel)提倡有意义的学习,即认知性学习。由此产生的认知性教学法强调口语和书面语的相辅相成,听说读写要齐头并进,并利用形象进行教学,以学生为中心,充分发挥其学习主动性,最大限度地激发其学习动机。

2.1.4 交际能力语言教学法

语言能力的概念来自 Chomsky 的语言理论。它针对理想语言使用者的语法知识,与那些具体环境下的语言使用无关。20 世纪中叶,随着心理语言学等学科的迅速发展,以 Chomsky 为代表的心理语言学派又提出了转换生成语法的理论,把语言研究从传统结构主义学派单纯描写语言形式结构转到研究人的语言能力和语言行为,Chomsky(1955,1957)认为人类大脑中存在着一个语言习得装置(LAD),它能使儿童识别出人类语言的语音和语法规则,并使他能按照这种认知的语法规则创造出所有符合语法规则的句子。这种语言能力的概念被许多学者批评为太狭窄。为了补充这种语言能力的概念,Hymes(1972)年提出了交际能力的概念,在他著名的《论交际能力》一文中指出,语言学家尤其是转换语言学派,只关注语法规则允许范围内可能出现的结构,而语言是人际交流的工具,因此研究语言还要考虑其他因素,如语言的可行性或语言的恰当性。之后,Canale 和 Swain(1980)提出,交际能力至少包括四个方面的知识和技能:语法能力,社会语言能力,语篇能力,以及策略能力。在综合各家学说的基础上,Lyle F. Bachman(1990)提出"交际语言能力模式"(Communicative Language Ability Model),进一步扩展了交际能力概念的内涵,对今后语言研究有极高的参考价值。

◄▎2.2 语言测试的发展史 ▎►

按照语言教学发展的四大阶段,语言测试发展史也可概括为四大阶段(Heaton 1991),即:短文写作—翻译测试法(the essay-translation testing approach)、结构主义—心理测量法(the structuralist-psychometric testing approach)、综合测试法(the integrative testing approach)和交际测试法(the communicative testing approach)。

2.2.1 短文写作—翻译测试法

短文写作—翻译测试法在语言测试史上属于科学前语言测试体系,它的特征是:(1)对测试的技能或专长没有专门要求,主要是依靠教师的主观判断力;(2)试卷通常包括翻译、短文写作和语法分析等项目;(3)试卷内容带有较浓厚的文学或文化色彩;(4)试题一般采用书面回答形式,试卷需人工评阅,此种方法不强调测试的科学性和理论性。

2.2.2 结构主义—心理测量法

结构主义—心理测量法是将语言知识和技能作了分离的处理,它的语言测试方法为结构主义心理测量法,强调分别测试不同的语言成分,譬如语音、语法和词汇都可以脱离上下文进行单独测试,还有听说读写等项语音技能也可以分开测试,因为这个测试法的重要特征是一道题可以单独测试一个语言成分或技能。这种方法的另一大特点是采纳了心理测量学的一些方法,强调语言测量的可靠性和客观性。结构主义—心理测量法在语言测试中的典型表现形式是多项选择题,一种既能达到一题测试一成分的要求,同时又适合于进行考后统计分析的题型。

2.2.3　综合测试法

综合测试法提倡使用综合性试题,做到了综合处理语言点和语言技能,而且有语境,但缺乏真实的交际情景,其主要特征是:(1)语言测试要在一定的上下文中进行;(2)不在测试中刻意追求区分各单项语言技能或能力,而是强调两项或两项以上语言技能的综合评估。较能体现综合法的考试题型有:完形填空、听写、翻译、写作等。比如全国英语专业四级考试中的录音式听写部分,就是属于综合性测试,既测试了学生的听力能力,也测试了学生的语法以及语篇的能力。此外,完形填空这类形式的试题也可以同时测试学生的语法和词汇知识以及阅读理解能力,并且使语法和词汇知识以及阅读理解能力的测试在一个特定的上下文(即所给的完形填空材料)中进行。这里需要指出的一点是,上下文环境在综合测试法中不是真正意义上的语用环境,只是起到辅助测试语言知识的作用。

2.2.4　交际测试法

随着人们对语言本质认识的深入,出现了交际测试法。Heaton(1991)认为交际测试法与综合测试法在某种程度上有相似之处,即两者都强调语言的意义而不是语言的形式和结构,但同时两者之间又存在根本区别:交际法更强调测试任务的真实性和交际性;强调考查学生的语言使用情况,而非语言的用法;强调考查学生完成某个交际任务的能力,而非某个语言技能或某个语言点的掌握情况。但这并不排除有些交际测试也包含有关语言用法的内容。交际测试法的基本原则可以概述如下(黄锐 2002):(1)考试设计者应首先对应试者进行需求分析,认定应试者在将来的目标场景中应该用英语做的事,得出目标行为,制定考试大纲和内容说明等,作为考试的依据。(2)交际测试强调语境(指上下文或语言环境)和情景(非语言环境)的重要作用,这是语言交际能力的决定因素,语言脱离了语境和情景就失去了具体意义。(3)应尽量争取测试任务和篇章的真实性。由于我们对语言能力构成因素的了解尚不充分,因此目前最有效的测试就是直接测试,即将语言置于原来的、处于真实语境中的形式去考。篇章的真实性指文本语言必须符合特定的时间、地点、人物的身份、题材、体裁、交际手段和目的等。(4)交际测试提倡听说读写技能和考点的综合处理,这是由测试任务的真实性所决定的。(5)交际测试以意义(信息)为焦点。(6)交际测试的评估标准是交际的有效性,即从准确性、得体性和流利程度三方面评价交际行为的有效程度,这是质的评估,而非量的评估。

◀| 2.3　语言测试的实质 |▶

上面提到,语言教学和语言测试是密不可分的,教过一段之后一般都要进行测试,目的是督促学生学习或检查一下教学效果。那么语言测试到底要测什么? 应该怎样测? 这实际上反映了一个语言观的问题(Heaton 1991)。20 世纪 80 年代后,随着交际测试法理论不断深入中国语言教学领域,人们对语言测试的认识较过去要深刻得多。反映到题目设计上来,传统测试中虚假的、不自然的项目正在被真实的、具有交际性的项目所取代。如以往的写作测试强调应试者模仿那些大文豪的文笔,而现在的写作测试则更实际一些,要求应试者能够撰写书信、备忘录、通知或报告等。以往的测试只注重对应试者语言知识(语法和用法、词汇、语音)的考查,现在的测试不仅考知识,而且更加注重考查应试者听、说、读、写、译五种语言技能。但是能力是无形的,如何测量呢? 只能测量它们的有形表现,即语言表现行为,这些行为是无形的能力的有形表现,或者说是它的表征。语言测试测量的,正是这样的一些行为。然而又并不仅仅是就测量行为而测量行为,是通过行为来测量行为底下的能力。也就是说,语言测试就是通过测量目标能力(target ability)的表征行为,去测量目标能力。可是任何测试都不能把目标能力的全部表征行为都测到,只能在所有可能的行为中抽样进行测试,同时这个抽样必须是有效的。就语法知识来说,它包括很多方面的内容,一次测试中不可能也没有必要把考试学过的所有语法知识都考到,只能选取一部分有代表性的抽样进行测量,尤其要运用对比分析的方法来确定测试项目。因此,语言测试中,为了要选出全部目标行为中的有效抽样,一般得先从全部目标能力中选出一个有效的能力抽样来,然后找出能表征这个能力抽样的行为。这些行为就应该是全部目标行为的有效抽样了。综上所述,语言测试的实质就是对一组言语行为进行测量,这组行为是表征目标能力的全部行为的一个抽样。测试的结果是为了可以对目标能力作出推论。

◀| 2.4　语言测试的功能及其种类 |▶

前面我们解释了测试、考试、测量、评估和评述的概念,在探讨测试的功能和种类之前,我们先来理顺一下前面谈到的这些概念之间的关系。

2.4.1　测试、考试、测量、评估和评述的关系

Bachman(1990)用图 2-1 表示测试、测量和评估三者之间的关系。

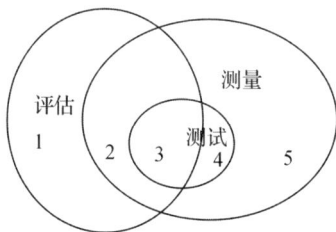

图 2-1　测试、测量与评估之间的关系

图中三者交叉形成五块。其中第一块是非测试也非测量的评估,这是定性的评估;第二块是有评估作用的测量,但不是测试,如教师给学生排名次(这不是严格意义上的测量);第三块是起评估作用

的测试,如评估学生进步程度的成绩测试;第四块是无评估目的的测试,如在第二语言习得研究中用水平测试作为标准;第五块是无评估作用的非测试的测量,如在第二语言习得研究中,分别给不同母语的对象指定一个代码(这也不是严格意义上的测量)。上图中的关系说明:并非所有的测量都是测试,并非所有的测试都是评估,也并非所有的评估都涉及测量和测试。

如果把考试和评述一起考虑,则可以画一个更大的圆,把上图都包括进去(图 2-2)。

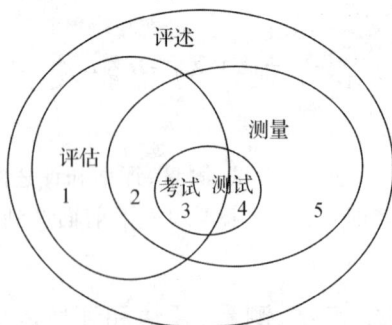

图 2-2　测试、测量、考试和评估、评述之间的关系

从图 2-2 可以看出,评述涵盖了其他概念的内涵,而考试则通常被认为是主观性的(Pilliner 1968;Davies 1999):

有时人们根据时间限制来区别——"考试"一般在两三个小时以上,"测试"一般是半小时到一小时……有时又按等级划分,大学叫"考试",小学叫"测试"。最后,这个区别可根据评价是"主观的"还是"客观的"而定,前者是"考试",后者是"测试"。

从前面对考试的定义我们可以看出 Pilliner 的区分是缺乏说服力的。因此,从图 2-2 中可以看出考试是属于第三块,它是具有评述目的的测试。

尽管测试、测量与评估、评述是有关的,我们还是能够根据是否包含价值判断把它们区分开,区分的意义有以下两点:

首先,测试和测量的基本特征是赋值,是量化的描写。这种量化的描写不是无条件的,而是要在数学和测量学的规则下进行,否则不能算是测量或测试,也就不算是量化的描写。

其次,测试和测量不是价值判断,尽管它们可以为价值判断提供依据;评述和评估是价值判断,它们可以以量化信息作为依据。因此,应该把这两类事情严格地区分开,因为这是两类性质完全不同的活动;在很多场合,这两类活动的主体(测量者和决策者)是分离的。

弄清楚了测试、测量和评估、评述的关系后,就可以来谈谈测试的功能了。

2.4.2 测试的功能

从上一节语言测试的实质可以看出,语言测试的首要任务是解答语言性质,而不是解决教与学的问题。Alan Davies(1990)在其著作《语言测试原理》一书中提到语言学与语言教学的关系时认为:语言学是描写性质的,它要回答"是什么"的问题,语言的教与学首先是个过程,它所关注的是回答"怎么样"的问题,语言学与语言教学两者最终都是解释性的,即回答"为什么"的问题。语言学除了应具备基本的理论性的职能之外,其第二位的职能是回答语言教与学中"怎么样"这个问题。而语言测试既要解答"是什么",又要解答"怎么样",这里 Davies(1990)特别揭示了语言测试的功能问题。

语言测试具备何种功能呢? Davies(1990)认为,测试的首要功能是提供信息。"语言测试提供的信息可以归为六种类型:第一是研究;第二是提供实验的信息;第三是传递自身的信息;第四是衡量学习者的进步;第五是对学生进行选拔;第六是对课程、材料、方法的评估。"(1990)由此可见,语言测试在教学和研究上的功能特别显著。

一、教学功能

如前所述,测试与教学有着密切的关系,测试支配着教与学的活动,使用得当的考试有助于教学的顺利开展,有助于提高教学质量,达到更好的教学效果。这里我们探讨测试在教学中的四大功能。

1. 反拨功能(backwash effect)

语言测试是语言教学和语言学习过程中有计划有目的的重要环

节,是用以检测教学效果是否达到教学期望值水准的手段,但同时又反过来影响教学目标或内容的制定和调整。它对教学计划、大纲的影响被称为考试的反拨功能或反拨作用。

语言测试的反拨功能可以是正面的、积极的,也可以是负面的、消极的。科学公正的测试可以对学习者的语言能力进行客观、准确的评价,并体现他们对教学内容的掌握程度,使学生发现自己的缺点以及不足,从而把握进一步努力的方向;同时,也可以使教师认识到自己在教学内容以及教学方法上的不足之处,从而作出相应的调整,这是反拨的正面功能。而反拨的负面功能也存在于很多方面,如考试作弊、应试培训和模拟试题集泛滥等。这样,测试反而限制了学生学习时对深度和广度的注重,使学生纯粹为了考试而学习,不利于学生的长远发展。因此,语言测试工作者必须高度重视测试对教学和学习的反拨作用,从理论和实践的角度对其进行充分的研究,努力探索新的题型,改进测试的内容和形式,尽量减少测试的负面反拨功能,最大限度地发挥测试的正面反拨功能,以求设计出尽可能完善的测试。

2. 学业检查功能

我们知道,测试是检查教学效果是否达到期望水准的手段,所以,测试在教学方面最常见的功能就是检查课程学习进展,这里检查的对象既有老师,也有学生。

学生从入学到结业通常经过:“入学—分班—课程—测试—结业”这几个过程,有的学校在分班时有进行测试,按照学生的实际水平进行分班(级)教学,这样比较有利于教师依据实际情况制订有效的教学计划,因材施教,提高教学效率。有的学校可能仅根据高考的成绩平均分班,这样在教学过程中就出现平均用力的情况,为照顾大多数学生,而让部分拔尖学生没有更好地发挥所长。

从广义上而言,教师是测试使用者的一部分,其他有关使用者包括学生本人、家长和教育管理部门。对后者来说,要充分发挥学业检查功能,测试主持者还需要重视测试信息的反馈与使用。对学生而言,测试反馈的信息在一定程度上反映学习上的进展与存在的问题。

对于家长,测试反馈的信息是他们了解自己子女学业进展的主要途径之一。至于教育主管部门,测试反馈的信息可以作为评估教学或课程设置的一部分。

3. 选拔人才功能

毋庸置疑,测试是检测教学效果最直接的手段,同时也是选拔和甄别人才不可缺少的方法之一。20 世纪 60 年代初,英语被纳入我国学校教育课程,英语测试也就随后开始实行。起初,英语测试主要用来衡量和评价英语教学过程给学生在态度、知识、技能、智力等方面带来的变化。测试的目标是某一时间断面上学生语言知识和语言技能的状况;测试的着眼点主要是英语教学的结果,而不是英语教学的过程。这种测试为客观评估学生的英语水平和英语语言能力,并为不断改进英语教学发挥了积极的作用。后来在相当一段时期中,英语测试除了用于学校英语课程考试外,还用于升学测试、专业技术职称晋升测试、英语专业人才选用等方面。改革开放以来,特别是中国加入 WTO 以后,随着经济全球化的迅速发展,英语作为一种世界通用的语言工具,在社会生活和经济建设中的作用愈益凸显,不仅从事英语专业的人才要能够娴熟地掌握和运用英语,而且从事其他非英语专业工作的人才也应当具备一定的英语水平,因此,英语测试被更广泛、更普遍地纳入到了人才选拔的工作系统中。

4. 评估功能

在选拔人才过程中,我们已经提到了测试的评估功能,这里的评估是广义上的评估,指课程评估、教法评估或教材评估。在这类评估中人们把测试看作一种手段,把测试提供的信息作为评估信息来源的组成部分。Brown(2002)指出,课程评估可以利用四方面的信息,其中之一就是测试成绩。他提出课程设置的六大元素也把测试包括在内。前面提到教育测量的概念时,也可以看出教育评估把测试纳入到许多的评估指标和体系中来。

二、研究功能

测试的另一大功能体现在研究领域里,这里主要以语言研究为例。

作为教师,除了正常的教学工作之外,还要搞一些科研活动。如调查影响学生进步的原因是什么? 为什么在相同的学习环境下,有的学生进步快,有的进步慢? 语言学习要注意什么? 在哪个阶段应该做哪些调查和研究等等。要进行这样的调查和研究,就需要根据不同的情况设计不同的试卷,对学生进行测试,然后根据测试的结果来比较、分析、判断、验证所提出的假设等。因此,搞科研离不开测试,语言测试是科研的必要手段和工具。

其实,语言测试的目的和功能还有很多,我国作为一个考试大国,当前应该注意和解决的问题仍然是如何科学地甄别和选拔人才,因此对教育工作者普及语言测试知识,学习有针对性地、科学地设计试题,在什么样的情况下要选择什么样的测试和评估方法,如高考主要是常模考试,而驾照培训和企业职前培训等却是标准参照测试等这些理论和实际知识,是当前亟待解决的问题。

2.4.3 测试的种类

测试可以按不同的标准分成很多种类。很多教育测量或语言测试著作(如 Harris 1969；Harrison 1983；Heaton 1988；Allison 1999等)都对测试的种类做过专门介绍。

一、依据测试在教育中的作用分类(王振亚 2009)

测试可以根据其在教育中的作用或功能分成若干种类,包括学业测试(achievement/attainment tests)、进展测试(progress tests)、水平测试(proficiency tests)、学能测试(aptitude tests)、诊断测试(diagnostic tests)、分级测试(placement tests)等。

1. 学业测试

学业测试也称成绩测试,主要考察学习者掌握教学大纲规定的学习内容的情况。学业测试通常在一门课程结束的时候实施,测试内容的选择应以该课程教学大纲规定的教学目标和教学内容为依据,不受具体课程和教材的影响。很多学业测试采用标准化测试形式,由测试专家组命题。我国高中的各学科的会考和大学中的非英语专业英语四、六级考试和英语专业的英语四、八级考试是典型的学业测试。

2. 进展测试

进展测试又称课程进展测试(class progress tests),它和学业测试很类似。课程进展测试可以在一门课程的不同阶段或结束后实施,目标是考察学习者掌握课程或教材内容的情况。课程进展测试通常由任课教师命题,参加考试的学习者人数较少。测试的正式程度一般低于学业测试。

3. 水平测试

水平测试考察学习者掌握学科知识的水平,不以教学大纲、课程计划或教材为命题依据。应试者可以有不同的学习背景。在这一点上水平考试与学业和进展测试有明显不同。有些水平考试以考察应试者的一般知识或能力水平为目的,例如,我国的 PETS(公共英语等级考试)考察的就是应试者的一般英语水平。有些水平考试则用来确定应试者是否具备接受某种教育或培训的学科知识水平。例如,TOEFL 和 IELTS 都是以考察应试者是否具备接受英语国家高等教育的英语水平为目标设计的。也有一些水平测试用来考察应试者是否具备其所从事的职业要求的语言水平。例如,我国的职称英语考试就属于这一类水平考试。

4. 学能测试

学能测试又称预测性测试(prognostic tests),用来考察应试者学习某一学科的潜能。学能测试通常在应试者开始学习相关学科之前实施,以预测其将来学习该学科的结果。J. Carroll 和 S. Sapon (1958;1967)设计的 MLAT(Modern Language Aptitude Test)和 Pimsleur(1964;1966)设计的 PLAB(Pimsleur Language Aptitude Battery)是著名的语言学能测试。MLAT 和 PLAB 的测试内容并不完全相同。

MLAT 考察四种能力:

(1)语音编码能力:识别语音,建立语音和体现语音的符号之间的联系,并能稍长时间地记忆这些联系的能力。(2)语法敏感性:识别句子中词语的语法功能的能力。(3)归纳式学习能力:在很少的指导下从新的语言材料中推断语言形式、规则、格式的能力。(4)机械记忆能力：快速有效地学习和记忆音义之间联系的能力。后来机械记忆能力被排除了，只有前三种能力被保留下来。MLAT 由五部分测试内容组成，分别是：数字学习、语音符号、拼写提示、句子中的词语、成对的相关词语。语音编码能力主要由"语音符号"部分测量，这部分实际测量的是建立语音和语音符号之间的联系和辨音能力。语法敏感性主要由"句子中的词语"部分测量，这部分要求应试者在句子中挑出具有同样语法功能的词语。R. Gardner 和 W. Lambert (1965)的研究表明这部分测试和应试者的一般学业有密切关系。MLAT 并没有明确地测量应试者的归纳式学习的能力。

PLAB 考察三个方面的内容：

(1)言语智能：对词语的熟悉程度和分析言语材料的能力。(2)学习动力。(3)听觉能力。PLAB 包括六个部分：学生各科成绩的平均积分点、兴趣、词汇、语言分析、辨音、语音—符号。言语智能由"词汇"和"语言分析"两部分测量。"词汇"部分测量的是应试者的母语词汇知识。学习动力由"兴趣"部分测量。听觉能力由"辨音"、"语音—符号"两部分测量。在 MLAT 和 PLAB 测量的各种能力中只有语音能力才是语言学能的成分，其他能力很难和一般智能甚至情感因素区分开。但这两项测试都具有语言学习的预测能力。

5. 诊断测试

诊断测试的目的是确定学习者学习中的困难和存在的问题或已经学过但尚未掌握的教学内容，以便教师在后面的教学活动中采取补救措施。尽管诊断测试一词在教学和测试文献中使用频率很高，但很少有考试完全为诊断目的而设计。学业成绩测试和进展测试，甚至水平测试，都可以用于诊断目的。辨音考试、词汇考试、语法考试、某些有控制的写作考试等都比较适合提供诊断信息。

二、依据考试的方式分类

根据考试的方式，语言测试可以分为以下两类：直接测试(direct test)、间接测试(indirect test)。

1. 直接测试

直接考查学生某一方面语言能力的测试称为直接测试。比如，我们要了解应试者的写作水平如何，教师可以直接让学生写出一两篇作文；如果想知道应试者的口语水平如何，直接让他们开口讲话。当然，所使用的材料应该尽可能真实，符合语境(Hughes 1989)。直接测试的好处：(1)测试目的明确；(2)对测试结果的评估也比较直接；(3)因为所测试的内容正是我们所要培养的技能，其正面反拨作用十分显著。

2. 间接测试

间接测试即通过测试某一技能所具备某种能力来发现学生这方面的语言能力。间接测试的优点是提供了一种通过测试部分有限的能力而了解到学生各种不同的语言能力。间接测试的缺点是学生测试结果与实际能力之间的关系并不十分明确。如通过要求学生判断某对单词是否同韵来测试学生的发音能力就属于间接测试。又如在纸笔的 TOFEL 考试中，采用了改错题的方式，间接测试了应试者的写作能力。

Hughes(1989)认为，就水平测试和学业成绩测试来说直接测试比间接测试好，所获取的对某种能力的信息要比间接测试精确和可靠。直接测试也比间接测试试题更容易设计。

三、依据语言测量的形式分类

在任何具体测量语言方面，测试可分为分离式测试(discrete-point test)和综合式测试(integrative test)(刘润清 2000；邹申 2005)。

1. 分离式测试

所谓分离式测试，是指每次只测试一个项目的测试，每道试题只测试某一特定的语法结构等，属于间接测试。例如，我们可以把语言分解为语音、语法、词汇等，然后再设计相应的测试题目。分离式测试一般集中考查语言的某一方面，或考查学生单方面的技能。其考试形式主要为多项选择题。分离式测试的理论基础主要来源于结构主义语言学，它认为：语言是由许多成分组成，掌握一种语言就是要掌握这些构成成分;测试一个人的语言水平也就是考查他对这些成分的了解和使用。事实上,各种单项知识的总和不一定等于对语言的全面掌握,分离式测试主要测量学生的语言知识,而不是语言能力。

2. 综合式测试

综合式测试是指一次同时考查综合式测试语言的多方面知识和技能的测试。传统的翻译、阅读、写作、口语面试等都是综合式测试。完形填空和听写也是综合测试。他们的共同点是要求应试者在做一个题目时融合多方面的知识和技能。虽然综合测试可以较全面地考查学生的外语能力,但有些学者认为综合式测试能提供的诊断性信息有限,或不能提供诊断信息。

四、依据解释应试者所得分数的方法分类

任何测试所得分数都必须有所参照才有实际意义,也就是说,分数的解释必须有个特定参照,才能全面进行解释。依据参照的标准不同,测试分为常模参照测试(Norm-Referenced Test,NRT)和标准参照测试(Criterion-Referenced Language Test,CRT)。

1. 常模参照测试

所谓常模参照测试是指以某一常模作为参照系来反映应试者成绩的考试(黄锐 2004),首先要按照某一参照性群体建立常模,通常用均值和标准差来表示,其次某一应试者的成绩是通过他的成绩在常模群体中与其他应试者成绩比较的相对位置来表示的。常模参照考试所表示的分数是相对的,只有保持常模的稳定性才能保证分数解释的稳定性。如假设一位应试者的成绩是第 61 位百分点,那么这位应试者的成绩高于 100 位测试者中的第 61 位,因此,这位应试者的位置在所有分数的分布是清楚的,无须参考在考试中的正确回答题项的实际数目。这种分数解释是常模参照测试的特征。

2. 标准参照测试

所谓标准参照测试需参照一定的标准对学生进行考核。学生的成绩不是通过与其他应试者的比较,而是通过与某种特定的标准进行比较而得到解释的,学生的成绩必须达到某一标准方能及格。这种特定标准的选择或制定是标准参照测试的关键,通常这个标准就是教学大纲中规定的教学要求。如 IELTS 是典型的标准参照性英语水平测试,采用九分制,每一个分数对应一套行为描述,知道了某应试者的 IELTS 成绩,就了解了其英语语言行为的特点。目前我国英语专业举行的专业四、八级考试(TEM)也是以现行的高校英语教学大纲为指导的,也属于标准参照的一类测试。标准参照测试对教师明确教学目标和确定在教学中这些目标的实现程度有重要意义。

五、依据试卷的评分方式分类

根据试卷的评阅方式,语言测试可分为主观性测试(subjective test)和客观性测试(objective test)

1. 主观性测试

在评卷过程中,评分人需对应试者提供的答案的正确性或满足测试要求的程度作出主观判断的测试即是主观性测试。如简答题(short-answer items)和开放性试题(open-ended items),如翻译题、作文、口试等都属于主观性试题,其答案都多于一个。主观性试题比较容易出,但不容易评分,开放性越大,评分标准就越不好把握。

2. 客观性测试

与主观性测试相反,客观性测试答案是唯一的,不受评分人影响的。封闭性试题(closed-ended items),如多项选择题、正误判断、匹配题(matching items)等都是客观性试题,评分人无须作出个人判断。

主观性测试和客观性测试仅相对评分而言。所有的测试都是由命题人主观设计,都是由应试者根据主观判断来完成的。

六、依据测量应试者的不同语言特征分类

根据测量应试者的不同语言特征,语言测试可分为能力测试和运用测试。

1. 能力测试

语言能力是不可直接观察的,因而也不能直接测量,只能通过测量能够体现能力的各种行为来对能力进行推测。能力测试首先根据应试者的测试表现推测其不可观察的能力,然后再以此为基础推测其在非语言测试环境下的语言运用能力。美国教育测试服务中心(Educational Testing Service,ETS)开发并实施的 TOEFL 和近年来风靡我国的 TOEIC(Test of English for International Communication)都是典型的能力测试。

2. 运用测试

语言运用是可以直接观察的,因而可以直接测量。语言测试的最终目的不是取得反映测试表现的分数,而是对在非测试环境下的语言运用情况进行推测。运用测试的推测过程与能力测试的推测过程不同。运用测试则是根据应试者的测试表现直接推测其在非语言环境下的语言运用情况。英国—澳大利亚测试专家联合开发的 IELTS(现主要由英国剑桥大学地方考试委员会负责)是运用测试的典型代表。

七、依据考试时间的长短分类

根据考试时间的长短,语言测试还可分为速度测试(speed test)和强度测试(powder test),其主要测试应试者的知识和能力两个不同方面(王振亚 2009)。

1. 速度测试

速度测试测量应试者解决问题的速度。一般速度测试的题目比较容易,如果不是在时间压力下,一般都可以提供正确答案。但速度测试题目数量大,且有时间限制,因此很少有应试者能够按时完成。

2. 强度测试

强度测试测量应试者的知识或能力,题目数量不大,但有难度。应试者常常不能完成测试中的全部题目。原因不是时间不够,而是应试者不具备完成全部题目所要求的知识或能力。

大多数的语言测试都是强度测试。强度测试并不是没有时间要求。几乎没有测试允许应试者自行决定测试时间的长短。一般强度测试要求至少 75% 的应试者能完成 95% 以上的题目。

正确地区分测试的种类,可以让我们在实际工作中减少测试类型使用混乱的现象发生,从而最基本的保证测试的公平性,保证测试的质量。

◀| 2.5 语言测试的理论架构 |▶

前面介绍了语言教学和语言测试的发展历史以及语言测试的功能、分类和一些相关概念。那么,设计一套试卷如何才能知道它是否符合语言测试的标准要求呢? 这就需要对试卷的质量进行评估和检验。根据 Bachman &Palmer(1996)把评估和保证试卷质量的标准总结为"有用性"(usefulness)也就是测试的六要素,即信度(reliability)、效度(validity)、真实性(authenticity)、交互性(interactiveness)、可操作性(practicality)、影响(impact)。本节将分别介绍这六个特性的特征、作用以及它们之间的关系。

2.5.1 信度

信度也称测试信度,一个测试的结果和它自身或其他测试结果之间一致性的实际水平。如果没有测量误差,这种一致性应该是相同的。信度反映了测量结果中由于随机误差因素所带来的方差变异大小。信度越高,随机误差方差越小,测量结果越稳定;而测量误差可能源于项目选择、测试时间、考官的倾向性等。信度是衡量一个测试质量高低的最重要指标之一,信度达不到测试目的的考试是不能使用的。信度主要包括两个方面:测试的信度和评分员的信度。

一、测试的信度

测试的信度指测试分数的稳定性、一致性和没有测量误差的程度。高信度的测试,其分数具有精确性,没有或很少有测量误差。从理论上说,一个具有高信度的测试结果,测试在不同的测试环境下实施,对同组应试者施考多少次,其结果应该是一致的。对常模参照测试而言,信度指用于两个相似的测试场合的一个测试所产生的两组分数在分布上排列等级的近似程度。也就是说,让同一组应试者在两个相似的测试环境下把同一个测试做两次(中间有一定时间间隔,使应试者忘记上次做题时的答案，而其知识或能力水平又没有发生变化），或把两份等值试卷各做一次，然后把所得的两组分数按高低排列。两组分数的排列越接近，则测试的信度就越高。反之，则信度越低。对于标准参照测试，信度也是指分数的稳定性和一致性，但分数在排列等级上的近似度没那么明显。如果测试的目标是确定应试者掌握一个领域的程度，我们更关注的是应试者在重复做相同的测试或把一项测试的两份等值试卷各做一次时，他们答对率是否接近。答对率越接近，则测试的信度越高。反之，则信度越低。如果测试的目标是确定应试者是否达到了教学目标的要求，那么该测试通常是把应试者分为达标者和未达标者。这时，分数的一致性就是指达标或未达标的一致性。同样，可以让一组应试者把同一测试做两遍或把同一测试的两份等值试卷各做一遍，然后考察两次区分达标者和未达标者的接近程度，即两次均为达标者或未达标者的比例的近似程度。

二、评分员的信度

除测试本身以外，测试评分员也影响测试分数的稳定性和一致性，这就是所谓的评分员信度（scorer or rater reliability）。一般的客观型题目在评分时很少出现误差，如选择题、正误判断题等，这类题型可以通过机器进行评阅。即使人工评阅，不同评阅者对相同应试者作答反应结果的评分一般也会完全相同。然而对诸如口语测试、作文、翻译等主观测试，评分的过程就显得非常主观。最常用的方法就是让两个或多个评分员各自独立评价同一批应试者，然后计算他们的相关系数或和谐系数（coefficient of concordance），相关系数越大，说明信度越高。这里就有评分员内部信度（intra-rater reliability）和评分员之间信度（inter-rater reliability）之别，前者指同一评分员是否能始终一致地保持同一标准，这对主观性测试来说是不容易做到的；后者指不同的评分员给相同的或不同的测试评分的标准能否保持一致，这点也不容易做到。所以，从某种意义上来说，主观性测试的质量主要靠评分员来保证。当然，目前也有不少学者（黄锐 2011），利用模糊数学的原理来进行主观性测试的综合模糊评分(黄锐 2011),这种方式在很大程度上比较客观,同时对评分员的压力也比较小。

三、信度的验证

对测试信度的验证,有一系列的方法。可分特别采用和经常采用两类。特别采用指在测试经常性工作之外去进行的实验和验证。较常见的有下列几种做法:

(一)考后复考(test retest)法,又称重复测试法

用同一套试题,让同一个应试群,在正式考后短时间内,再考一次,计算两次应试者分数高低排序的相关性,以证实测试的信度。该种方法看似容易,但在实际操作中有一定的难度。这种方法的可靠性基于一个同步性假设之上:两次考试之间学生在学习上都没有或都获得新的进展。如果在此间一部分学生的学习成绩发生变化,而另一部分则保持原状,那么,第二次考试的分数与第一次的相比会出现差异,因而两组分数中就缺乏稳定性。假使在这种情况下用考后复考法测定考试信度的话,得出的考试信度数据会偏低。因此,在使用该种方法时我们应注意以下两点:第一,控制相隔时间段内的教学内容,以保证学生学习进展方面的一致性。第二,两次考试的间隔时间不宜过短或过长。为了减少记忆力因素的影响,可以重新调整题目的顺序(主要是多项选择题选项的顺序)。见下例:

第一次考试顺序:

The girl chose some very pretty _____ paper for the present.

    A. covering   B. wrapping   C. packing   D. collecting

第二次考试顺序:

The girl chose some very pretty _____ paper for the present.

    A. wrapping   B. collecting   C. covering   D. packing

当然这并不是说通过这两个做法就可以控制间隔期间内所有的因素,仍有许多偶然因素会影响考后复考法的可靠性,这主要表现在学生方面,如学习积极性的高低、对考试形式的熟悉程度,等等。

(二)平行卷测试法

如果说考后复考法是通过时间求得一致性的话(consistency

over time)，平行卷测试法(alternate-form)是通过 A、B 卷的形式求得一致性(consistency in form)。这种方法是先让学生做两套试卷，随后分析考试的结果。考试的信度是通过两组分数的比较而求得的，分数组之间的一致性将决定考试的信度。在这一点上，平行卷测试法要比考后复考法略胜一筹，它不牵涉到时间的间隔问题。A、B 卷可以先后完成，或隔一两天完成。

但是，平行卷测试法对 A、B 卷的制作要求较高。由于这两份卷子被视为完全等同的试卷，因此，在测试的内容、项目难度及其坡度、试卷长度、试题数量、施考时间，甚至题目顺序等方面都必须吻合。这要求教师在命题过程中严格按照规则操作。此外，两套试卷的题目必须经过预测及分析，以确定它们的一致性。

（三）试题分半(split halves)法

上面介绍的是两种建立信度的方法，但这两种方法在实际操作中都有一定的难度，比如，时间间隔问题和试卷完成的一致性问题。为了避开这两个难题，语言测试界也常采用试题分半法，即考后将试题按题号奇数和偶数分为两半，计算两半所得分数的高低排列的相关性，两个部分分数的一致性越高，试卷的信度也就相应地越高。这种方法特别用于试题同质的验证，同时也验证信度。

以上所列的验证办法，一般只是在一种测试开始建立时采用，或隔一段时间偶尔为之。更重要的其实是经常性的验证，那就是对每次测试的信度都作验算，并且公布数据。最常计算并公布的有关测试信度的数据包括以下几种(李筱菊 1997)：

（1）用信度公式直接算出的信度数据；

（2）测试成绩正态分布的数据及分布图（在第四章中介绍）；

（3）项目分析(item analysis)，这包括试题的难易度数据、区分度数据等；（在第五章中再作详细介绍）

（4）本次测试试题与往次测试试题相比的等值数据；

（5）有关评分员评卷一致性或不一致性调整的数据；

（6）试题偏颇性分析数据；

（7）测试项目适宜性(item fit)及人群适宜性(person fit)分析数据。

本章讨论用信度公式直接算出的信度数据,其他的有关测试信度的算法,在后面的章节中再作详细讲解。

上面讨论了三种方法检测信度,但无论是哪种方法都存在一定的可操作性,因此,实际工作中人们往往采用试题分半法来求得测试的信度,计算公式为(刘润清 2000):

$$r_{xy} = \frac{N \sum XY - (\sum X)(\sum Y)}{\sqrt{\left[N \cdot \sum X^2 - (\sum X^2)\right]\left[N \sum Y^2 - (\sum Y^2)\right]}}$$

(公式 2-1)

其中:

N = 考生人数;

$\sum X$ = 奇数题目得分总和;

$\sum Y$ = 偶数题目得分总和;

$\sum XY$ = 奇数题目得分乘以偶数题目得分之和。

这里需要指出的是,由于求得的信度系数是半个测试而非整个测试的信度,因而需要对该系数进行校正。一般采用 Spearman-Brown(斯皮尔曼—布朗)公式(公式 2-2)校正:

其中:

$$r = \frac{2 \times R_{xy}}{1 + R_{xy}};$$

(公式 2-2)

R_{xy} = 两半试卷分数的相关系数;

r = 整个测试信度系数。

如果用分半法求得两半试卷分数的相关系数为 0.75,那么整个测试的信度系数经上面公式 2-2 校正后为:

$$r = \frac{2 \times R_{xy}}{1 + R_{xy}} = \frac{2 \times 0.75}{1 + 0.75} = 0.857$$

经过校正后,发现整个测试的信度系数高于两半试卷的信度系数。这说明未经校正的信度系数低估了测试的实际信度,换句话说,增加测试的篇幅可以提高测试的信度。

然而,由于分半法可用不同的方法去把题目分成两半,所以采用不同的分半法所求的信度系数往往不一致。例如,奇数题与偶数题之间的相关系数与前后两半题目之间的相关系数可能很不一致。此外,如果一份试卷内题目不多,结果会受到影响。可以设想,如果一套试卷中只有 10 道题,求 5 道题与另 5 道题之间的相关性,意义不大。其实,可以采用 Kuder-Richardson Formula(简称 K-R)(1937)来计算整份试卷的信度系数(公式 2-3)。

$$\gamma_{11} = (\frac{N}{N-1})(1 - \frac{m(N-m)}{Nx^2}) \qquad \text{(公式 2-3)}$$

其中:

N = 试卷的题目总数;

m = 测试成绩的平均数;

x^2 = 整份试卷的方差。

以上介绍的几个公式只适用于计算客观题的信度。如要计算主观题的信度,可采用 Cronbach 的 Alpha(α)系数公式(公式 2-4)。

$$\alpha = (\frac{N}{N-1})(1 - \frac{\sum SD}{XSD}) \qquad \text{(公式 2-4)}$$

其中:

N = 试卷中的大题数(即试卷由几个部分组成);

$\sum SD$ = 每一大题的方差的总和;

XSD = 整份试卷的方差(关于方差的概念在第四章中介绍)。

总的来说,一个测试的信度,还是比较容易见诸数据的,CRLT 的信度我们将在第八章进行详细阐述;当然,与信度相对的概念是效度,试题的效度要比信度更难以捉摸,下面来讨论一般测试中试题的效度问题。

2.5.2 效度

一、效度和效度研究

效度是一个仍然在发展中的概念,其内涵的演变大体经历了三个阶段:单一概念阶段、种类概念阶段和整体概念阶段(邹申 2005;

李清华2006等）。效度是在教育和心理测量学这一特定语境中对"有效程度"或"有效性"一词的简称，是一个测试学中的专业术语Richards（1998）对效度的定义如下：

指一个测试能测出预定要测量的事物的程度，或能够引起预报作用的程度。测试的效度可以用多种不同的统计方法来评估，这些方法通常试图确定所要测量的是什么事物，以及测量的效果如何。

而由 The American Psychological Association（APA）、American Educational Research Association（AERA）和 National Council on Measurement Used in Education（NCMUE）于1999年共同制定的《教育与心理测量标准》是这么定义效度的：

效度是根据所设想的测试使用目的，（所收集的）证据和（依照的）理论支持测试分数解释的程度。

美国著名测量专家 Messick（1989）对效度的定义是这样的：

效度是对基于测试分数或其他评估形式的解释和决策的整体综合评价，判断实证证据和理论原理支持分数解释和决策的充分性和适切性。

这样有专家认为效度不是测试工具的属性，而是对测试分数本身意义的解释，是基于分数决策的解释，以及对测量的社会价值的评判。传统意义的效度是对分数真实性的解释，而没有涉及分数的价值和政治问题（汪顺玉2009）。

测量的信度和测量的公正性验证都属于效度范畴。信度说明某特征或能力被测试所测试；公正性证据表明分数意义在跨群体、跨组别、跨情景中的可比较性（Messick 1988）。信度注重测量的实证方面，效度注重测量过程的理论方面，并试图把理论方面和实证方面结合起来。"没有信度的测量必导致混乱；没有效度的测量必发生曲解"（Hudson 1992）。测量公正性的评价，既需要实证数据，又需要理论依据，还需要价值判断。

效度始终是针对特定的测量目的而言的，所以不具有超越所有目的的普遍性。一项测量活动总是针对一定目的而实施的，其有效性如何，也就是要看能达到最初目的的程度。如果某测试用于多种目的,那么它就有多个效度,其中有的方面显得效度高,有的方面也许就比较低(黄光杨 2002)。

效度研究(validation,也称效度验证,简称效验)就是根据现有的效度理论框架,为这种测试结果的使用、解释以及根据该结果所可能做的推断或决策提供一些可供参考的理论论证和经验证据,同时也为这项测试的进一步改进提供一些必要的反馈信息。因此,效度研究是一种理论综合论证的过程,也是一种采集证据的过程,它既是一种实证性研究和应用性研究,同时也是一种理论性的综合研究。效度研究结果应该是一系列的理论说明和经验证据的汇集。该结果的一部分,一般应该作为测试的辅助性和说明性文件,和试卷一起提供给测试的使用者和测试结果的使用者,另一部分则为测试或试卷开发者作参考,还有一部分应该供外部的专业评论人员使用。

正确理解效度这个抽象概念无论对测试设计还是对评估测试的实用性来说都是至关重要的。因为效度是衡量语言测试最重要的指标,或者说是语言测试的基本出发点。一项效度很低的语言测试是毫无意义的(刘润清 2000)。

二、效度种类(types of validity)

测试的种类有内容效度(content validity)、构念效度(construct validity)、同期效度(concurrence validity)、预测效度(predictive validity);内容效度和构念效度属概念型的,同期效度、预测效度则属统计型的;而第五种种类的效度则是表面效度(face validity),指根据观察者的主观判断,测试达到预先设想的衡量知识或能力的程度(Davis el 1999)。

Alderson(1995)把评估效度的不同方法称为效度种类,同时他认为能建立越多不同的效度种类越好,而且有越多的证据支持这类效度则更好。这些证据可以取自测试的不同方面。从测试的内容取得证据的就是内容效度研究,内容效度属于内部效度(internal validity)类型。从测试的结果和其他测试或测量、评估方法的结果之关系取得证据的就是标准关联效度研究(criterion-related validation),标准关联效度也称外部效度(external validity)(Davies

1999)。从测试的语言和语言学习理论基础取得证据的是构念效度研究。构念效度是所有效度类型中最重要的效度,也是最难解释的概念,有关效度的问题,将分独立章节进行论述,特别是有关 CRLT 构念效度问题,将在第九章详细阐述。

（一）内部效度

评估测试的内部效度有许多,但最普遍的是以下三种:表面效度、内容效度、应答效度(response validity)(Alderson 1995)。

1. 表面效度

表面效度指考试的"表面可信度或公众的可接受度"(Ingram 1977);Davies 等(1999)则是这样对表面效度下定义的:

根据观察者的主观判断,测试达到预先设想的衡量知识或能力的程度。

例如,在测试应试者口语表达能力的考试中,的确使应试者开口讲了英语,那么这类直接用来测试能力的考试就具有很高的表面效度。但是在阅读理解测试中,如果出现有许多学生尚未掌握的方言词汇,那么这次考试就算缺乏表面效度。表面效度没有统计学基础,心理测量学者一般不看重它。交际语言测试的倡导者一般认为交际语言测试与真实语言运用有更高的相似性,因此也有更高的表面效度。然而,有些学者认为表面效度这个概念是必须批判和消灭的(Popham 1990)。因为表面效度没有任何固定的、确切的内涵,它的出现和使用,只能制造学术界的混乱,无论是对于教育和心理测量科学中的学术研究,还是对于教育和心理测试业的健康发展,都是有害无益的,只会造成负面的影响(邹申 2005)。

2. 内容效度

内容效度指(测试中)有效性的一种。Henning(1987)认为,内容效度指测试内容是否具有代表性(representative)和充分性(comprehensive)。以测试内容能否充分地测出所要测量的技能的程度为基础。前面已经说过,语言能力是一个抽象概念,是无形的,无法直接测量,只有测量其有形的表现,即表征,然后再对能力作出推论。语言能力的外在形式纷繁复杂,很难一一考到。只能从中抽取一部分作为样本来测,这个样本的代表性如何,直接影响考试效度的高低。也就是说,如要保持测试内容的高效度,样本必须全面地、充分地体现要考查的内容。换句话说,试卷中是否有足够的题目去体现所要考的各方面内容显得十分重要。

那么,如何保证测试内容的高效度呢?第一,测试内容要符合测试目标。命题前要根据考试大纲、教学内容和教学目标拟定好测试内容,制定详细明确的考试细目表,然后按这个细目表去编制具体的试题。第二,考试内容要适合测试对象,题目难易适中。第三,试题编制好后,要请有经验的教师或专家审定,保证测试内容全面、合理。

尽管目前有不少研究者认为,内容效度不是一种效度(Messics 1989;张厚粲 1992;李清华 2006;汪顺玉 2009),从本质上看,效度应只与测试分数相关联。他们认为应该用"内容代表性"来代替"内容效度"。但不管怎样,在美国的 APA 中,内容效度仍被作为主要效度之一。在 CRLT 中,由于 CRLT 本身的特点和要求,我们更强调内容效度的重要性,有关 CRLT 效度问题在第九章里会有更详细的介绍。

3. 应答效度

正如上面所说,测试效度研究最多的信息仍是应试者对试题的应答如何,因此,应答效度就是研究收集到的有关应试者答题策略和风格的数据来确定测试的合理性程度,所关注的是测试过程,通过了解应试者答题时的心理过程、推理方式等,从而获取有关测试在测量什么的重要信息。这样的数据通常通过有声思维等内省的方法获得。这是定性的实证研究方法,和其他种类的效度研究采用的定量的实证研究方法截然不同。例如,完形填空测试常被认为是一种综合测试,应试者依赖语言知识、语境知识、世界知识、阅读能力、写作能力等来答题,也就是说完形填空测量的是综合语用能力。可以请应试者告知他们的答题心理过程。通过这样的调查,可以了解他们答题时所依赖的知识和能力,从而确定完形填空测量的是什么。当然,通过内省的方法调查应试者的答题方式有一定的风险。如果调查在测试过程中进行,应试者一般会记得其答题方式,但却可能干扰测试过程。如果调查在测试完成之后进行，我们取得的数据可能会有偏差。

（二）标准关联效度

标准关联效度又称为外部效度。所以把标准关联效度称为外部效度是因为这里的"标准"是效度研究对象以外的因素，与标准参照测试中的标准含义完全不同，在标准参照测试中"标准"指一套事先制定的用于测量或评估应试者的知识或能力的标准，而标准关联效度中的"标准"指的是测量同一变量的其他形式。例如，教师根据印象给一组学生打的口语水平分数或这组学生从任何其他口语考试中获得的分数都可以成为对某一口语测试进行标准关联效度研究的"标准"。简单地说，标准关联效度是指把测试结果与其他高信度测试结果进行对比，看它们在多大程度上吻合，作为对比的其他测试结果就成了检验现有测试的效度标准。这种测试的效度就称为标准关联效度。

标准关联效度研究是取得证据，说明可以根据应试者的测试成绩去推论他们在同一变量的其他测量形式中的表现的合理性程度。通常，对一项新的测试进行标准关联效度研究时，首先选择测量同一知识或能力的、有良好声誉的测试（或其他可接受的测量形式）作为标准，然后把同一组应试者在新测试和标准测试或其他测量形式中的表现加以比较，把两者之间的关系作为说明新测试的成绩可以作为依据去推论测量同一变量的其他形式的合理性程度的证据。另外，标准关联效度研究最常从相关系数中取得实证证据，因此它又称为实证效度（empirical validity），它最普遍的类型是同期效度和预测效度。

1. 同期效度

同期效度（concurrence validity 也译作先时效度）就是比较差不多同时施考的同一批应试者的两次考试结果的关联程度。如果关联程度高，就可以断定，本次考试具有同期效度。否则，就说明本次考试缺乏同期效度。关联标准是用统计中的相关系数表示的。一般来说，效度相关系数的取值应在 0.5～0.7 之间（Alderson 1995）。

通常,在同期效度研究中,新测试和作为标准的测量手段测量的是同一知识或技能领域,目的是验证两者之间的关系或根据新测试的分数去推测同一组应试者在其他测量相同能力的测量手段中表现的合理性程度。

2. 预测效度

预测效度(predictive validity)也是建立在两个考试结果的比较之上的。它与同期效度的区别只是两次考试之间相隔一定的时间。因此,如果新测试和作为标准的测量手段分期实施(前者实施很长时间以后再实施后者),则该效度研究属于预测效度研究。在这类语言测试效度研究中,新测试通常是学能测试或选择性测试(如招生考试),而作为标准的测试手段常常是学业测试或课程进展测试,目的是验证新测试的预测能力,即那些在学能测试或选择性测试中取得好成绩的应试者是否在其后的学业测试或课程进展测试中也能取得好成绩。同期和预测效度研究都以相关分析作为研究手段,比较容易实施,但标准的选择不易;有时很难找到一个测量某一能力领域的公认的标准。

(三)构念效度

把构念效度放最后来讨论是因为它是一个最难解释的概念,也是 CRLT 测试效度研究中要考虑的最重要的问题,部分学者认为它是内部效度和外部效度提供的上级形式。正如 Ebel 和 Frisbie (1991)给构念效度下的定义一样:

构念(construct)指心理构念,是对无法直接测量或观察的人类行为的一个方面的理论阐述。智能、学能、语言能力、阅读能力等都是这样的构念。

Hudson(1992)是这样定义构念效度的:

用于评定某个特定的测量与其他测量之间的关系是否与理论上的假设相一致。

测试构念效度论证的目的是确定测试的结果(分数)是否与我们的期望一致。在语言测试中,构念可以被定义为测试行为反映的一种能力或一套技能。可以根据测试分数对其作出推论。在语言学习和研究中,与语言学习和运用有关的构念会得到理论阐述。语言测试可以被看作是对这些理论阐述的操作式定义。效度研究指取得证据说明一项测试确实测量了该测试的设计者想要测量的心理结构的过程。例如,阅读能力测试的设计者当然是要测量应试者的阅读能力。如果他设计的阅读能力测试具备高构念效度,那么该测试应该完全或极大程度地反映其阅读能力。同时,由于应试者在测量相同心理构念的测试中的表现有很高的相关性,他们在该阅读能力测试中得到的分数应该能成为推测他们在其他阅读能力测量中表现的依据。也就是说,构念效度研究也是取得证据,说明根据分数推论应试者在测量相同构念的测试中所表现的合理性程度的过程。

构念效度研究可以用取得证据来说明:一项测试确实测量了测试的设计者想要测量的心理构念的过程。通常,构念效度的研究者不会对解释相关心理构念的理论提出质疑。他们关心的是:测试是否充分反映了相关心理构念的理论。他们的研究程序主要是选择相关专家,向他们说明相关测试要测量的心理构念和解释该心理构念的理论,请他们在对该测试作详细考察之后对其构念效度作出判断。

构念效度也可以用取得证据来说明:在多大程度上可以根据测试分数推论应试者在测量相同结构的测试表现。取得这方面证据的研究过程比较复杂。

内容效度研究、标准关联性效度研究和构念效度研究是效度研究的主要方式,在效度研究中有着举足轻重的地位。

效度也是经典测试理论的一个重要指标,效度系数也可以通过下面的公式(公式 2-5)来获得(Henning1987):

$$r_{xy(\max)} = \frac{r_{xy}}{\sqrt{r_{tt(x)}}} \qquad (公式\ 2\text{-}5)$$

其中:

$r_{xy(\max)}$＝效度系数;

r_{xy}＝X 考试的效度系数;

$r_{tt(x)}$＝X 考试的信度系数。

三、信度与效度的关系

效度和信度之间的关系既简单又复杂。信度只受到随机误差或非系统测量误差的影响,而效度会同时受到随机误差和系统测量误差(systematic errors of measurement)的影响。因此,从理论上说,它们之间的关系很简单。一项测试需要有高的信度才可能有高效度。也就是说,高信度是高效度的必要条件。一项不能给出稳定、一致性结果的测试不可能是有高效度的。分数不稳定或结果不一致的测试不可能有高效度,因为,分数的不稳定或不一致意味着测量误差较大,存在较大测量误差的测试分数不可能合理地反映所测量的知识或能力水平,该测试也就不可能具有高效度。但高信度却不是高效度的充分条件。信度很高的测试也可能是低效度的。例如,多项选择的发音测试能给出稳定或一致的结果,可以说多项选择的发音测试具有很高的信度,但测试专家一直对其效度有疑问,该测试很可能不能根据应试者发音能力的差别把他们区别开来,也就是说对其是否测量了应该测量的知识或能力有疑问。直接性的发音测试(会话或朗读)因应试者的测试行为和人们真实语言运用方式的一致性有很高的效度,但却很难保证有很高的评分人信度。在语言测试实践中,人们常以牺牲效度而追求高信度,或牺牲信度追求高效度,这都是不可取的。追求高信度或高效度反映了人们的测试观。

2.5.3　真实性

语言测试的真实性是测试界一直关注的问题,Spolsky(1995)早就指出:"语言测试的真实性标准给测试领域提出了语用和伦理的问题。测试材料缺乏真实性对我们根据测试成绩所得出的结论也提出了疑问。"

一、"真实性"问题探究

什么是语言测试的真实性(authenticity),测试界对此看法不一。不少语言学家提出了自己的观点,但由于出发点、研究方法等的不同,对真实性问题仍未形成一致的看法。一些人将此定义为"直接性"(directness),即不通过语言能力的中介表现就能测量应试者的语言能力。实际上,语言能力是不能直接考察出来的,因为大脑神经的活动过程无法用试卷来测量。从这个意义上来说,所有的语言测试都是间接测试。另一些人将真实性定义为与现实生活的相似程度。由于现实生活中语言的使用变化很大,我们不知道哪种语言任务可以作为真实性的标准。还有人把真实性和测试的表面效度等同起来。这一定义也有不足之处,因为测试的表面效度完全是由评估者主观决定的。再有,在测试专家看来很真实的试题,在老师或应试者看来未必真实。Bachman(1991)曾提出应该从以下两个方面来定义测试的真实性:

1. 情景真实性

所谓情景真实性(situational authenticity),就是指测试方法特征与将来某一特定目的语使用的情景特征相关的程度。

也就是说,我们在命制考题时,考试任务的特征必须与将来目的语使用的情景特征相一致。只有做到了这一点,考试任务才算有了真实性。举例来说,参加商务英语(BEC)考试的应试者在其工作中应当具有与客户用英语就商务活动面对面交谈的能力,该项考试的口试中就安排了应试者之间面对面交谈的交际关系(interaction between candidates)。

2. 交际真实性

交际真实性(communicative authenticity)指的是应试者在完成某一测试任务时,其语言能力的哪些方面参与了完成该任务的活动,参与的程度如何。与情景真实性不同,交际真实性强调的是应试者与测试任务之间的交际关系。

Bachman认为,情景真实性和交际真实性只是两个相对的概念,我们只能说某测试的真实性"高"或"低",不能简单地说它"真实"或"不真实"。此外,考试的交际真实性通过直接观察是看不出来的,必须考虑应试者的有关特征以及具体的语言使用场景。再以BEC考试为例,该考试对那些正在或将要从事商务活动的应试者来说,其交际真实性很高,但对英语教育专业学生来讲,其交际真实性就不高。

二、真实性的重要性

语言测试的真实性这一标准对我们开发、评价某项考试是极为有用的。它可以帮我们在设计考题时打开思路,在评估考题时具有新的角度,提高测试的真实性可以提高测试的可信度。"真实性是语言测试的'核心问题'"(Bachman 1990)。这是因为,首先,根据真实性测试的结果才能推测应试者在目的语使用领域(target language use domain)或其他非测试语境中的语言使用能力;其次,真实性测试影响应试者对测试的接受程度及其测试行为,有助于激发应试者的积极性,使其发挥最佳水平;最后,测试的反拨作用能促使学生学习真实的语言材料,从而更有利于提高他们的语言交际能力。

简言之,真实性对考试的重要性主要可以归纳为以下几点:首先是对应试者的正面影响。考试的任务、话题,内容和形式都与现实生活中的情况相一致,给应试者以认同感和亲切感,能有助于他们发挥最佳水平。其次,由于考试任务与现实生活中任务相对应,根据应试者完成考试任务时的表现能直接推断出应试者今后在完成现实生活中任务时的表现,从应试者的分数能直接推断出应试者的语言使用能力。最后,考试的真实性会对教学产生良好的反拨作用。

三、提高语言测试真实性的探索

为了取得测试的真实性,即为了使测试的任务、语言和语言使用条件与现实生活中的实际情况相对应,我们在设计测试时首先要确定现实生活中语言使用的范围及其特征,然后才有可能使测试的任务与之对应。尽管现实生活中语言使用的具体例子由于语境、人物和事件的不同而不同,但是确定基本的、有明显特征的语言使用范围和在某个范围内语言使用的某些特性,应该是可能的。如果我们的教学大纲本来就是根据交际需要分析方法制定的,那么考试的任务和语言特性只要与大纲中规定的任务和语言特性相对应,考试就能取得真实性。这当然是指以大纲为依据的诊断测试、进展测试和学业成绩测试而言。如果设计不以大纲为依据的水平考试,就必须根据考试的目的和考试的对象先作一番交际需要分析,以便确定应试者未来的语言使用范围和特征。例如,为了了解出国留学申请人员是否能胜任在国外的生活和学习,可以先确定留学人员在国外使用语言的范围,即生活和学习。在生活方面,我们可以确定的场合有机场、车站、路上、银行、旅馆、商店和邮局等等,需要办的事情有买票、问路、开账户、找住宿、购物和寄信等等。在学习方面,我们可以确定的场合有教室、讲堂、图书馆、实验室等等,在教室里学生要完成的任务有参加小组讨论,涉及的语言活动有提问、回答和主讲,主讲需要阅读有关参考资料和写发言稿等等,在图书馆要完成的任务有办理借书证、查阅资料、借书和还书、买复印卡、操作复印机等等。完成上述这些任务涉及语言使用的不同媒介(听、说、读、写)、不同方式(单向、双向)和不同途径(面对面、印刷品等)。分析并确定现实生活的语言使用范围,语言使用的场合,需要完成的任务,以及完成任务时涉及的语言媒介、方式和途径等之后,我们就可以根据所确定的语言使用的真实情况来设计考试。这样,考试的真实性也就能够得到保证。

一般来讲,提高语言测试的情景真实性要容易些,而提高语言测试的交际真实性则要复杂些、难些。因为提高测试的交际真实性意味着提高应试者在完成某一测试任务时其语言能力的六要素(即组织篇章结构的知识、语用知识、评价策略、确定目标策略、制订计划策略、执行计划策略)(Bachman 1990)。同时 Bachman 认为,要提高语言测试的真实性,须从以下四个方面入手:

(1)提出要求。在设计试题时可以具体说明应试者只有使用何种策略才能完成该任务。

(2)提供机会。即给应试者提供充足的时间、必要的信息和工具等。

(3)测试任务要得当。任务太难,会影响应试者策略的应用。

(4)测试任务要有趣味性。通过提高测试任务的情景真实性可以提高测试任务的趣味性。

四、Bachman 和 Palmer 对真实性的发展

Bachman 和 Palmer(1996)指出真实性即"某一测试任务的特

征与目的语使用任务的特征一致性的程度"。可以用下图表示：

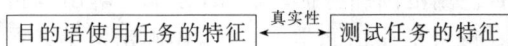

目的语使用任务的特征 ←—真实性—→ 测试任务的特征

Bachman 和 Palmer 的这一定义使真实性在语言测试中的可操作性大大增强，主要在以下三个方面对测试实践具有指导意义。首先，既然特征的一致性是真实性的关键，那么，只要使测试任务尽可能具有目的语使用任务的特征，该测试就具有较高的真实性；其次，目的语使用任务的特征主要涉及交际能力、语言环境及其他测试方法层面的因素，而这些因素可以根据 Bachman 的模式总结出来；再次，真实性是一个相对的、动态的概念，一项测试的真实性可能或高或低，但一般不存在百分之百的真实性或完全没有真实性。

涉及真实性高的测试任务一般分为两个步骤：第一，辨别出目的语使用域的特征，并以此构建任务特征的框架；第二，选择或涉及具有这些特征的样本作为测试任务。

此外，Bachman 和 Palmer 拓展了目的语使用域的范围。他们认为该范围不仅包括真实生活中的语言使用任务，而且包括以交际为目的的（或以任务为根据的）外语教学的课堂用语。这一主张加深了我们对真实性本质的认识，也丰富了真实性测试的内容。

总之，真实性是语言测试中最重要但也是最棘手的问题之一，因为它涉及测试语境、应试者的个人特征和语言能力的本质等问题。尽管前面讨论了情景真实性和交际真实性以及 Bachman 和 Palmer 对语言测试真实性的新发展，但对语言测试的真实性研究都还不尽完善，还有待进一步研究。

2.5.4　交互性

Bachman（1990）认为交互性就是应试者与测试任务之间的交流，强调应试者、情景与语篇之间的相互作用。交互性是指"在测试所设计的任务中学生的参与程度"（邹申 2000）或"应试者在完成测试任务过程中应试者个体特征的参与程度和类型"（Bachman &

Palmer 1996)。因此,参与程度越高,测试的交互性也就越强。比如,多项选择题对应试者运用语言的要求很有限,它的交互性较低,而口试如果要求应试者就某一题目发表自己的观点,则具有很高的参与性,交互性当然就高。要清楚了解交互性,就需要先了解测试任务的特征和应试者的特征(Bachman 1990)。

一、测试任务特征

测试任务特征主要指测试的背景特征、测试指令特征、语言输入特征以及语言输入与答案的关系。

(一)测试的背景特征

测试的背景特征包括:

(1)测试的环境指场所所处位置、噪音、温度、湿度、座位安排、灯光以及对测试设备的熟悉度等。

(2)与测试有关的人员,主要包括应试者、监考人员和考务人员。

(3)测试实施的时间,即是在应试者清醒时或是疲倦时举行的。

(二)测试指令特征

测试指令特征主要指:

(1)指令,包括语言(是用母语或目标语或两者一起呈现指令)、渠道(是通过听觉或视觉或两者同时呈现指令)、程序和任务的规范(程序和任务呈现给应试者的方式和数量,冗长或简短,有无例题,一次呈现一个或多个,与某一特定部分有无联系等)。

(2)结构,包括各部分或题目的数量、显著特征、安排顺序、相对重要性以及每一部分的题目数等。

(3)时间分配,即每题、每部分或全卷的时间分配。

(4)评分,包括评分方法(答案正确性的决定方式,是固定答案还是灵活答案,是采用二分法还是连续法评分,是机器阅卷还是人工阅卷,是集中阅卷还是分散阅卷等);评分的步骤(一份试卷是在全卷阅完后还是部分阅完后轮换);阅卷标准和程序的清楚性(是否考前让应试者知道阅卷的标准和程序等)。

(三)语言输入的特征

语言输入的特征指:

(1)格式,包括渠道(是通过听觉或视觉或两者同时输入信息)、形式(是用语言或非语言或两者一起输入信息)、语言(是用母语或目标语或两者一起输入信息)、长度(信息的单位是词、短语、句子、段落或语篇等)、种类[固定答案题目或灵活答案题目、速度(应试者处理题目的速度要求)]、传达方式(是用未经修改的现场录音、题目或是用经过修饰的录音、题目或两者一起传达信息)。

(2)信息输入语言,包括语言特征,如组织特征(词汇、形态、句法、音位等)和语篇特征(连接、修辞或会话),语用特征,如功能特征(达意、操纵、探究、想象)和社会语言学特征(方言/变体、语域、地道性、文化推论、修辞)。其中,"达意"就是使用真实世界经验表达意义,包括使用语言表达命题或交换知识信息,如在讲座或学术论文中陈述命题或交流信息,或感情,如向朋友或在日记里倾诉情感等;"操纵"就是使用语言去影响他人,如使用语言以让他人做事(工具功能),使用语言以控制他人的行为(调节功能),使用语言以建立、保持或改变人际关系(交互功能);"探究"指使用语言去学习和探索新东西,通常发生在教学、解决问题和记忆等活动中;"想象"指使用语言去创造一个想象的世界,以达到幽默或美学之目的等。

此外,还有主题特征,如指信息的类型,如个人的、文化的、学术的、技术的信息等,以及期望答案的特征,即指期望所作出的答案的格式、语言、主题等方面的特征等。

(四)语言输入与答案的关系

语言输入与答案的关系主要有以下几个方面:

(1)反应,包括双向反应(reciprocal input and response)、单向反应(non-reciprocal input and response)和适应性反应(adaptive input and response)。双向反应指应试者与他人(考官或应试者)所进行的面对面的交流,有刺激和反应,如面谈。单向反应指语言使用中没有反馈也没有互动,如阅读;在语言测试中指后面的题目不会随着应试者的回答而改变,如听写或作文。适应性反应指该题的回答将影响后面问题的难度,这是计算机技术用于语言测试的结果,同时也推动了语言测试的发展。Bachman(1990)把这三种关系图解为:

表 2-1 语言输入与答案关系的区别性特征

语言输入与答案的关系	反馈:知识的相关性或答案的正确性	交互:答案影响随后的语言输入
双向反应	+(有)	+(有)
适应性反应	-(没有)	+(有)
单向反应	-(没有)	-(没有)

（2）答案得来的信息量,包括大信息量答案、小信息量答案和答案得来的直接性。大信息量答案指应试者需要处理很多信息后才能提供的答案,如中心大意型阅读理解。小信息量答案指应试者在处理完少许信息后就能提供或找到的答案,如多项选择题。而答案得来的直接性包括直接答案和间接答案。直接答案指答案的得来主要依据语言输入,如口语测试中的图片描述;间接答案指答案的得来要依据语言输入以外的信息,如口语测试中的有关某一事件的主题阐述。

二、应试者特征

（1）个人特征,包括年龄、性别、国籍、母语、教育程度、参加测试的准备情况和先前的经验等,了解应试者的个人特征对试题的开发和使用极为有用(Bachman & Palmer 1996)。

（2）主题知识,也叫知识图式或背景知识,是指对真实世界的了解,对应试者的测试行为有着极大的影响,即包含主题知识的题目对了解这些知识的应试者很容易,而对不了解的应试者却很难。

（3）情感图式是指与主题知识的情感相关性,也就是指应试者对测试题目的自觉或不自觉的情感反应,既可有利于也可限制应答。正面的情感反应帮助应试者回答,负面的情感反应则限制应试者水平的发挥。应试者如果在测试中感觉舒适或安全就能自如地完成测试任务,这是我们努力的方向,但它跟我们要测试的目的有时是一对矛盾,需要我们作出平衡,以保证两方面都能得到最大限度的关注。

（4）交际能力。交际能力的定义有多种,现摘录 Bachman

（1990）的模式，包括语言能力和策略能力。

表 2-2　Bachman 的语言能力构成

语言能力	语言组织能力	语法能力	句法
			词法
			语音
		语篇能力	修辞结构
			词语连接
	语言使用能力	功能能力	达意
			操纵
			探索
			想象
		社会语言能力	对方语言和变体的语感
			对语域差异的语感
			理解和使用文化典故和比喻的能力
			对自然地道语的语感

表 2-3　Bachman 的策略能力构成

组成部分	具体内容
评估	1. 确定实现某项特定目标的渴望程度和在特定情况下需要什么
	2. 确定为了完成那个目标，自己具备什么能力和知识（语言能力、知识图式和情感图式）
	3. 确定特定的话语，在何种程度上实现了那个交际目标
确定目标	1. 确认并选择一项或几项准备实现的交际目标
	2. 决定是否尝试实现所选择的交际目标制订计划
制订计划	1. 选择有关的语言能力（语法、语篇、功能和社会语言），知识图式和情感图式，用于完成特定的交际目标
	2. 在说、写或理解话语时运用这些能力和知识实施完成某一选定目标

三、提高测试交互性

要使测试具有交互性,还需要注意以下几个问题:

(1)关注应试者个人特征与测试任务的一致性,即要求测试任务与应试者个人特征相吻合。

(2)关注应试者的主题知识与测试任务的一致性。如果主题知识和测试任务吻合,则交互性强,否则,交互性弱。

(3)关注应试者情感图式与测试任务的一致性。从前面的讨论中,了解到在考试中应试者的情感图式总是在起作用,肯定的情感反应帮助应试者,否定的情感反应抑制应试者水平的发挥,所以命题人员要做的而且必须要做的就是帮助应试者对考试题目作出正面的情感反应。

总之,要达到比较理想的交互性要求,我们应该注意以下几点:

(1)应试者的主题知识在考试中的参与程度;

(2)考试任务与应试者的个人特征是否一致以及达到什么程度;

(3)应试者的语言知识在考试中的运用程度;

(4)语言功能在考试中的运用程度;

(5)应试者的元认知策略在考试中的运用程度;

(6)应试者在回答问题的过程中情感图式的参与程度。

如果以上这六方面的要求都达到了,交互性就完全可以实现。因此,在设计和开发试题时应该关注这些问题;同时,在编写试题时,也应满足这六方面的要求。

四、真实性和交互性的关系

一些人认为真实性与交互性互不相关,另一些人只片面地强调其中的一个特性(Morrow K. 1979)。Douglas(2000)却把情景真实性和交互性看作是真实性的两个方面,认为在特定目的语言测试中都需要具备这两方面。Lewkowiz(2000)指出:"真实性一部分决定于测试任务与目标语使用任务互动的对应关系,而把真实性和交互性分割来看待是有失偏颇的。"Bachman(1996)也认为,要充分认识到两种特性的互补性,并要从中找到平衡,又可根据不同情况有所侧重,以达到不同的测试目的。

对真实性与交互性的关系不可能作出抽象的概括,而只能通过具体实例进行描述。下面我们举例说明真实性与交互性的相互关系。(Bachman 1996)

例1:某公司需要一批熟练的英文打字员(除熟练打字之外别无其他要求),现在正好有一批应试者,虽然他们不懂英语,不能用英语进行任何形式的交流(听、说、读、写),但是他们却练就了娴熟的打字技能。任何形式的文章,即便是潦草的手稿他们也能辨认清楚并打出高质量的文件来。如果用考试的方法对他们进行挑选的话,最佳方式便是让他们将一篇潦草的手稿打印成文件。如果应试者知道将来工作中对英语的使用仅仅局限于打字的话,他们便会认为这种打字测试与他们的工作密切相关。很显然,由于测试不特别要求应试者将所打手稿作为语言来处理,应试者无须使用任何语言能力、话题知识及情感图式。因此这种测试的交互性不高。所以它便是高真实性、低交互性的典型。如图2-3中左上角的"1"所在位置显示了该测试中真实性与交互性的关系。

		交 互 性	
		低	高
真实性	高	1	4
	低	3	2

图 2-3　真实性与交互性的关系

例2:我们还是用例1中的情形。假如这些应试者不但会打字而且还会用英语就饮食、天气、服饰等进行交谈。假如不是用打字而是用面试(谈话)的方式对他们进行测试,且他们对面试时所谈的话题感兴趣,那么面试时的谈话很有可能和非面试时日常生活和学习中的谈话相一致。如果面试(谈话,而不是打字)的成绩被作为唯一的尺度来选拔其日常工作只是将手稿打成文件的打字员,那么,由于测试任务(谈话)与目标语言使用任务(打字)之间缺少相关性——谈话好的人不一定打字好,反之亦然,那么这种测试的真实性便会很低。然而由于应试者使用了其语言能力、话题知识及情感图式,其交互性相对来说却很高。图 2-3 中"2"的位置显示了该测试中真实性与交互性的关系。

例 3:假如有一批进入美国某所大学学习的外国学生要参加一项英语词汇测试——同词义配对。测试中他们必须在 I 列词汇中找出与 II 列词汇意义相同的词。测试结果(分数)将被用来评估学生的专业阅读能力。由于学生在美国学校里用语言进行交流时很少或根本不用这种同词义配对的技能,将来阅读专业书籍时也是如此。因此,这种考试的真实性相对来说会很低。另外,由于语言知识及策略能力的使用也都受到了极大的限制,因此,其交互性相对来说也很低。图 2-3 中"3"的位置显示了该测试中真实性与交互性的关系。

例 4:假如某公司要用"角色扮演"(role play)的方式来招聘产品推销员。应试者须与"顾客"进行面对面的对话并选择适当的推销方式来完成推销任务。在这种测试中,应试者的目标语言使用任务与测试任务之间不但有了高度的一致性,而且其语言知识、话题知识、策略能力及情感图式都得到了使用与考核。因此,该测试的真实性与交互性相对来说都很高。图 2-3 中"4"的位置显示了该测试中真实性与交互性的关系。

从上面的讨论可以看到:语言测试的真实性与交互性是语言测试的重要特性,它反映了当前关于语言学习、语言教学及语言使用的新观点。在语言测试的设计、评估及使用中,应该注意以下几点:

(1)因为真实性与交互性都是相对的,所以,只能说一套试题具有"相对较高"的真实性或交互性,而不能说"真实"或"非真实","交互"或"非交互"。

(2)不能只靠观察一套试题本身来判断其真实性与交互性,而应将应试者的特征、语言使用任务特征及测试任务特征等三个方面放在一起进行综合评价。

(3)在设计、评估及使用语言测试试题时,要将真实性、交互性与语言测试中的其他特性如信度、效度、测试影响及可操作性一起考虑,要根据不同情况有所侧重,以达到不同的测试目的。

2.5.5 影 响

影响是评价测试的另一要素,Bachman(1996)认为,测试的影响涉及两个层面:宏观层面和微观层面。宏观层面指测试对社会群体或教育制度的影响。一方面,必须考虑不同文化背景下的语言测试,特别是第二语言测试或外语测试中涉及的不同的价值观和人生目标。比如,一种文化可能重视个人努力和个人成就,而另一种文化则可能强调集体协作和权威地位。价值观和人生目标会随着时间的变化而变化。因此,诸如秘密、隐私、情报等应试者的基本权利在设计试题时应慎重考虑。另一方面,也应考虑到考试会给应试者、教师、教育制度乃至社会带来的后果。社会影响力大的大规模测试,如高考、中考、TOEFL 等测试尤其应重视这一点。

微观层面指受到测试影响的群体,如应试者和教师。应试者通常会受到实施测试必经步骤的影响:(1)备考和参加测试的经历;(2)测试的反馈信息;(3)根据测试结果所做的决定。教师则会根据考试结果来调整教学内容和教学方法,修改教学计划,以提高测试反拨作用的正面影响,降低其负面影响。

备考包括应试者考前复习和训练测试技巧。要得到较高的分数,应试者需熟悉测试内容和形式,还需强化测试技巧。准备充分与否会直接影响测试结果。另外,参加测试的经历也会影响应试者。如果测试中出现了新的文化知识和信息,应试者的知识图式可能会受影响,测试内容有可能误导应试者。此外,应试者有关目标语使用域的概念也可能发生改变,特别是当应试者遇到不熟悉的目标语使用域时,他们觉得测试引领自己进入了其他语言领域,而非课堂用语。还有,应试者的语言知识也会受到影响。应试者会通过测试认可或否认自己的语言能力,从而改变语言知识结构。再有,应试者策略会受测试任务特征的影响,尤其是那些交互性高的测试任务。

测试的反馈信息会直接影响应试者。因此,我们应该考虑怎样尽量把测试信息更直接更全面地反馈给应试者,使他们从中发现不足,进行改进。

测试结果指分数。根据测试结果所做的决定会直接从几个方面影响应试者,如能否毕业、能否拿到学位、能否找到理想的工作、能否提升、能否出国等等。因而,测试结果直接涉及考分的公正与否以及测试的有效性。在以后的章节中还将就一些具体问题作进一步探讨。

2.5.6　可操作性

可操作性也是衡量测试的一个重要指标。尽管测试的可操作性与测试的科学性之间的关系不是那么紧密,但同样也是开发一项测试要考虑的重要问题。它和效度、信度、真实性、交互性等一样,也是开发一项测试不能不考虑的问题,因为我们要考虑在现有的条件下能否满足测试对开发、实施、评分在人、钱、物上的要求。测试要求足够数量的、精通业务的、多方面的工作人员:命题、监考、评分、管理等。测试还要求充分的物质条件,如:印制考卷的纸张与设备、考场、相关设备(录音机、计算机、阅卷机等)。测试对于人与物的要求都需要有财力支持才能满足。不同的测试对人、钱、物的要求不同。测试对时间的要求也需要慎重考虑,试题类型涉及命题时间,强制选择类试题命题难度大,需要经过试测、项目分析、修订等环节,一般比构建答案的命题时间要长。口语面试要求应试者单独测试,明显比允许群体测试的笔试要求的实施时间要长。构建答案类,特别是扩展式答案类,试题阅卷难度大,需要较长时间。我们在开发或选择测试时要充分考虑这些因素。测试安全性也是必须考虑的问题。测试对应试者越重要,测试安全性的重要性就越高。

本章先介绍了语言教学的发展理论,接着讨论了语言测试的发展和测试评价中的六个标准和特征。语言测试的发展离不开语言教学,语言教学的质量是通过测试来体现的。评价语言测试的六个标准尽管在不同的方面各有侧重,但它们构成一个完整的评价体系,缺少其中任何一个都会使我们的测试设计缺乏全面性、客观性或科学性。如果仅考虑测试的信度,那么可能忽视了测试的效度等其他方面。如果一味地追求真实性或交互性,完全按照实景来设计考试任务,测试就可能缺乏可操作性。因此,在考试设计阶段要力求做到各个方面的平衡,尽可能通盘考虑各个特性的强度,使测试最大限度地实现我们的预定目标。

第三章　标准参照语言测试的理论探讨

在前两章里,我们讨论了语言测试的基本概念与发展,并介绍了语言测试的评估标准等理论框架。作为研究基点之一的标准参照语言测试,首先必须弄清楚与之对应的常模参照测试究竟是什么? 然后再说明什么是标准参照测试,它是怎样产生的? 它与常模参照测试又是怎么回事,与标准参照语言测试的关系又如何,本章将先从常模参照测试理论入手,然后就标准参照测试的产生与内涵、标准参照语言测试的编制原则以及标准化考试中的标准参照语言测试的特点等方面展开讨论。

◀ 3.1　常模参照测试概述 ▶

3.1.1　常模参照测试的含义

常模参照测试是通过测试将应试者个体的能力发展水平与某一特定群体(测试对象总体)的能力发展水平进行比较,从而确定应试者个体能力发展水平在这一特定群体中的相对地位的测试。因此,常模参照测试的主要任务是甄别各个应试者的能力发展水平,尽量精细地把不同水平的应试者区分开来,确定每个应试者的能力发展水平在总体中的相对位置,从而了解哪个应试者的能力发展水平好,哪个水平差。通过常模参照测试可以使应试者的能力发展水平得到最大程度的区分。常模参照测试经常用于学业成就考试、各种能力方面的水平性考试,由于它对个体相对地位的精细鉴别,更经常被用于各类选拔人才性的考试中。

广泛使用的常模测试应该是标准化的。标准化测试的重要指标是标准化的施测指导语和记分方法,以及标准化的结果解释和分数报告模式。要建立标准化的结果解释和分数报告模式,首先需要建立一个来自应试者总体的足够大的有代表性的样本,这个"足够大的有代表性的样本"叫做标准化样本。然后,采集标准化样本在该测试上的测试数据,根据这些测试数据的分布形态,在进行一定的统计处理后,建立一套关于应试者水平的评价参照标准,这个评价参照标准就叫常模。因此,常模就是指根据标准化样本在测试上的测试结果,在经过一定的统计技术处理之后,建立起来的具有参照点和单位的测试结果评价参照系统。

应试者在测试中通过累加题目得分而获得的测试分数叫做原始分数。如果没有参照数据,那么,应试者的原始分数就不能提供有意义的评价信息。比如,某考生在一次考试中得了90分,如果只有这个信息,就不能对其作出合适的评价。首先,不知道测试的目的(选拔或简单排序)和测试的难度水平;其次,不知道该考生过去的水平如何,同时,也不知道其他应试者的水平如何。这样,90分意味着什么就无从谈起,有了标准化常模,应试者在测试中获得的原始分数就可以以常模为参照,从而确定该应试者在总体水平分布中所处的位置,并据此进行结果解释和结果报告。

3.1.2 常模参照测试编制原则

常模参照测试的设计和编制应该遵循以下三个原则:(1)常模参照测试首先要有明确的测试目标领域,编制的项目要具有充分的代表性和典型性,要能够很好地代表测试目标领域的内容、结构或行为特征。常模参照测试的项目均是经过精心编制、筛选而抽取出来的"常态"项目。(2)常模参照测试项目的统计指标要求适中。以高考英语测试为例,高考是一场选拔性考试,也是一场能力水平测试。首先,常模参照测试项目的难度应该是中等的,如果对于一个项目,90%的应试者都答对,那么对于常模参照测试来说,这就不是一个好的项目;同样,90%的应试者都不能答对的项目则太难,也不能达到测试的目的。因此,在常模参照测试中,太难和太易的项目都应排除,项目的难度值在 0.3～0.7 之间是比较合适的。另外,项目应该能够在整个应试者水平区间上具有较高的区分能力。在项目难度适中的基础上,项目的区分度值应该高于 0.3。(3)常模参照测试的施测过程、记分方式和结果解释应该标准化,以保证每次测试的结果之间可以相互比较。常模参照测试通常应该有详尽的测试指导手册,在施测程序、需要记录的信息及需要注意的问题,如何进行记分以及如何对原始分数进行转换,以及如何根据测试结果对应试者作出适当的评价等各个方面,给测试使用者以详细的指导,常模参照测试同时还需要提供关于测试的信度和效度等方面的信息资料。

◄ 3.2 标准参照测试的兴起与内涵 ►

前面说过:任何测试所得的分数都必须有所参照才有实际意义。测试,包括各种语言测试,从参照方式和分数解释上分,大致可以分成常模参照和标准参照。要清楚地理解标准参照测试,必须将其与常模参照测试这一概念联系起来看。尽管常模和标准是一对相对的概念,但从测试的发展历史看,是先有常模参照测试,后有标准参照测试的,标准参照测试的出现是建立在对常模参照测试无法解决的一些问题的突破之上而发展起来的。从两类测试的发展历史来看,早在 20 世纪初常模参照测试就已被广泛地应用,到 20 世纪 50 年代,它的理论和方法都已经很成熟了,但随着程序教学和教育目标的流行,习惯于用常模参照测试的正态曲线来解释一切的测量学家们发现,对于采用掌握学习(mastery learning)(掌握学习流行于 20 世纪五六十年代,其基本要求是把教学的整体目标清晰表述出来,注重教学评价,认为:只要教材编写得当,学习时间充裕,学生就都可"掌握";它的提倡者为 Carroll 和 Bloom 等人)这一教学理论,希望了解应试者对学习内容的掌握程度(未掌握、掌握和熟练)时,正态曲线就发挥不了它的功能了(杨启亮 1995);此外,常模参照测试获得高信度的办法就是让分数有尽可能大的差距(术语叫"全距"、"分数变异"),如果通过掌握学习,所有学生的分数都差不多,甚至一样,分数没有变异,测试的信度就不可能高。传统的常模参照测试的方式和程序教学所产生的效果已经不相适应了,新的测试方式被提出,这就是与之相对应的标准参照测试。

3.2.1　标准参照测试理论的兴起

最早关于测量的绝对和相对标准的概念可以追溯到桑代克(Thorndike,E. L. 1913)、弗雷南根(Flanagan,J. C. 1951)、莱德尔斯基(Nedelsky,L. 1954)和埃伯(Eble,R. L. 1962)等人的工作。然而对这一概念的深入探讨和应用直到 60 年代才真正起步。

20 世纪 60 年代初 Glaser & Klaus,D. (1962)首先提出了"标准参照"这个术语。Glaser(1963)在其开创性的论文中界定了"标准参照测试"和"常模参照测试"之间的区别。60 年代末,Popham,W. J. & Husek,T. R. (1969)又发表了一篇论文,更明确地区分了标准参照测试和常模参照测试,并指出了两种测试方法在教学决策中各自的优缺点。在随后的 10 年中,人们对标准参照测试的兴趣大增,硕果类类,美国教育资料情报中心收集到了 1913 篇有关标准参照测试研究课题的论文。由于有许多研究是各自独立进行的,因而有一些工作实际上是类似的,这样就造成了术语使用的混乱。这种混乱再加上研究形式的五花八门,使得这方面的研究在总体上呈现某种条块分割与琐碎重复、公开发表与各自为战的杂乱局面。

70 年代的这种状况表明,对当时已有的研究需要进行综合和规划。Millman,J. (1974)在这方面首先迈出了第一步,他对有关具体技术问题进行了系统阐述。Harris(1972)等人编辑出版了一部论述标准参照测试技术问题的专著。1977 年 Victor R. Martuza 写出了第一本把常模参照和标准参照测试编制方法综合起来的教科书。1978 年又出版了如下书籍和杂志(张厚粲 1992):(1)Hambleton,R. K. (1979)等人关于主要技术问题,如标准的制定、效度和信度等的综合文章等。(2)罗瑞·舍帕德(Lorrie A. Shepard)编辑的专论标准制定的《教育测量杂志》1978年特辑。(3)Popham(1978)的《标准参照测量》,这是该领域第一部单一作者的著作。(4)关于"基本能力成就测验(Minimum Competency Achievement Testing)"的美国教育研究会专题会议。(5)约翰·霍布金斯大学(John Hopkins University)的教育研究讨论会,议题是:"标准参照测试的研究现状",接着又出版了邦达(Bunda,M. A.)和桑德斯(Sanders,J. R.)编辑的关于"基本能力的测量(Competency based measurement)"的专著、布朗(S. Brown)的论述标准参照测试的专著、吉杰(Jaege,R. M.)和蒂特尔(Tittle,C. K.)以及伯克(Berk,R. A.)根据前述讨论会而编纂的文集。此外,Hambleton还应邀主编了《应用心理测量》1980年特辑,考查了有关标准参照测试的技术问题。

　　20世纪80年代以来,在上述发展的基础上,从更高的技术水平上继续研究和应用着标准参照测量。这时的研究局面仍与20世纪70年代的有些类似,部分原因也许是潜在特制理论(后来发展成为项目反应理论)(漆书清2002)在测试编制和标准参照测试中的盛行与应用。

　　标准参照测试从兴起到发展之所以如此迅速,有其深刻的原因。20世纪五六十年代美国的教育改革轰轰烈烈、声势浩大,人们提出"为掌握而教学"、"个别化教学"等教学改革主张。为了能有效地实现这些改革,教师必须能为某种知识、技能的"掌握"下定义,并且在实践中能识别学生是否已达到了掌握的程度。这就对传统的测量方法提出了挑战。此时,如果成绩评定准则仍然是相对性、竞争性的,即根据学生在常模组内的相对位置来判断他的成绩,则学生在团体组内的等第次序变化虽然能为其学习是否进步提供证据,但如果把这种变化仅仅看作是竞争性的,那么这种成绩评定准则可能会摧毁学生的学习和发展。其原因在于:为了检查学生对某学科内容的掌握情况,如采用以传统的区分度指数为根据的常模参照测试的选题程序编制测试,则会将人们本来希望在测试中包含的项目剔除,因而不能实现测量目的;同时,常模参照测试的内容领域通常较广,难以确切说出实际掌握了多少,其分数结果不宜用来判别学生是否已达到所希望的要求。因而,人们提出了绝对标准的成绩评定思想,这是一种排除相对性的成绩评定准则,可鼓励学生经过努力都能达到这一标准。这样,新型的测试类型——标准参照测试应运而生,且由于它有着传统的常模参照测试所不具有的某些优点,如各个应试者的成绩水平能直接说明其具有的真实水平状况等等,使标准参照测试获得迅速发展。

3.2.2 标准参照测试的概念及内涵

了解了标准参照测试产生的历史背景,那么,究竟何谓标准参照测试? 在标准参照的研究文献中,经常会看到一些与标准参照测试内涵有关的概念。有时是同概念的不同称谓,有时是不同类型的标准参照,既相互包容,又彼此不同。在探讨标准参照测验的概念之前,需要先了解以下几个概念。

一、几个相关的概念

1. 领域/内容参照测试(domain-referenced test),它与标准参照测试的意义很相近,它是指依据特定行为领域解释应试者行为状态的一类标准参照测试。"领域参照测试"比"标准参照测试"的提法更为确切(张厚粲 1992)。由于约定俗成的原因,一般采用标准参照测试作为此类概念的统称;从领域参照测试的界定来看,两者之间没有本质的区别。领域参照测试更多侧重于对应试者所掌握知识和技能范围的测量,回答"掌握了什么"之类的问题,统计上注重领域分数的估计和推论。从某种程度上讲,内容参照并不看重分界标准,不回答"能做什么"的问题。

2. 目标参照测试(objective-referenced test)指具有对应于每一个测试目的行为目标的测试。如果用目标来表述领域,并且项目是该领域中有代表性的行为样本,那么目标参照测试就可以看作是标准参照测试。如果先编写项目,再规定行为目标,那么目标参照测试就不能看作是标准参照测试。目标参照测试又包含单一目标测试和掌握测试,前者指单一行为目标可用于界定某种特定领域。如果测试用于推断应试者在该领域中的地位,那么就可看作是标准参照测试。后者可用于判断学生是否"掌握"了某一给定的教育目标(黄锐2004)。目标参照测试对确立素质教育目标体系有很现实的教育实践指导意义。

3. 掌握测试

掌握测试(mastery test)指依据特定行为领域和判断标准对应试者加以区分的一类标准参照测试。此类测试以掌握与否的决策标准回避了"掌握了什么"的问题,回答了"能做什么"的问题。但是,确定和区分掌握状态也要依据界定良好的测量领域,不过这种测量领域可以是应该掌握的内容范围,不必涵盖全部领域。这也是掌握测试的内容参照测试和广义的标准参照测试之间的主要区别。

4. 结果参照测试

结果参照测试(result-referenced test)指用预期效标或常模解释测试分数的一类标准参照测试。参照对象是一种相对的、典型的行为标准。但这种相对标准的产生应当有某种绝对参照,经过较长时间的观察和提炼,并在一定时期内保持相对稳定。从这个意义上讲,常模参照与标准参照不应是完全相悖的。

二、标准参照测试的内涵

不同类型的标准参照测试依赖于应试者分数所参照的不同行为领域,同一领域的标准参照测试又可能有不同的参照方法,因为大多数标准参照方法有赖于测试的性质和目的。所以有专家认为"既没有公认的标准参照测试的定义,也没有一致的标准参照方法"(张厚粲1992)。但我们认为,标准参照测试还是有它可以被大众接受的定义内涵。

前面提到过,第一个提出标准参照测试概念的人是匹斯堡大学(University of Pittsburgh)的心理学家 Robert Glaser。1962 年,Glaser 和 David J. Klaus 合写了一篇文章,该文首次提出标准参照概念时是这样说的:熟练度测量的概念中隐含的是这样一个想法,即存在一个从完全没有熟练度到最佳表现的技能的连续体。按照这种想法,个体通过他在测试中表现出来的行为而接受测量时,他在一已知作业上的熟练度就落在该连续体的某一点上。他的熟练度与在任一特定水平上所期望的表现之间的吻合程度,是用熟练的标准参照性测量来估计的。1971 年 Glaser 和 Nitko,A. J. 给出了标准参照测试的完整定义,Nitko 称这是一个"宽式定义"(张凯 2002):

"标准参照测试是一种精心编制的测试,它根据特定的表现标准(performance standard)产生可直接解释的测量。表现标准一般通过定义一个类或一个域来说明,这个类或域由个体所应完成的作业构成。得到这种测量的办法是从该域中抽出一个有代表性的作业样本,对每个被试来说,这样的测试是直接参照这个域的。"

同时,Nitko 还认为:

"标准参照测试是特制的测试,它支持对个体表现进行概括,这种概括是相对于特定的作业域而言的。……"

1990 年 Hambleton,R. 又指出(漆书清 2003):

"标准参照测验是参照一组明确界定的目标(或能力)进行编制,用以评定应试者的操作水平的测验。"

以上是两个影响很广的定义。

标准参照测试的概念虽然是 Glaser 首先提出的,他也对这个概念进行了定义,但是他的表述并不严密,他的理论似乎不是经过深思熟虑的,这样也造成在教育测量、心理测量以及语言测试领域内,标准参照测试理论的混乱状态。因此对标准参照测试在实际教学中的进一步界定,是非常有必要的。

尽管各类文献记载的标准参照测试的各种定义千姿百态,但如果用简洁、明了的语言来描述,可以把它界定为:参照绝对标准对考试分数加以解释的考试叫作标准参照测试。应该特别指出的是:

(1)这里所说的"标准(criterion)",与其他定义中的所谓的目标、技能、行为领域、操作标准等称谓是等价的。它是指编制项目和考试、解释和报告分数时所依据的特定的知识领域或范畴,如校内考试所依据的标准,就是对学生的培养目标或学生应达到的标准,在具体操作中,就是考试大纲或与培养目标较为接近的教学大纲。

(2)"标准"必须是明确和严格界定的。因此在特定时期内标准是"绝对"的、客观的、不依赖于样本的。但是随着科学的进步和学科的发展,对标准作出适当的调整和改变也是允许的。从这个意义上讲,标准也是"相对"的、动态的。例如,在一定时期内,一个合格的外语教师该有严格界定的衡量标准,但是当外语教学中的一些新理论、新教法发展成熟并相当普遍的时候,标准中自然要增加相应的知识内容;同样,一些不符合教学改革的旧观念和与之相伴随的不适合新时期创新人才培养的旧方法和旧理念也会逐渐从这一标准中消失。因此,标准既是绝对的,又是相对的。

(3)一个标准参照测试可以由参照不同标准、测量不同行为目标的多个分考试来构成,在这种情况下,对考试分数的解释也应依据不同的操作标准来进行。测试分数合成的前提,应是测量目标的组合与总体目标的界定。许多综合测试就属于这种情况。

(4)定义中的"标准"指应达到的目标。它与将测试结果(分数)分为通过、不通过或及格、不及格的分界标准(standard),即与及格线无关。但在中文用词上存在交叉使用和通用的可能,极容易混淆,这一点值得注意。事实上,并非所有的标准参照测试都需要制定分界标准,例如用于学科诊断的内容参照测试,它并不关心对考试结果的分类,而是看重学生到底掌握了哪些知识与技能。但是,需要分界标准的测试(如掌握测试)则一定是标准参照测试,因为这类考试的目的,就在于考查应试者在特定的知识领域是否达到了应该达到的掌握水平。在这里,分界标准是区分达标与否的前提,是编制测试和解释分数的基础。关于分界标准在本章的3.3.3中以及后面的相关章节中还会有更详细的探讨。

3.2.3 标准参照与常模参照的异同

标准参照的产生与发展建立在对常模参照的不足与局限的超越的基础之上。由于参照体系的不同,两种考试模式存在许多差异。了解这些差异对于理解和使用标准参照测试很有帮助。一般来讲,标准参照与常模参照主要存在 4 个方面的差异。

一、测试目的不同

这是标准参照与常模参照的根本差异。常模参照测试的目的,是通过测量相关领域和内容,决定个体在团体中的相对位置;标准参照测试的目的,是通过界定良好的行为领域,判定个体对该领域的掌握程度和掌握状态。常模参照不看重应试者掌握了什么,能做什么,而标准参照也不重视应试者排名第几,名次如何。有的测试兼顾上述两种职能(如各类水平测试),因此在编制和使用考试之前,应当首先明确测量的目的和作用。

二、领域界定的不同

常模参照也需利用测量目标来限定和明确测试的内容和范围,但不像标准参照那样严格界定测试领域。领域界定不好,对常模测试分数的解释和利用并不构成太大威胁,但对标准参照测试却是个致命打击。为了严格界定测试领域,领域界定研究被列为标准参照理论的首选内容,事先界定测试领域也成为编制标准参照测试的首要环节。

三、测试编制的不同

由测试目的所决定,常模参照测试必须尽可能地区分应试者,以此提高测试分数的稳定性和可靠性。只有对分数变异有所贡献的项目才会保留在常模参照测试中。因此,在选择测试项目时多刻意追求中等难度($0.3 \sim 0.7$)、高区分度(> 0.3)和测验长度,其结果是测试分数的变异增大,提高了测试的信度和效度。标准参照也需有很高的效度与信度,但并不依靠分数变异的增加。标准参照测试的选题原则是符合测试领域和测量目标,项目样本具有很好的代表性。因此,标准参照的项目与常模参照相比,不那么看重区分度,特别是在一般的证书和资格测试中,项目区分度只需大于零并有很好的内容代表性即可。因此,在设计标准参照测试试题时,应更关注:项目质量分析,差异性指标(掌握与未掌握项目特征比较的指标),以及基于学生通过或不通过测试的三种统计学方法,称:B 指标,一致性统计法(A 指标)和项目 Φ 方法。这方面的统计问题本书在第五章中还会进一步深入探讨。

四、分数解释的不同

常模参照和标准参照的一个最关键的不同处在于:标准参照需参照一定的标准或尺度对学生进行考核。学生的成绩不是通过与其他应试者的比较,而是通过与某种特定的标准或尺度进行比较而得到解释的,学生的成绩必须达到某一标准方能及格。这种特定标准的选择或制定是标准参照测验的关键,通常这个标准就是教学大纲中规定的教学要求。如一个标准参照测试可以具有一个 60% 的尺度水准(正确答案的百分比必须是及格),那么答题正确率达 67% 的应试者将通过测验,而那些得分为 55% 的应试者则未通过测验(Brown 2002)。相比之下,所谓常模参照是指以某一常模作为参照系来反映应试者成绩的考试,首先要按照某一参照性群体建立常模,通常用均值和标准差来表示;某一应试者的成绩是通过他的成绩在常模群体中与其他应试者成绩比较的相对位置来表示的。常模参照测试所表示的分数是相对的,只有保持常模的稳定性才能保证分数解释的稳定性。因此假设一位应试者的成绩是第 61 位百分点,那么这位应试者的成绩高于 100 位应试者中的第 61 位,因此,这位应试者的位置在所有分数的分布是清楚的,无须参考在测试中的正确回答题项的实际数目。这种分数解释是常模参照的特征。下面我们进一步分析与之相关的统计指标:

1. 百分率和百分位数。揭示标准参照测试和常模参照测试分数分布的关键不同之处是百分率和百分位数。所谓的百分位数是一种位置指标,以符号 px 表示。一个百分位数将总体或题样的全部观察值分为两部分,理论上有 $X\%$ 的观察值比它小,有 $(100-X)\%$ 的观察值比它大(韩宝成 2000)。标准参照测试注重应试者的知识和技能,因此,关注正确回答题项的百分率以达到反映应试者所掌握知识多少的目的。换句话说,标准参照测试的解释偏重于每位应试者的正确回答题项的百分率,因为那些题项与应试者的知识和技能有关,同时应试者的分数与使用的标准相关联。

百分率分数可以直接被解释无须参照其他应试者的分数或在分数分布上的个体应试者的位置。一个高百分率可以反映出应试者在所测试的范围内对所学知识和技能所掌握的程度高,它意味着应试者已掌握测试的内容或测试题项编写得太简单,低于正常水平;而一个低百分率表示应试者在测试范围内对所学知识和技能掌握的不够或是试题编写得太难,高于正常水平。总之,所有的实例显示,标准参照测试关注的是百分率,这百分率直接反映应试者对所学内容和技能掌握的程度,而非通过与其他应试者比较来反映应试者的行为能力。

与标准参照测试相比,常模参照测试的目的和解释很不同,它关注的是应试者的行为能力是如何与其他应试者分数相关联的。因此,应试者的百分位数分数是用于解释常模参照测试分数的重要途径。百分位数分数表明高出或低于某位应试者的所有应试者的比例。如,一位应试者的百分位数分数是 61,则表示他是 100 位应试者高于 61 位,同时,又比 39 位应试者差,这个百分位数分数 61 完全不同于百分率成绩报告的 61,后者是指应试者的正确回答率占61%。

基于以上观点,若一则较难题项的常模参照测试在同一组应试者中测试,出现正确回答百分率低于全部应试者的平均百分率是合理的,而他们的位置(在百分位数分数中)变化不大也是正常现象。同样的,若一则较易题项的常模参照测试在同一组应试者中测试,正确回答百分率将大大地提高,但它们在百分位数分数中的位置可能与较难题项的常模参照测试的结果相差不大。可见,在百分率项中,标准参照测试最适合于评估个体应试者对所学知识和技能的掌握程度;而在百分位数项中,常模参照测试最适合用于检验每位应试者与所有其他应试者相比的行为能力。

2. 分数的分布。百分率和百分位数的区别最终导致了设计两种不同类型的测试以致产生不同类型的分数分布。一门课程的标准参照性成绩测试,若学生考得好,对所学知识掌握得好,则产生如图3-1 的分数分布图。从图 3-1 中可见,大部分的学生成绩很高,只有一小部分学生较差;这种分布因为偏斜的地方(或尾部)指向低分数段（即否定方向 negative），叫负偏态[1]（Brown 2002）。当然，一个设计对学生而言过于容易的标准参照测试也可以获得这样的分数分布图。因此，为了确保说明学生掌握了所学知识而又不是因试卷出得过于容易，有必要在学生学该课程之前和学完之后进行相关的测试，图 3-2 所示的是学生学该课程之前进行的标准参照测试结果的分数分布图形。从图中可以看出，学生的分数很低，这表明学生还未掌握该课程的知识。自然地，有个别学生基于以前所学知识的基础，获得较好的成绩（如图 3-2 所示）。这种分布因为向高分数段偏斜（即肯定方向 positive），叫正偏态。同样，一个很难的试卷，测试的结果也会出现这种现象。

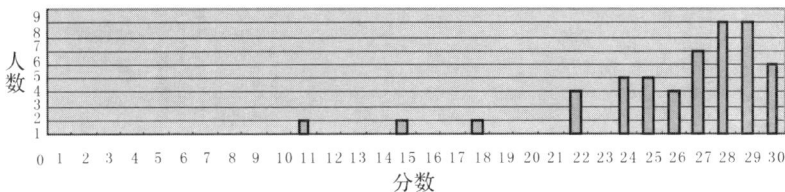

图 3-1　课程结束后 CRT 分数分布图

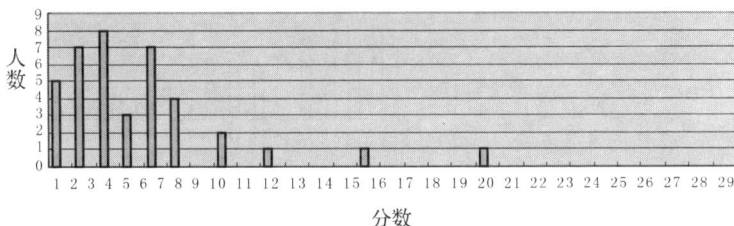

图 3-2　所学课程前 CRT 分数分布图

　　如果将学前测试（pre-test）和学后测试（post-test）分数分布图重叠起来，结果如图 3-3 所示。这里学前测试分数分布表明大多数

---

① 统计测量学中的分数正态分布是以平均分为参照值的，即平均分以下的分数多于平均分以上的分数，试题偏难，则为正偏态；反之为负偏态。详见第四章 4.4.4 节。

学生对将学的知识未知,而学后测试说明大多数学生在学完课程后
已较好地掌握了所学知识。由此可见,该方式同样可以用于检测语
言习得。若应试者属于低水平的习得者,则他们的分数分布将与学
前考试分数分布相同,反之亦然。而图 3-4 所表示的则是一个设计
得好的常模参照测试结果的正常分数分布图形。从图中可以看出,
图形对称分布,多数实例的分数分布结果集中在有代表性的中间点,
而两边的分数分布逐渐减少;其中图 3-4 代表的是常模参照测试期
望的正常分数分布图,也是通常所说的正态曲线;而图 3-5 才是实际
更可能出现的常模参照测试分数分布的条形图(黄锐 2004)。

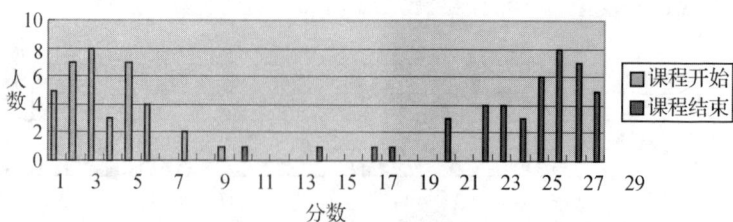

图 3-3 课程学前和学后假设的 CRT 分数分布图

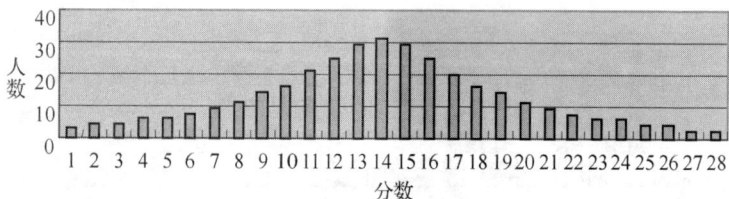

图 3-4 NRT 分数分布理论图

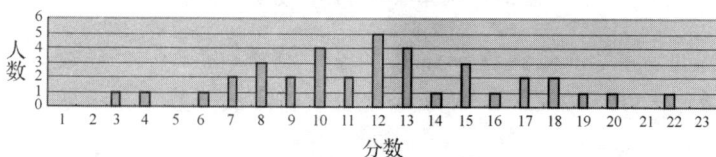

图 3-5 实际的 NRT 分数分布图

3. 用数字表示的分数分布的描述。从测量统计学的原理我们知道:任何分数分布都可通过表示集中和离散趋势的计算统计学用数字来描述。它们需要两个统计量,即集中量数(measures of central tendency)和离散量数(measures of dispersion)。当这种集中趋势测量方式用于检测大量或重大分数分布时,我们常用平均数(mean)、中位数(median)和众数(mode)来统计。此外,离散趋势(dispersion 又译离差)也是一个常用的统计量,前面提到的集中趋势与分数分布的集中性有关,而离差则与分数分布的离散性有关。常用的离差统计指标有全距(range)、四分位区间距(interquartile range)、平均差(average deviation)、方差(variance)和标准差(standard deviation)。这些计算方法和成绩分析将在第四章中作详细的介绍。

3.2.4 标准参照语言测试的含义和作用

标准参照测试自诞生以来,满足了现代社会对测试的一些具体需要,发挥着相当重要的作用。如各类教育水平、职业水平测试采取了标准参照测试的编制、施测、记分和解释模式。在内容上,这类测试往往有一个最低要求,达到最低要求的应试人员即通过了某种教育水平考试或达到了某种职业准入的要求。标准参照测试也广泛地应用于教育教学实践。小而言之,经过一段时间的教学,教师为了考查学生对知识的掌握情况,一般需要自编一些随堂测试(quiz)。教师自编测试的信度和效度多年来一直存在诸多争议,标准参照测试的方法体系恰恰能帮助教师提高随堂测试的质量。大而言之,在自定进度的教学系统中,如计算机辅助教学系统,测试和教学密切结合,标准参照测试被用于检查技能掌握状况,发现学习过程中的困难点,以确定后续的教学程序。标准参照测试强调的是测试的诊断目的,或者说是运用测试发现那些应该补救的问题。标准参照有助于发挥考试的诊断功能和发展功能,从而对教育评价产生深刻影响。

在前一节中,当谈到标准参照与常模参照的分数分布时,实际上采用了标准参照语言测试的分数分布结果进行分析,那么标准参照语言测试的含义是什么?它与标准参照测试又有什么关系呢?我们说:标准参照语言测试是在标准参照测试的基础上建立和发展起来的,并将其理论在语言教学和研究实践中进行应用的语言测试。

前面已经讨论过:不论什么测试,为了使测试的结果有意义,必须确定分数解释的参照标准。依据参照标准的不同,语言测试一般分为常模参照性测试和标准参照性测试两种。常模参照性测试是指参照某一个常模(通常用该测试的平均分与标准差来表示)来对考生的分数作出解释。常模参照性测试实际上是结合其他考生的得分情况来反映一个考生的分数,说明他在这个人群中的位置。这种方法适用于选拔优秀考生。而与常模参照性测试相反,标准参照性测试是指在对考生成绩作出评判时,参照一个事先规定好的尺度或标准,与这个尺度或标准进行对照,看看考生是否达到了既定要求。比如一位师范毕业生受测普通话,测试成绩为 87 分,于是评定其普通话水平为二级甲等,进而认定其满足了语文教师资格认定的必要条件。这里的 87 分就是二级甲等的尺度或标准,二级甲等就是语文教师资格认定的尺度或标准。除了普通话测试外,标准参照语言测试还有英语专业的四、八级测试;全国中小学英语成绩测试(National English Achievement Tests,NEATs)以及学校进行的学业测试和成绩测试等。社会上的一些其他测试,如驾驶员领驾照、律师领营业执照的考试也属于标准参照测试。所以,标准参照语言测试就是在标准参照测试基础上建立和发展起来,并将其理论在语言教学和研究实践中进行应用的语言测试。

在第二章里,我们讨论过语言测试的功能,最主要是解决 what 即什么是语言的性质和 how 即语言该怎么教怎么学。语言测试是语言教学的重要环节,是检验教学效果和既定的教学目标,但同时又反过来影响教学目标和内容的制定和调整,它的这种对教学计划、大纲的影响被称为测验的反拨功能或作用。首先,标准参照语言测试中的"标准"就是我们的教学目标和内容,因此,研究该测试对教学计划、教学大纲的制定和调整有着重要的作用。其次,标准参照语言测试在教学方面还具有检查课程学习进展的功能,它同时检查了学生的学业和教师的教学水平。因为语言测试还具有筛选和评估的功能,前者针对以往的学习情况、一般学习能力、某种实践能力等,挑选达到标准或满足要求的学生,后者指广义的评估,如课程评估、教法或教材评估等,目前众多的教育评估都把测试(成绩/结果)纳入评估指标或体系之中(黄锐 2005),以检测高等教育教学质量。因此,研究标准参照语言测试对我们使用怎样的测试手段来检查教学质量、协助制订教学计划或进度、进行课程评估等起到积极的指导作用。

◀ 3.3 标准参照语言测试的编制及使用 ▶

常模参照测试主要是考查应试者在以常模组的操作分布为参照时所处的相对等级或地位,而标准参照测试则与此不同,它要了解应试者到底能做什么,不能做什么。实践上,要真正达到标准参照测试的这一目的,即使一个简单的项目编起来也有许多困难。如果一个标准参照测试不能确切地说明它所测的是什么,那么它就没有优于常模参照测试的地方了。因此,标准参照测试的编制和分析解释是有自己独到的原则和方法的。为了更好地说明标准参照语言测试的编制及应用方法,本节将主要从标准参照测试编制的基本原则、项目分析参数、及格的标准水平、效度检验、信度估计等方面着手进行分析,以便对标准参照语言测试有更深入的理解;而标准参照测试的编制原则和方法同样适用于标准参照语言测试中,只是在具体的单个项目编制中,标准参照语言测试应更突出测试应试者的实际应用语言的能力,这方面的论述本书在后面几个章节中有更详尽的阐述,本节的编制和使用方法适用于所有的标准参照测试。

3.3.1 编制的基本原则

标准参照测试的主要目的在于确定应试者对某一知识或技能掌握的真实状况,因而在编制过程中要考虑到它与常模参照测试的不同之处,标准参照测试有自己的编制原则,主要有两条:(1)测量目标必须明确和具体,并且在一个测试中不能包含过多的测量目标。测量目标模糊或过多,都不利于测试结果精确描述应试者的知识或能力的真实状况。(2)测试项目必须与测量目标之间具有较高的一致性。每一测试项目的反应必须能体现出所要测量的测量目标上的行为表现。同时,测量同一目标的测试项目数量既要足够,又要具有较高的同质性。但在测量不同目标的测试项目之间不要求有同质性。标准参照测试的编制过程,可用下面的流程图(图 3-6)来表示。

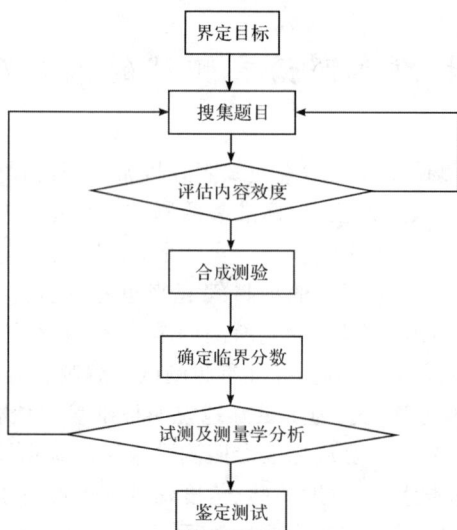

图 3-6　标准参照测试编制流程

目标确定后,进行题目编制,由专家组考察测试题目-目标一致性、题目-领域代表性、题目难度和偏差及题目的其他技术特征;在此基础上,对题目进行修改、删除或增加新题目;将保留下来的题目组成试卷,并根据需要制作复本;采用合适的方法确定分数的分界点和区分应试者掌握状态的标准;选取一个有代表性的样本接受测试,根据标准参照测试的要求进行项目分析,并确定测试的信度和效度;对不符合测试要求的题目再次修改、替换,并生成最终的试卷。

3.3.2　项目分析参数

与常模参照测试相同,标准参照测试同样需要难度、区分度等参数进行项目分析,但是这些参数的含义不同于常模参照测试中难度、区分度的含义。难度已不能简单地解释成项目的难易程度或项目的通过率,而必须理解为测试者对测试内容要求的高低,它通过测量目标反映出来。测试者对测试内容要求越高,项目的难度相应地也越大,反之则越低。在项目分析的过程中常采用掌握组中的通过率及未掌握组中的通过率来表示,因而难度系数值并不简单地追求 0.50 的“适中值”。力求项目难度适中,这是为了使所测全体应试者的个别差异能更好地显现,是为了满足相对评分的需要。标准参照测试是绝对评分,理应突出目标要求。如果全部应试者都通过了测试上的所有项目,虽然体现不出个别差异,但应试者全体达标却未必是坏事,各应试者跟标准的对比关系同样会明确无误地反映出来。因此,标准参照测试难度数值大小的选择既可遵循统一的标准,又可反映对测量目标掌握的程度。

标准参照测试项目分析中尤应重视区分度分析,因为这反映了项目效度。标准参照测试的区分度分析是为测试编制服务的。标准参照区分度分析的方法主要有下列几种:

1. 前测—后测法

前测—后测法的示意图见图 3-7:

图 3-7　前测—后测法示意

这种方法称为前测—后测法,即同一组应试者,在其接受与测试目标有关的教学过程前后各施测一次,得到前测和后测的分数。其区分度被称为“教学敏感性指数”,这里计算的一个前提是,应试者在教学前未掌握规定内容,教学后掌握了教学内容。计算每个项目前后测的通过率之差,可得到每个项目区分掌握和未掌握两组应试者的能力。

$$D = p_{后测} - p_{前测}$$

D 表示教学敏感性指数。

除此之外,还有一种"个人获得指数"可作为区分度分析的指标。所谓个人获得指数,指的是在前测中错误回答某项目而在后测中能够正确回答的应试者人数比例。此指标介于 0 至 1 之间,其优点是可直接反映教学之后受益者的比例,个人获得指数没有考虑到在前测中通过而在后测中反而失败的应试者,所以此值不会出现负值,这一点与一般的区分度指标不同,这也是它的局限之处。

2. 控制组法

使用前测—后测法时需注意:应分清前测—后测的效果是教学发生的作用,还是练习发生的作用,有时这两种作用难以分清。为解决这一问题,可以设置控制组,也就是说,其中一组接受教学,另一组不接受教学,考察二者通过率之差,如图 3-8 所示。

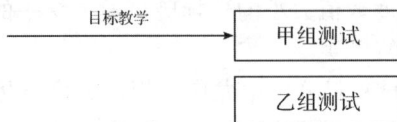

图 3-8　控制组法示意

计算公式正在形式上与前测—后测法是一致的:

$$D = p_{甲} - p_{乙}$$

但是在实际测量实践中,可能在已接受有关教学的应试者中尚存在个别未掌握者,未接受有关教学的应试中却有个别掌握者,因此上面两个方法的前提便受到质疑。对照组方法可以解决这个弊端,其具体方法是:选择两组应试者,一组应试者被教师评定为掌握组,另一组应试者被评定为未掌握组,然后求掌握组和未掌握组的通过率(图 3-9)。

除上述方法外,项目得分和总分之间的相关系数也常常作为项目区分度的指标,这一点与常模参照测试是一致的。此外,标准参照测试除了本章谈到的 D 指数外,标准参照语言测试中还有其他一些

图 3-9 对照组方法示意

教学敏感性指数,常见的为 A 指数、B 指数、项目 Φ(也称 Φ 相关)等,这部分在第五章中还会有更详细的分析。

3.3.3 及格的标准水平

标准参照测试实行绝对评分,其分数解释不依赖于应试组的常模,而是根据测试者编制通常在测试实施之前就制定的及格标准水平,显然,应试者是否及格不依赖于同伴的测试结果,完全依赖于其自身的行为表现结果。及格的标准水平是测试分数量表上的某个点,可以根据这一点在量表上的位置,将应试者划分成对测量内容具有不同熟练掌握水平的不同类型。及格的标准水平是测试结果解释的直接依据,如何制定出合理的及格标准水平,是一个需要试题编制者深思熟虑的问题。因为这种标准水平的确立包含了较多人为的主观性成分。到目前为止,人们已纷纷提出了许多种确立及格的标准水平的方法。以下的几种方法是教育测试文献中广泛提供的。从标准参照语言测试的角度来界定及格标准,在第九章 CRLT 效度研究中还会有更详细的例子说明,本节中的方法通用于所有的标准参照测试(漆书青 2003;戴海琦 2010)。

一般而言,设置划界分数或划界点(cutting point)的方法有两种:一是由专家进行评估,他们根据对测试内容的整体印象或逐个就题目作出判断;二是以应试者的实际表现为基础。还可以把专家判断法和应试者的实际表现结合起来,称为专家与实证综合法。这里介绍几种较为流行的方法:

一、以应试者为中心的设定办法

1. 临界组法

　　1982 年,Livingston 提出合格分数应是临界水平应试者的期望分数。具体做法就是请专家们识别选定出一批实有水平正处在及格位置处的应试者,建立临界考生组;然后对其实施测试,取得实测数据,最后从实测数据中找出中位数,这就被确定为合格分数。用中位数不用平均数,是为了避免极端分数的影响。获得极端分数的应试者,很可能是专家判别有误不应列入临界组的应试者。此方法的困难之处是要选出一定数目的临界水平应试者,必须先随机选取大量应试者作为候选,而且应试者是否处于临界水平很难找到客观统一的标准,这种方法在实际应用中受到一定的限制。

　　2. 对照组法

　　如果事先有充分的证据认为哪些学生是掌握者,哪些学生不是(除去那些不能确定的学生),那么对于某一测试及其合格分数,就可以判定题目是否与事先提出的标准接近,Livingston 和 Zieky 曾直接用这种方法来确定分数,这就是对照组法。事先请专家评判确定掌握组与未掌握组,构建成两对照组再实施测验,并在同一坐标图上绘出两组分数分布曲线,曲线交叉点对应的横轴值即为合格分数(如图 3-10)。

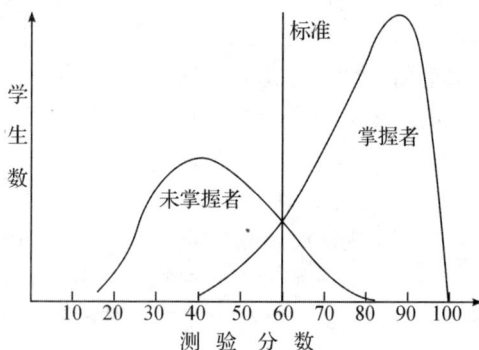

图 3-10　对照组法确定合格分数示意图

　　此法的最大困难是所定合格分数受构成对照组的标准与方法的影响。对照组的构成若不同,求得的合格分数即会变化。有人主张构建若干对对照组,求出多个值后再平均,最后以平均数为合格分数。Koffler S. L. (1980)曾用二次判别函数来优化区分点的选取工作,以使区分误差最小,但这仍需要对照组构成的真正准确。还有用实际上的"接受教学组"与"未接受教学组"来取代专家判别的,这也难以保证使接受过教学的每个人都掌握而未接受教学的每个人都未掌握。该方法在第九章中还会有进一步的阐述。

二、以测试为中心的设定办法

1. Nedelsky L. 方法

该法由 Nedelsky L. 于 1954 年提出,适用于由多项选择题构成的测试。首先假设临界水平的应试者在作答题目时,总是先尽可能地排除他认为是错误的选项,然后在剩下的选项中,再随机选择作答。接着由专家们就各题这类应试者会排除的选项挑出来,然后将剩余选项个数去除该题满分值,再将所有各题的这种商数累加,所得总和即为该测试的合格分数。一般请多位专家估出各自的合格分数,然后将两极端的专家估出分剔除,用中部的专家(占全部专家50%或略多)估出的分数求平均,所得值定为该测试的合格分数。此法的缺点是基本假设难以成立,因为命题者编制的迷惑项常有很强的似真性,这样应试者很少会随机地去作答。

2. Angoff W. H. 方法

该法由 Angoff 于 1971 年提出,它要求专家们直接判断处于临界水平的应试者在测试的各题上正确作答的概率(记为 P_i),乘以各题的满分(记为 F_i)后求和,即为划界分数(记为 λ)。下面通过一个假设的情况,了解 Angoff 方法的计算过程。假设测试包括 5 道题目,见表 3-1。

表 3-1　Angoff 方法计算过程

题号	题目满分(F_i)	临界水平(P_i)	F_iP_i
1	8	0.8	6.4
2	10	0.65	6.5
3	22	0.7	15.4

续表

题号	题目满分(F_i)	临界水平(P_i)	F_iP_i
4	25	0.6	15
5	35	0.55	19.25
	$\sum F_i = 100$	$\lambda = \sum F_iP_i = 62.55$	

在表 3-1 中,62.55 分以上的考生被评定为掌握者,反之为非掌握者。Angoff 方法的 P_i 可在 0~1 之间任意取值,Nedelsky 方法的 P_i 值则受到选择题选项个数的限制,如五选一的选择题,P_i 值只可能为 0.2,0.25,0.33,0.5 和 1.0。而且 Angoff 方法不受题型限制,所以在实际运用中更受欢迎。

人们也曾试图对 Angoff 方法进行限制。比如一种限制是,让专家仅从 7 种特定的概率(5%、20%、40%、60%、75%、90%、95%)中作出选择;另一种限制是让专家对临界水平应试者在每题上的正确反应概率进行判断时,能正确回答者用 1 表示,不能正确回答者用 -1 表示,无法回答者用 0 表示。这两者限制实际上都是对 Angoff 方法的简化,但可能不够精确。

3. Ebel R. L. 方法

此法由 Ebel R. L. 于 1979 年提出,首先请评判者把题目的难度分为若干等级(见表 3-2),然后依据题目的代表性程度将题目分成若干等级(如表 3-3)。再由专家估计临界应试者对某一代表性程度、某一困难等级题目的百分比。在表 3-2 中,必要的、困难等级,临界应试者答对百分比为 12%,包含 6 个题目。假设表中题目均为 1,0 记分题目,p 代表每格中临界水平应试者正确回答题目的百分比,N 代表该格中的题目数,那么某个评估者给出的划界分数 X_i 的计算方法是:

$$X_i = \sum pN$$
$$= 12\% \times 6 + 48\% \times 26 + 94\% \times 20 + 22\% \times 10 +$$
$$35\% \times 22 + 55\% \times 36 + 11\% \times 14 + 19\% \times 10 +$$

$$43\% \times 20 + 3\% \times 10 + 0\% \times 20 + 20\% \times 6$$
$$= 75.24$$

表 3-2　Ebel 设置方法示例

代表性程度	困难	一般	容易
必要的	12%	48%	94%
	(6)	(26)	(20)
重要的	22%	35%	55%
	(10)	(22)	(36)
可用的	11%	19%	43%
	(14)	(10)	(20)
有问题的	3%	0%	20%
	(10)	(20)	(6)

如果有多个评估者,则划界分数为所有评估者的 X_i 的平均值。

4. Angoff 修正法

Maclean & Halpin(1984)提出了 Angoff 修正法。这种方法划分了与 Ebel 方法不同的两个维度,一个维度为应试者完成题目所需的能力(如记忆和理解等),另一个维度是每题的测量目标(如词汇、语法和阅读理解等)。然后计算划界分数的过程与 Ebel 方法就一样了。

总之,无论是 Angoff 还是 Ebel 方法都可以较好地控制试卷结构,减少信息的损失,从而弥补统计上的欠缺。但总归是由一批遴选的学科内容专家来判断。而且作为以严谨的统计手段为特征的测量等,对标准的设定有必要反思如何避开对学科内容专家主观判断的完全依赖,并迈出一条客观化之路。因此,一种新的标准设定方法:聚类分析法(Cluster Analysis,CA)(汪存友,余嘉元 2010)出现了,它回避了对学科内容专家主观判断的完全依赖,而是基于客观的实际测试数据,采用数理统计手段来确定分界分数。

三、聚类分析与标准设定

1. 聚类分析法简介

"物以类聚,人以群分",自然界存在许多相似而合、相异而分的现象。聚类分析模拟了这一现象,它根据对象自身的特征分布,采用一定的统计方法把对象划分成不同的类,使类内个体尽可能相似、类间个体尽可能相异。在聚类分析中,描述对象的属性特征被称为"聚类变量",比如:性别、年龄、测试成绩等等。对象间的相似性(或相异性)通常用距离来刻画,典型的是欧氏距离。聚类分析假定每个类都存在一个中心,它是所有属于该类对象共有的典型特征。判定某个对象到底属于哪一类的依据是,该对象的属性特征与哪个类的典型特征最为相似,从统计学上讲,即:该对象与哪个类中心的距离最近。聚类分析一般从初始化类中心开始,并采用迭代方式反复求取类中心,直到达到某个收敛标准。下面以最为经典的 K-means 法为例来说明之。

K-means 法要求首先指定类的数目 N;然后,从对象集中人为地或者随机地选择 N 个对象作为各类的中心。对于剩余的对象,则根据其与各个类中心的欧氏距离,将它们依次划分到最近的类中,并计算各类内对象的平均值、作为该类的新中心。重复该过程直到前后两次迭代类中心的变化小于某值,此时,各对象的类标签即为该对象的分类结果。

综上可见,聚类分析法以描述对象特征的客观数据为分析对象、以统计方法为手段、以分类为目标,其本质上是从客观的数据中挖掘对象间的内在联系,因而在数据挖掘、模式识别领域有着相当广泛的应用。此外,聚类分析的算法也是层出不穷,除了 K-means 法外,还有层次聚类算法、基于密度的聚类算法、基于网格的聚类算法以及基于神经网络的聚类算法等等,感兴趣的读者可以参考胡可云、田凤占和黄厚宽(2008)的相关研究。

2. 聚类分析与标准设定的内在联系

标准设定可看作一个分类问题,它将应试者的心理结构划分为若干个等级水平,各等级内应试者的心理结构具有同质性、但各等级间有本质的区别。而聚类分析法则能够根据对象自身的分布特征，将对象划分为若干个类，各类内对象最相似、而各类之间差异最大。倘若将参加测试的各个应试者作为聚类分析的对象，而将应试者在测试上的作答表现作为刻画其心理结构的属性特征（变量），就可以采用聚类分析法将应试者划分为若干个类，使得各类内应试者在测试上的作答表现最为相似，各类间差异最大。可见，聚类分析可作为标准设定对应试者进行等级区分的技术手段。但是，还必须回答这样一个问题：采用聚类分析所区分的应试者类别是否就与测试所欲解释的若干等级水平相一致呢？举例来讲，当测试欲将应试者区分为合格、不合格两个等级水平时，若聚类分析法根据测试成绩将应试者区分为低分组、高分组两个类，那么是否意味着：低分组对应不合格类、高分组对应合格类呢？回答该问题前，可以回顾标准参照测试编制的一般逻辑。心理与教育测试的对象是潜在的心理结构，通常称之为"测量结构"；测试编制者一般根据考试规范来操作化地界定测量结构，考试规范详细描述了测试所要覆盖的内容领域或认知任务。换句话说，考试规范就是测量结构外化、操作化的结果。学科内容专家根据考试规范编写试题，并将考试规范进一步外化、操作化为具体的测试。此时，通过观察应试者在测试上的作答表现就可以完成对其心理结构的测量。可见，当测试具有良好的内容效度或构念效度时，应试者的测试得分就是描述其心理结构的良好特征。此时，若心理结构存在若干个相互区分的等级水平，那么应试者的测试得分也具有与之对应的等级区分。这样的话，就可以采用聚类分析法，以应试者的测试得分（可以是试题得分、分测试得分等）为聚类变量，将应试者区分为若干个作答表现有显著差异的类别，并能与心理结构的各等级水平相对应。

综上所述，分类是联系标准设定与聚类分析的纽带，但聚类分析结果的可解释性或有效性取决于测试的内容效度或构念效度。当测试具有良好的内容效度或构念效度时，测试得分是对心理结构的有效测量，应试者在测试得分上的特征分布是可分的，进而聚类分析也能得到有意义的分类结果。

3. 标准设定的聚类分析法

与上面所说的传统标准设定方法不同,聚类分析法主要基于客观数据设定分界分数,因此,其关键是选择最有助于刻画应试者心理结构的属性特征(变量),采用合适的聚类算法,然后根据分类结果合理计算出分界分数,以及对聚类结果的效度验证。采用聚类分析进行标准设定可归纳为以下几个步骤:确定聚类变量、选择聚类算法、评价聚类结果和设定分界分数。(1)确定聚类变量。在标准设定中,聚类分析的变量一般选择与应试者的测试作答表现相关的特征。Sadesky(2003)总结了四种聚类变量,分别是:①若存在明显的分测试结构,则将应试者在分测试上的得分作为变量;②若不存在明显的分测试结构,可根据因子分析提取主要因子,并将因子上的得分作为变量;③若每道试题都十分重要,可将各道试题上的得分作为变量;④若试题的各选项对于分类具有重要意义,也可将试题选项上的被选状态作为变量。聚类变量的选取并不限于上述四种,凡是对于区分测试所欲测量心理结构有用的信息均可作为聚类变量。此外,确定聚类变量后,为消除各个变量上量纲的不一致,可对数据进行标准化处理,如:将各个变量上的数值转化为均值为 0、标准差为 1 的正态化数据。(2)选择聚类算法。如前所述,聚类算法有许多种,不同算法,其类中心初始化策略相似性计算策略、收敛标准以及对数据变量的要求等有所不同。选择聚类算法时应综合考虑数据规模、数据分布特征、标准设定的需求以及是否有相应的工具或软件支持等因素。SPSS 软件集成了两种传统的聚类算法:层次聚类法(Hierarchical Clustering Analysis,HCA)和 K-means 法。与 K-means 法不同,层次聚类法将对象集组成一棵聚类树,它包括凝聚和分裂层次聚类两种算法,前者首先将每个对象作为一个类,然后逐渐合并这些子类形成越来越大的类,直到所有的对象都在一个类中;而后者则首先将所有对象置于一个类中,然后逐渐细分为越来越小的类,直到每个对象自成一类。因此,层次聚类法往往会形成多个聚类结果。SPSS 中的层次聚类方法为凝聚算法。层次聚类与 K-means法各有优缺点。层次聚类法可以得到多个聚类结果,研究者可根据需求进行优选;其不足是运算量较大,适合于规模较小的数据集。K-means 法计算简单,运算较快,因此也被称为"快速聚类法",适合于规模较大的数据集;但 K-means 法需要事先指定聚类个数,而在对数据没有任何经验分类信息的情况下,往往难以确定合适的类数。一种有效的策略是,首先采用层次聚类确定要得到的类的数目以及初始的类中心,再采用 K-means 法进一步优化聚类结果。(3)评价聚类结果。聚类分析完毕后,每个应试者都将被划分到某个特定的类别,此时应该对聚类结果的合理性进行评价。可从两个方面进行:首先,各聚类类别应试者间的能力结构是否有显著差异?其次,各聚类类别是否与测试所欲解释的等级水平相一致?对于前者,可借助统计假设手段检验各类中心差异是否显著,比如:t 检验、方差分析等等;若检验结果表明各类中心间均有显著差异,则说明聚类方案可取,否则,聚类无效,需另考虑其他的聚类方案。但是,Sireci(1995)指出,由于聚类分析算法通常采用"类内差异最小化、类间差异最大化"的原则,因此一般来说,不同类别上的差异应该是显著的。若不显著,则肯定说明聚类方案无效。这时,后一种评价则显得尤为重要。检验聚类类别与测验所欲解释的等级水平的一致性,有两种方法。首先,由学科内容专家凭经验观察各类别应试者群的测试作答表现,并判断其是否与某个等级水平对应试者知识、技能或能力的期望相符,若二者基本一致,则说明聚类方案是可取的,否则,聚类无效;其次是收集外部效标,比如:课程学绩、业务表现等,然后采用统计假设手段对不同聚类类别上的效标值进行差异性检验,若差异显著,则说明聚类方案有效,否则,聚类无效。此外,当存在其他标准设定的结果时(如采用 Angoff 法设定的分界分数),可计算标准参照测试的两个信度系数,即:聚类分析与该方法的分类一致性系数或 Kappa 系数。一般的 Kappa 系数比分类一致性系数小。检验分界分数的效度时,可同时报告这两个指标。(4)设定分界分数。设定分界分数是聚类分析的最终目的。根据对聚类结果的解释方式,确定分界分数有以下几种策略:策略一,若聚类结果中的某个类恰好可以被判定为边界组,则可直接取该类应试者测验得分的中值或均值作为分界分数。策略二,若聚类结果中的某两个类恰好可以判定为相互对照的两个组(对照组),则可借鉴对照组法计算分界分数的方式,取这两组应试者测验得分重叠区域的中值或均值作为分界分数。也可采用 Livingston&Zieky(1989)提出的 logistic 回归法,即建立聚类类别关于测验得分的 logistic 回归方程,其式为,$p = (1+e^{a+bx})^{-1}$。其中,e 为自然对数,a 为回归曲线的截距,b 为回归曲线的斜率。分界分数取被划分为任一类的概率均为 0.5 时的测试得分,也即,当得到参数 a 和 b 后,按 $p=0.5$ 反解上述方程得分界分数 $x=-a/b$。策略三,对于策略二中的情况,更为简单的做法是确定一个分界分数区间。也即,可将聚类类别根据测试得分由低到高排序后,将各类应试者测试得分的重叠区域作为分界分数区间。这种做法一方面可为决策者对分界分数的调整留有余地,另一方面,可用于与其他标准设定结果进行交叉验证,即,若其结果落在此区域,则可在一定程度上证明两种方法有效。需要说明的是,上述步骤是一个反复尝试、验证的循环过程,比如,当发现采用某个聚类方案的结果无法合理解释时,可重新调整聚类变量、聚类算法或聚类个数等,直到对聚类结果的评价有效。

四、对聚类分析法的评价

1. 聚类分析法的优点

与传统的专家主观判断学科内容为基础的标准设定方法相比,聚类分析法有着本质区别。如果将传统标准设定方法界定为"主观型",那么,聚类分析法可界定为"客观型"。这是因为,聚类分析法主要基于客观的实际测试数据,运用数理统计手段确定分界分数,它大大减小了对学科内容专家判断的依赖。因此,聚类分析法可节省大量资金和人力。此外,聚类分析法的优点还包括:(1)不受测试维度限制。聚类分析法不仅适合于单维测试,也适合于多维测试,如,Hess 等(2007)的研究中就包括多个内容维度和认知维度。这主要是由于聚类分析法可以将各个维度或分测试统一转化为聚类变量,而且维度越多,刻画测量结构的变量也就越多,对测量结构的划分也就越可靠。(2)不受题型限制。聚类分析不仅适合于多项选择题,也适合于主观题或其他题型。一些标准设定方法往往受题型限制,如,Nedelsky 法只适合于多项选择题。聚类分析则不受题型限制,这是因为它将应试者的实测成绩作为聚类变量,而任何题型的试题在测试中都将表现为题分。这样的话,不同题型的试题都能统一转化为聚类变量,如,Sireci(1999)的研究中既包括客观题,也包括主观题。(3)聚类分析可揭示各类应试者测量结构的弱项和强项。当聚类变量是应试者在各个子内容领域(分测试)上的得分或因子得分时,各类中心则是对该类应试者测量结构典型特征的描述,颇类似于MMPI、16PF 等人格测试常用的剖面图。由于类中心揭示了各类应试者在内容领域或因子上的掌握程度,故有助于学科内容专家发现各类应试者的弱项和强项,而这是其他标准设定方法所不能提供的。

2. 聚类分析法的不足

相比于聚类分析法的优点,其不足也不容忽视。聚类分析具有强制性,它总能够将对象区分为若干个类。也就是说,即使对于随机数据,聚类分析仍然能够将它们聚为指定的类。举个极端的例子来说,假设所有应试者实际上都属于合格者,若采用聚类分析法将应试者聚为两类,则其仍然可以得到一个高分组与一个低分组,如果将低分组看作不合格类,而将高分组看作是合格类,那么对低分组的分类其实是错误的。也就是说,当聚类分析将应试者划分为多个类别时,很有可能导致两类错误:错误肯定和错误拒绝,即将不合格者划分到合格类和将合格者划分到不合格类中。此外,在聚类分析中,对象的分类与其所在群体的特征分布有关,同一对象在不同群体中的聚类分析结果可能不同。也就是说,聚类分析具有常模参照性。可见,聚类分析法的有效性取决于客观数据是否在本质上可分,当其为不可分时,聚类结果是无效的。正是由于聚类分析具有强制性以及常模参照性,在对聚类分析结果进行解释时,必须持谨慎态度,而这一过程必须依赖于学科内容专家的经验和判断。可见,聚类分析法并不能完全排除对专家主观判断的依赖,它只是将传统标准设定方法中的试题判断或考生判断转化为对聚类类别的解释与评价。从这个意义上讲,聚类分析法只能是一种准客观化的标准设定方法。聚类分析法的不足还包括:(1)聚类分析法要求事先获得应试者的实测成绩数据,这意味着聚类分析法必须在测试施测,且已获得常模数据后方可进行;(2)聚类分析法要求获得外部效标,以便全面评价聚类结果,比如,Sireci(1999)的研究采用把应试者的课程学分等级作为外部效标,而这在许多资格认证测试的实践中通常很难实现;(3)聚类分析法对数据集的大小也有一定的要求,当应试者样本数太少时,其聚类结果的稳健性较差。

综上所述,聚类分析法作为一种客观化取向的标准设定方法,在减小专家主观判断依赖性、简化标准设定程序方面具有传统标准设定方法无可比拟的优势。但其主要不足在于其结果的可解释性较差,仍然需要依赖学科内容专家的经验判断或者外部效标。目前,关于聚类分析法的应用研究并不多见。Sireci(1995,1999)研究认为,聚类分析法不仅具有较好的内容效度或构念效度,而且具有较好的稳健性。但 Lee-sing(1999)的研究表明,聚类分析法与 Nedelsky 法和 Ebel 法设定的结果具有较大的差异。而 Hess 等(2007)研究表明,聚类分析法与 Angoff 法的结果基本一致,但其稳健性较差。上述研究表明聚类分析的推广性还有待于进一步的研究。此外,聚类分析作为一种常模参照性方法,当用来设定标准参照测试的分界分数时,必须借助于可靠的外部效标对其结果进行验证,或者依赖于学科内容专家的经验判定。但由于在实践中,一方面,获取外部效标存在难度,另一方面,重新依赖专家主观判断需要另外的资金与人力投入。因此,聚类分析法的推广尚存在困难。当然,如果能将聚类分析法与其他标准设定方法相结合进行相互验证,不失为该方法的应用思路。此外,聚类分析法对样本的依赖性较强,不同的样本,其聚类结果可能不同。因此,当测试的样本规模较大时,可抽取多个样本重复聚类,以便得到更稳健的聚类结果。

3.3.4 信度估计

在第二章中,我们讨论过语言测试的信度,并对测试信度的验证提供了三种方法,一般来说,这些方法和所提到的四个计算信度的公式,更多地作为经典的测试理论应用在常模参照测试中(Brown 2002)。常模参照测试的信度估计主要依赖相关系数计算的方法,具体的公式计算在第二章中已经交代过了,这里主要谈标准参照测试的信度估计。至目前为止,研究文献中已提供的标准参照测试信度的估计方法主要集中在阈限损失方法(threshold-loss methods)和概化理论(generalizability theory approaches)。前者包括一致性系数(agreement coefficient,P_0)和卡帕系数(Kappa coefficient,κ),并且Subkoviak(1980)认为单个的标准参照测试也可以用 P_0 和 κ 来估算。概化理论探讨了单个和多个变量来源的领域分数法 φ 系数和平方误差损失,包括 Livingston 的统计指标和更多有效的 φ。这些方法与常模参照测试中的信度估计方法完全不同。具体内容将在后面的章节中作详细阐述。

3.3.5　效度验证

效度是衡量测试有效性的重要指标,通常它指测试对于它所欲测量的属性能够测到的程度。同样,对于标准参照测试而言,需要评定其内容效度、标准关联效度以及构念效度,但强调的侧重点不同。标准参照测试更侧重于对其内容效度的要求。内容效度指测试内容对所欲测量内容的代表性程度,因而考察标准参照测试的内容效度主要从以下两方面入手:测验项目的正确性和测验项目的代表性。试题的正确性是指项目正确地反映测量目标所欲测量的知识、技能的程度,对它的检查主要包括:试题的技术质量和试题与测量目标之间的一致性程度。对前者的要求相一致,人们较易掌握;而对试题与测量目标之间一致性程度的评定则较困难,通常只能采用一些经验方法加以评判,有专家评判法和学生评判法两大类方法。试题的代表性要求组成标准参照测试的试题必须对测试领域总体有一定的代表性,从而使测试具有较高的内容效度。为了保证试题的代表性,标准参照测试编制中往往需要制定双向细目表;同时人们也提出了利用"重复实验"方法,来检查标准参照测试中试题的代表性。

除了确保标准参照测试的内容效度之外,还必须对标准参照测试的标准关联效度和构念效度加以验证。因为内容效度尽管非常重要,但它只是关心测试内容而不是测试分数,它并不随着应试者的不同或时间的变化而变化,而测试分数解释的正确性却随着测试情形的变化而变化,因而仅靠测试的内容效度并不能确保测试的有效性。标准关联效度的验证方法仍可沿用以往的常用方法,关键问题仍在于标准的选择及其标准的正确性上。

　　标准参照测试中的构念效度验证是指从理论上证明测试分数解释的合理性。由于标准参照测试的内容效度看上去似乎提供了足够的效度证据,同质性的标准参照测试分数分布限制了用相关性进行构念效度验证的途径,因而标准参照测试理论中的构念效度验证的研究至今仍是一个较薄弱的领域,还未出现一种令大多数人能接受的有效的构念效度验证方法。Hambleton 曾提出使用 Guttman (1944)量图分析和因素分析法进行构念效度验证的可能(详见本书第九章)。作为构念效度的一种具体类别,决策效度是指根据标准参照测试分数对应试者所作出的掌握分类决策的正确性。其检查过程就是收集掌握与未掌握分类决策正确性的证据,可用正确分类或不正确分类的概率表示,但关键的问题还是:其一,如何才能证明确立的分类标准是正确的;其二,怎样才能知道应试者的真实状态,即掌握还是未掌握。总体上说来,标准参照测试的效度验证理论还未完全发展成熟和完善,还有待于进一步的研究、拓广和深化。有关标准参照测试的信度和效度问题在第八、第九章中会有更进一步的详细阐述。

第四章　测试成绩分析与标准参照

在上一章当谈到常模参照测试时,就涉及一个叫"原始分数"的定义,又讲到常模参照和标准参照的一个最关键不同处是分数的解释不同。那么分数是什么? 它有几种形式? 它与标准参照又有什么关系? 我们知道分数就是每次考试完后的结果,不同参照的测试,对分数意义的解释不同。一般来说,标准参照测试实行绝对评分,具体说是要对照着标准来作评价和解释分数意义的。那么什么是标准? 这里的标准具体形态有二:一是质量标准,即用文字概括出什么是合格与不合格,什么是一级、二级、三级等水平;二是操作标准,即编制成的测试是划定及格或等级分数线。"标准是良好界定的应测察的行为领域的进一步具体化,是测量操作特别是分数评定的直接依据(漆书青 2003)。"那么测试完后分数是怎样评定的? 分数又是怎么解释的? 本章将讨论一下测试结束后的成绩分析。

任何一类测试完成后,教师都会随即进行阅卷,卷子阅完后就是计算分数、公布成绩。众所周知,测试本身不是目的,只是检测学生掌握知识和学生能力的一种手段。我们希望通过测试来了解或获得有关信息,如教学进度,教学效果,学生英语水平,测试命题质量,测试信度、效度等等。而这些信息的首要来源是测试成绩,通过对成绩的具体分析,才能获得量化信息反馈。这样才能进一步完善教学,提高命题质量等。本章从经典测试理论出发,介绍一些语言测试中经常用到的成绩分析的方法和与之相关的统计指标。

◀┃ 4.1　测试成绩 ┃▶

4.1.1　原始分数

在上一章当谈到常模参照测试的定义时,提到了原始分数,简单地说,原始分数也就是未经处理或未加权重的分数。例如,某试卷中项目 A(听力理解)有 30 道多项选择题,每题分值为 1 分,因此,该项目的原始分为 30 分。

4.1.2　转换分数

转换分数(weighted score)是经过处理的分数。例如,某次测试的试卷有 4 个项目:项目 A(听力)有 30 道题,原始分为 30 分;项目 B(语法与词汇)有 40 道题,原始分为 40 分;项目 C(完形填空)有 40 道题,原始分为 40 分;项目 D(阅读理解)有 30 道题,原始分为 30 分。四个项目原始分累计为 140 分。在分数未做处理的情况下,项目 B 和项目 C 的分数加起来约占总分的三分之二。如果测试的目的是测试学生的单项语言能力,那么,项目 A 和项目 D 就要在分数转换的过程中给予较多的权重。如表 4-1:

表 4-1　分数转换表

项目	原始分	转换后分数	备注
A	30	30	每题 1 分
B	40	20	每题 0.5 分
C	40	20	每题 0.5 分
D	30	30	每题 1 分
总计:	140	100	

经过处理,总分中项目 B 和项目 C 比重减少,而项目 A 和 D 的

比重上升至总分的 60%,分数比重达到与测试目的一致的要求。

4.1.3　Z 分数和 T 分数

假如要把一个分数与该测试的整体水平相比,或者科研人员要比较不同小组应试者的平均分获几次测试的结果,或者为标准测试报分时,还有一种分数转换方式叫做标准分数。Z 分数(Z score)和 T 分数(T score)就是这样的分数。以下介绍 Z 分数和 T 分数的计算方法(Brown 1988)。

1. Z 分数

Z 分数显示某一具体分数离测试平均分有多少个标准差单位。Z 分数的计算公式是:

$$Z = \frac{X - M}{SD}$$

其中:

$X =$ 某一分数;

$M =$ 测试平均分;

$SD =$ 标准差。

假如学生甲的成绩是 80 分,该测试平均分为 60 分,标准差为 10,那么他的 Z 分数是 $\frac{80 - 60}{10} = 2$。

又如学生乙的成绩是 80 分,该测试的平均分 70,标准差是 10,那么他的 Z 分数是 $\frac{80 - 70}{10} = 1$。

在这里,2 或 1 表示的不是实际分数,而是该学生分数与平均分之间的距离。甲乙两学生相比,甲的水平要比乙的水平略高于平均分。

2. T 分数

尽管 Z 分数要比实际分数更具有参照价值、解释功能,但 Z 分数可能会出现负数或为零,这种报分方式可能很难让学生接受。因此,在实际操作中我们用 T 分数来取代 Z 分数。计算公式是: $T = 10Z + 50$。

以上学生甲的 Z 分数经转换成 T 分数后为 70；乙的 Z 分数经转换成 T 分数后为 60。这样的分数就容易为学生和家长所接受。

◀┃4.2 分数的频数分布┃▶

测试完成分数结果出来之后，这些未加整理的数据称其为原始数据。这些原始数据就是我们深入了解事物和揭示事物内在联系的第一手宝贵资料。本节讨论分数的整理、频数分布以及如何用图式来表现这些数据（或称分数）。

4.2.1 分数的整理

原始分数出来后，表面上来看，这些分数是不规则的，杂乱无章的。但如果对这些数据加以整理，就会看出一些规律性的东西。请看一些实例：

为了验证网络英语自主学习是否会提高学生的英语学习成绩，我们对两组学生进行了为期一学年的实验。其中对甲班的学生引进了网络英语自主学习系统，对乙班的学生仍采用传统的教学方法。一学年过后，对这两个班级的学生进行了一次英语水平测试，甲乙两个班各有 30 名学生，其成绩分别如下：

甲班（引入网络英语自主学习，满分 50 分）：

45,42,41,48,45,45,39,49,44,43,41,42,48,45,46,44,46,47,45,47,43,44,43,45,47,49,47,48,46,44

乙班（采用传统的教学方法，满分 50 分）

41,46,44,48,36,38,39,44,42,42,40,45,42,39,43,46,47,42,38,37,45,35,44,43,43,42,41,43,41,37

如果不对上面两个班级的成绩进行进一步的整理，它们之间的差别很难一眼看出。但是，只要把两组数据稍加整理，比如说按照从低分到高分的顺序排列一下，就不难看出它们之间的区别。

表 4-2　两组学生英语水平测试成绩

甲班（$N=30$）	乙班（$N=30$）
39	35
41	36
41	37
42	37
42	38
43	38
43	39
43	39
44	40
44	41
44	41
44	41
45	42
45	42
45	42
45	42
45	42
45	43
46	43
46	43
46	43
47	44
47	44
47	44
47	45
48	45
48	46
48	46
49	47
49	48

粗略一看,就可以发现甲班的成绩普遍高于乙班。甲班的最低分为 39 分,而乙班的最低分为 35 分;甲班的最高分为 49 分,乙班的最高分则为 48 分;甲班学生的分数相对集中一些,乙班学生的分数相对分散一些。

4.2.2　分数的频数分布

上节谈到的把学生的英语水平测试成绩按照从低分到高分的排列是一种最基本的整理分数的方法。从表 4-2 中固然可以了解到甲、乙两班学生的最低分和最高分,但所有分数的分布范围有多大,不同分数各自重复出现的次数是多少即频数,大多数学生的分数分布在什么范围等等,我们不得而知。这种直接把所有的分数按照从高到低加以整理的方法,难以简明扼要地表达一批数据的次数分布,使人看了以后难以达到印象深刻、一目了然的统计效果。

仍以上面的两组分数为例,把每组数据中每个分数出现的频数统计出来,会得到每组数据的频数分布表(见表 4-3)。与表 4-2 相比,表 4-3 则更加清楚。可以很容易地看出:在甲班的 30 名学生当中,得 45 分的人数最多,共 6 人,学生的分数分布相对集中一些;在乙班的 30 名学生当中,得 42 分的人数最多,共 5 人,学生的分数分布相对分散些。通过这张频数分布表,可以粗略地看出两组数据的集中趋势及其变异性,即频数分布的离散程度。

表 4-3　甲乙两班学生英语水平测试成绩频数分布表

分　数	甲　班		乙　班	
35			/	1
36			/	1
37			//	2
38	//	2		
39	/	1	//	2
40			/	1
41	//	2	///	3

续表

分　数	甲　班		乙　班	
42	//	2	/////	5
43	///	3	////	4
44	////	4	///	3
45	didn't////	6	//	2
46	///	3	//	2
47	////	4	/	1
48	///	3	/	1
49	//	2		

◀| 4.3　分数频数的图形显示 |▶

除了以上表格可以显示分数的频数分布外，还可以用其他更加直观的图形显示分数的频数分布。常用的有直方图（histogram）、条形图（bar charts）、饼图（pie charts）、面积图（area charts）和线图（line charts）。这些图形可以通过计算机软件如 SPSS 生成，也可用 Excel 表格的方式来生成。以下是频数分布的各类图形。

直方图：通常由若干个宽度相等、高度不一的直方条紧密排列在同一基线上构成的图形。横坐标显示分数的值，纵坐标显示分数出现的频数。

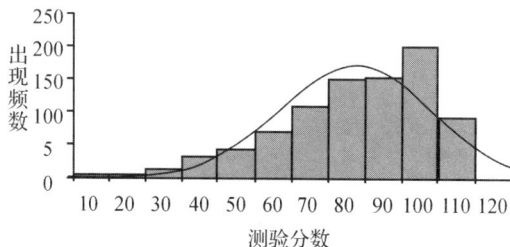

图 4-1　直方图

线图:常用于表达两个因素之间的关系,或者说,当一个因素变化时,另一个因素对应发生变化的情况。线图可以是折线图,也可以是曲线图。

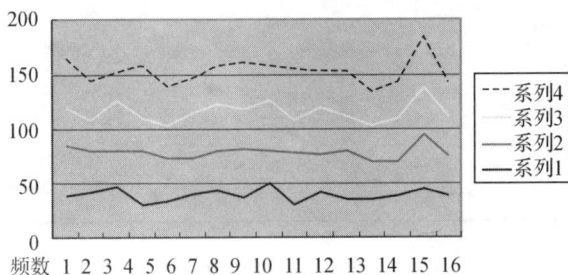

图 4-2　曲线图

条形图:条形图是利用宽度相等条带的长短来表示各类数据的大小,给人简洁明快的感觉。本书在后面章节中谈到对比常模和标准参照测试不同的分数解释时,就是采用这种图形来表示。

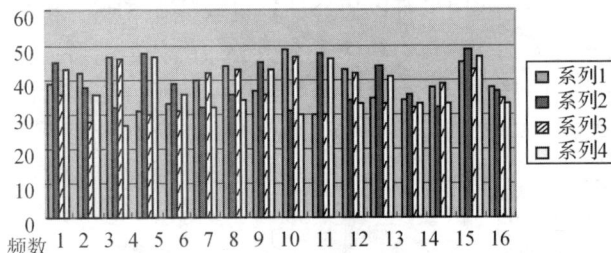

图 4-3　条形图

饼图:通常用来表示数据的部分与整体之间的比例关系。其中,整个圆的面积表示整体,对圆进行分割得到的多个扇形的面积表示部分。

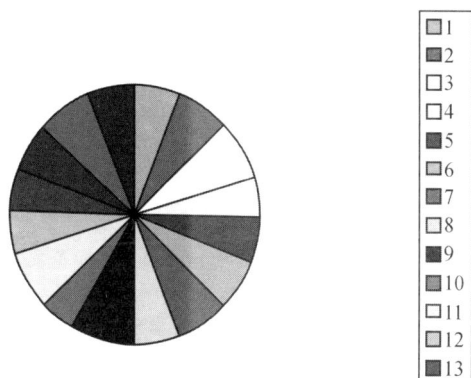

▨	1
▨	2
☐	3
☐	4
■	5
▨	6
▨	7
☐	8
■	9
▨	10
☐	11
☐	12
▨	13

图 4-4 饼图

面积图:是用线段下的阴影面积来强调现象变化的统计图。面积图中反映的数据与曲线图基本相同。

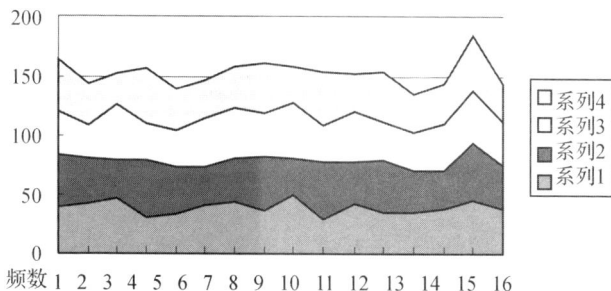

图 4-5 面积图

根据以上所述我们可以看出,分数经过整理、列表和图形展示,其分布特征已基本反映出来。但是语言测试领域的研究需要更确切的描述性统计数据,也就是测试后的一组考试数据的集中量和差异量,以便进行进一步的分析研究。

◀| 4.4 分数的集中量 |▶

分数的集中量是代表一组数据的典型水平或集中趋势的量,它能反映频数分布中大量数据向某一点集中的情况。常用的集中量有平均数、中位数和众数。

4.4.1 平均数

平均数(mean),也叫均值,是使用比较广泛,也较为简单易懂的一种集中量。把一组数值相加,再除以这组数值的个数,就得出平均数。它的计算公式如下:

$$M = \frac{\sum X}{N} \qquad\qquad (公式 4.2)$$

其中:

M=平均数;

$\sum$ = 总和;

X=分数;

N=人数。

4.4.2 众数

众数(mode)是一组分数中出现频数最多的那个分数。比如表4-3中出现频数最多的分数是 45 分,因此,45 分就是这组分数的众数。

众数是一种用来表达集中趋势的量,当一组数据出现不同质的数据时,或数据分布中出现极端数据时,可以用众数粗略估计该组数据的集中趋势。

4.4.3　中位数

中位数(median)是位于按一定顺序排列的一组分数中央位置的那个分数,各有 50% 频数分布的分数处于中位数的上下。例如,有一组分数为 40,67,67,70,76,80,90。位于中央位置的分数是 70,于是,70 就是这组分数的中位数,这时分数总数为奇数。

但如果一组分数的总数是偶数时,比如表 4-1 中分数总数是 30 个,遇到这种情况,中位数按照把中央两个数值相加除以 2 计算。如 3,6,7,9,20,21 的中位数为 $(7+9) \div 2 = 8$。

中位数是集中量的一种表达形式,其计算比较简单。当一组数据中出现极端数据时,或一组数据的两端有模糊数据出现时,一般用中位数来作为该组数据的代表值,而不能使用平均数。但计算时由于不是每个数据都加入计算,从而有较大的抽样误差,不如平均数稳定,所以在多数情况下中位数不如平均数应用广泛。

4.4.4　集中量的比较

假设对 20 名学生进行了一次测试,根据他们的得分,求得这组数据的平均数为 52.6,中位数为 55,众数为 56。共有 3 个表示集中趋势的统计量,到底应该选用哪一个统计量来代表该组数据的集中趋势呢? 答案是看我们到底需要哪个统计量。从这组数据的分布来看,最能代表该组数据的值当然是平均数,因为在计算平均数时,该组数据中的每个数据都被考虑了进去。也就是说,平均数最具有代表性和典型性。然而,在有些情况下,也会选用中位数或者众数来表示一组数据的集中趋势。

如果一组数据中出现了极端数据,这种情况下就不能用平均数来表示该组数据的集中趋势。比如说一组成绩是 55,60,65,67,68,100。可以看出多数分数是在 70 分以下,这样计算的平均值是 69,显然用它来代表平均分是不合适的,因为多数应试者达不到平均值。这时用中位数来表示该组成绩的平均值比较合理一些。该组成绩的中位数是:

中位数＝(65＋67)÷2＝66.

上面提到,使用众数主要是因为它方便、快捷,无须计算。如果有了一组成绩的频数分布表,可以一眼看出该组数据中出现频数最多的那个数值,即众数。因此,平均数、中位数、众数值的大小与频数分布的形态有关。当频数分布呈正态时,平均数、中位数、众数三者应重合在一点上,即平均数＝中位数＝众数。当频数分布呈偏态时,三者的值则不相同。当呈正偏态时(统计学上指平均分以下的分数多于平均分以上的分数),平均数 > 中位数 > 众数;当频数分布呈负偏态时(指平均分以上的分数多于平均分以下的分数),则平均数 < 中位数 < 众数。因此,当计算出这三个数值后,就可以初步判断考试分数的大致分布情况了。

◀| 4.5　离散量 |▶

尽管集中量可以很好地描述一组数据的特征,但仅用这些统计量还是不够的。还需要考虑数据的分散情况。有时,两组数据的平均数和中位数可能完全相同,但这两组数据之间会存在着很大的区别。请看下面两组数据:

A 组:79　79　79　80　81　81　　81

B 组:50　60　70　80　90　100　100

这两组数据的平均数和中位数均为 80,但不能据此就简单认为这两组学生的水平是一样的。A 组数据与 B 组数据之间显然是有区别的。首先,A 组中的数据相对比较集中,每个数据的值与平均数 80 相差无几;而 B 组中的数据相对分散一些,参差不齐,它反映了数据分布的另一个重要特征——变异性(variability)。描述数据离散趋势的统计量称为离散量(measures of dispersion),或称差异量。

集中量描述了一组数据的典型情况,离散量则反映了数据的特殊情况。在研究一组数据的特征时,不但要了解其典型情况,而且还要了解其特殊情况,前面的例子中 A 组数据和 B 组数据的集中量相同,但其离散量肯定是不同的,只有同时了解了这两组数据的集中量和离散量,才能更为透彻地了解这两组数据之间的差别。常用的表示数据离散趋势的统计指标有全距、四分位区间距、平均差、方差和标准差。

4.5.1　全距

全距是说明数据离散程度的最简单的统计量。把一组数据按从小到大的顺序排列,用最高分减去最低分,所得的值就是全距,即最高分和最低分之间的距离。上面 A 组数据的全距为 $81-79=2$;B组数据的全距为 $100-50=50$。全距小,说明数据的分布相对集中;全距大,说明数据的分布较为分散。全距的优点是计算方法简单,而且也容易理解。缺点是由于它只考虑到两端的数值,没有考虑中间数值的差异情况,描述数据时不太稳定。

4.5.2　四分位区间距

中位数可以用来表示一组数据分布的集中趋势。中位数正好把一组数据一分为二。如果把中位数左侧和右侧的分布再各分成两个部分,得到的是四个相等的分位。这组数据的第一个四分位(即25％的位置)的值正好处于数据分布的四分之一处,中位数正好是第二个四分位的值,第三个四分位的值刚好位于该组数据分布的四分之三处。把第三个四分位的值减去第一个四分位的值,所得到的值叫做四分位区间距(inter-quartile range,IQR),统计学上也用这种方法来表示数据的离散情况。如上面 A 组数据的四分位区间距为 $81-79=2$;B 组数据的四分位区间距为 $100-60=40$。除了四分位区间距,统计学上还有十分位区间距和百分位区间距,它们的区分方法相同,十分位则将数据由大到小或由小到大排序后,用 9 个点将全部数据分为十等份,与 9 个点位置上相对应的变量称为十分位数(deciles),分别记为 $D1,D2,D3,\cdots,D9$,表示 $10％$ 的数据落在 $D1$下,$20％$ 的数据落在 $D2$ 下……$100％$ 的数据落在 $D9$ 下。百分位区间距与十分位区间距同例,只是将数据分成 100 等份,于 99 个分割点位置上相对应的变量称为百分位数（Percentiles），分别记为 $P1$，$P2$，…，$P99$，表示 1％的数据落在 $P1$ 下……99％的数据落在 $P99$ 下。

4.5.3 平均差

与全距相比，四分位区间距在表述数据的离散情况时稍微好一些，但由于它没有把所有的数据都考虑在内，其稳定性会差一些。比如说，我们得到两组数据，这两组数据的值并不完全一样，但最后得到的四分位区间距的值则可能完全一致，这便是用四分位区间距来表示数据分布的不足之处。理想的办法是把全部数据都考虑在内来计算分布程度。理由很简单：平均数代表一组数据的集中趋势，我们把一组数据中的每个数据与平均数相比较就可以得知每个数据与平均数偏离的程度，或者说与平均数差异的情况。如果把这组数据中每个数据与平均数差异的情况相加起来，那么所有数据的差异情况便一目了然。把这个值除以数据的个数，所得的值叫做平均差。其计算公式为：

$$平均差 = \frac{\sum |x - \bar{x}|}{N}$$

其中：

$x＝$每个数据的值；

$\bar{x}＝$总体平均数；

$N＝$观测的数据个数。

从上式可知，平均差是数据分布中所有原始数据与平均数距离的绝对值的平均。用绝对值是为了不出现负数。由于平均差是根据分布中每一个观测值计算求得的，它较好地代表了数据分布的离散程度。然而，由于平均差的计算要求绝对值，不利于进一步的统计分析，故在统计实践中平均差不常使用。

4.5.4 方差与标准差

根据上面的公式，如果不求每个原始数据与平均数之差的绝对平均值,而是求它们之间的平方,这样就不会有负数出现了。然后再把每个原始数据与平均数之差的平方的值加起来,得到的是每个原始数据与平均数之差的平方和:$\sum (x-\overline{x})^2$。用这个平方和再除以所观测到的数据的个数,得到的值被称作方差。用公式表示为:

$$S^2 = \frac{\sum (x-\overline{x})^2}{N}$$

由于方差的值相对来说比较大,一般情况下人们使用标准差来代表数据的离散程度。标准差就是方差的平方根,其计算公式为:

$$S = \sqrt{\frac{\sum (x-\overline{x})^2}{N}}$$

标准差与方差的概念易于理解,它们实际上都是一个差异量数:标准差的平方就是方差,或方差的平方根就等于标准差,二者都反映了一组数据围绕平均数分布的情况。标准差的值越大,表明这组数据的离散程度也越大,即数据越参差不齐,分布范围越广;标准差的值越小,表明这组数据的离散程度越小,即数据越集中、整齐,分布范围小。当数据完全没有差异时,所有数值都与平均数相等,这时标准差或方差等于零。

有一点需要说明(李绍山 2008):在上述公式中我们用 N 作为除数,所得结果并不是十分准确的。这是因为在一般情况下,总体参数是未知的,只能用样本统计量作估计值,譬如用样本标准差(S)作为总体标准差(σ)的估计值。可以证明,在公式中用 N 作为除数时(尤其是当 N 很小时),所得出的作为总体标准差估计值的样本标准差是有偏差的,而 $N-1$ 作除数时,所得标准差则是无偏差的。因此,比较稳妥的做法是用 $N-1$ 作除数。当然,当 N 比较大时,用 N 或 $N-1$ 作除数,所得结果差别不大。

在语言测试中,究竟是标准差大好还是标准差小好,要根据所分析的问题来定。如果是标准参照测试,如成绩测试,标准差应该小一些,这样对教学有利,说明学生达到了预期的教学要求;如果是常模参照测试,如水平测试或分班测试,目的是选拔学生,那么,我们希望标准差适当大一些,这样可以把不同水平的学生区分开来,便于选拔人才。

◀| 4.6 分数的分布 |▶

有关分数的分布,特别是 CRT 和 NRT 分数分布的主要内容,其实在第三章中已经谈得比较多了,这里主要是对普遍性(主要是常模参照测试)的分数分布作一个介绍。

分数的分布主要受试题难度的影响。应试者的成绩是应试者与试卷相互作用的结果,把它用数值来表达,就是应试者的分数。一般来说,在一次测试中,如果只有极少数应试者得分很低或很高,大部分应试者的得分介于两者之间,应试者分数分布形成中间大,两头小的形状,这种分布状态统计学上称为正态分布(normal distribution)。

在图 4-6 中,横轴 X 表示的是应试者的成绩,越往右分数越高;纵轴 Y 表示的是应试者的人数,越往上人数越多。图中的曲线叫正态分布曲线。正态分布是指大多数分数围绕着分数的中心点往两边递减,当分数分布接近图 4-6 的"钟形"正态曲线时,该分数呈正态。正态分布有以下几个特点:第一,平均数、中位数和众数三者重合在一点上;第二,分布曲线对称;第三,正态分布中没有 0 分,因此,曲线两个尾端与横轴无限接近而不重合。这是正态分布中的分数分布的理想状态,是我们在分数总体分布上追求的目标。

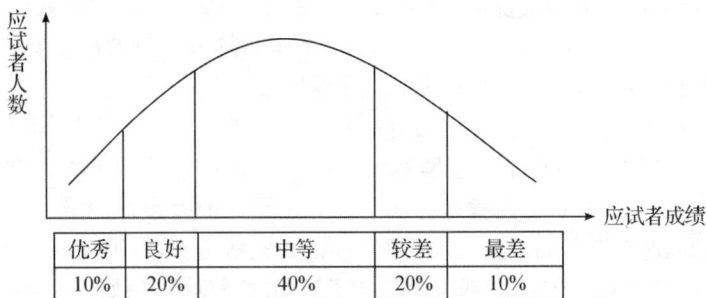

优秀	良好	中等	较差	最差
10%	20%	40%	20%	10%

图 4-6 分数正态分布图

在大规模考试中,应试者水平的分布一般是呈正态的,因此应试者分数的分布也应当呈正态。如果出现偏离正态的情况,如应试者分数的分布出现正偏态(如图 4-7),说明考试题目太难,多数应试者得分很低,分数集中在低分区,而不是正中,两侧也不对称。如果应试者分数分布出现负偏态(图 4-8),说明考试题目偏容易,多数应试者的分数都很高,应试者的分数都集中在高分区。

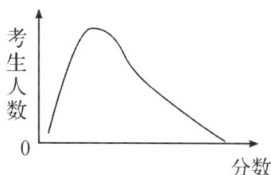

图 4-7　正偏态

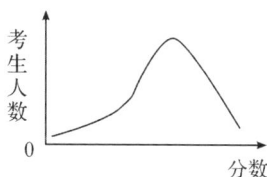

图 4-8　负偏态

一次考试的分数分布是否符合正态,可用相应的计算机软件绘出分数的分布图,一看便知道。也可以使用公式(参见 4.7)计算出其偏态值(skewedness)和峰值(kurtosis)。偏态值表示的是分数偏离正态的情况;峰值表示分布曲线的最高点是"尖的"(表现为正值)还是"平的"(表现为负值)。如果偏态值与峰值都为零,或者接近零,就意味着分数分布呈正态。

◀ 4.7　偏态值和峰值 ▶

偏态值是用来描述数据分布形态的。它是描述某变量取值分布对称性的统计量。具体计算公式如下:

$$S = \frac{1}{n-1} \sum_{i=1}^{n} (x_i - x)^3 \times SD^3 \qquad \text{(余建英 2003)}$$

这个统计量是与正态分布相比较的量,偏态值为零表示其数据分布形态与正态分布偏度 x 相同;偏态值大于零表示正偏差数值较大,为正偏态或右偏态(如图 4-7),即有一条长尾巴拖在右边;偏态值小于零表示负偏差数值大,为负偏态或左偏态(如图 4-8),即有一条长尾巴拖在左边。偏态值的绝对值越大,表示分布形态的偏斜程度越大。

峰值是描述某变量所有取值分布形态陡缓程度的统计量。计算公式如下:

$$K = \frac{1}{n-1} \sum_{i=1}^{n} (x_i - x)^4 \times SD^4 - 3 \qquad \text{(余建英 2003)}$$

这个统计量是与正态分布相比较的另一个量,峰值为零表示数据分布与正态分布的陡缓程度相同;峰值大于零表示比正态分布的分布高峰更加陡峭,为尖峰顶;峰值小于零表示比正态分布的高峰要平坦,为平峰顶。

以上介绍了测量统计学上如何利用测试成绩分析了解成绩的整体特征。这些传统的计算方法有助于我们了解教学效果,比较学生群体,及时调整教学计划。当然,以上的计算还不能全面地提供测试有关试题质量方面的信息,如试题是否测查了所要测的内容?项目是否区分出了掌握组与未掌握组?试题是否测试出了学生的潜在特质即语言能力等问题?这些问题将在下一章中作进一步的讨论。

第五章　标准参照语言测试应用理论的分析

前面谈到 CRT 与 NRT 在分数的解释、试题信度和效度的验证的不同之处时,提到了一个叫经典测试理论(CTT)的概念,那么什么是经典测试理论? 它与语言测试又有什么联系呢? 标准参照与它又有什么关系? 本章重点介绍经典测试理论建立的背景及其在标准参照语言测试中的应用,通过对比研究分析经典测试理论对标准参照语言测试的影响。

◀ 5.1　经典测试理论的建立背景 ▶

在上一章中,介绍了传统的统计测量方法,如:分数的分布、解释、计算等,其实都属于经典测试理论的内容。在第一章里,当我们定义语言测试的概念时,就提到"语言测试从心理和教育测量学获得科学手段",这里的心理和教育测量学就是一门研究心理测试(psychological testing)与评述(assessment)的科学,是一门包括量化心理学(quantitative psychology)、个别差异(individual differences)和心理测试理论(mental test theories)等研究范围的学问。19 世纪末,随着心理学脱离哲学而独立,教育学领域兴起科学化运动,心理和教育测量学业就正式诞生了,而比奈一赛门(Binet-Simon)和桑代克(Edward, Thorndike)就是其奠基人。心理计量学(psychometric)是运用数学原理与方法来解决心理与教育测量学的重要组成部分。经过近一个世纪的发展,心理计量学内容已相当丰富且手段颇为先进,它本身又包含若干子理论,并不断革新更替。其中经典真分数理论(classical true score theory)就是心理计量学的子理论之一,并且是属于早期出现的一个子理论。

从 20 世纪初到 20 世纪 50 年代,心理计量学处于以真分数理论为旗帜的经典测试理论发展成熟的阶段。20 世纪 30 年代末,真分数理论的信度概念已完成数学形式化(如在第二章谈到的信度系数计算);50 年代初,在格里克森(Gulliksen H.)的《心理测试理论》(Theory of Mental Test)一书中,经典的心理计量学理论已臻于成熟;到 60 年代末,洛德(Lord F. M.)与诺维克(Novick M. R.)的《心理测验分数的统计理论》(Statistical Theory of Mental Test Scores)不仅使经典测试理论得到十分严格的逻辑论证,而且开始了向现代测量理论(modern test theory)的转变,因为该书用了好几章来论述项目反应理论,并提出了测验分析中使用方差分量模型的问题。20 世纪后半叶是现代测量理论勃兴发展的时期。其代表:一是概化理论,它跟真分数理论一起,同属随机抽样理论(random sampling theory)范畴;二是项目反应理论,它是一种量表化理论(scaling theory)。如今,还出现了计量理论模型跟实质心理学理论(如认知心理理论)紧密结合的强劲趋势,从而使心理和教育测量学的发展迈入了一个更新发展的阶段。

经典测试理论的内涵主要就是真分数模式,即:观察分数等于真实分数与误差分数之和,数学公式为 $X = T + E$ 为理论构架,其中 X 是观察分数,T 是真分数,E 为误差分数。它们都是随机变量,是一个随机性的概率观点模型,而不是确定性的函数关系模型。它依据弱势假设(weak assumption)而来,其理论模式的发展已为时甚久,且发展到相当规模,所采用的计算公式简单明了、浅显易懂,适用于大多数的教育与心理测量以及社会科学数据的分析,为目前测试学界使用与流通最广的理论依据。

经典测试理论是参照物理量测量的构架而发展起来的,因此,作为早期的真分数理论,仍保留着许多物理量测量的思维模式。在物理量测量中,测量对象被认为是恒定不变的,可反复多次施测而不受影响;而且,各次测量活动之间也互不影响,相互独立。测量结果是对象真值与测量误差之和。当然,误差有系统误差与随机误差之分。

系统误差比较容易发现和控制，随机误差在物理量测量中主要来自于工具性能、施测操作、环境条件等，是处于测量对象之外的。18 世纪人们认识到这点，则采取了随机误差取值服从平均数为零的正态分布。所以在真分数理论里，分数的分布都假设误差为零，正如第四章所描述的：被测对象的真值被操作性地认为是大量反复测量所得的较高的平均数。真值就是反复测量所期望得到的结果；误差就是真值与具体观测值的差，它是一个平均数为零的正态随机变量。但教育测量和语言测试不同于物理量测量，所测的对象不是物，并且都是内隐于个体内部的非实体性变量，如语言能力。测量过程所能直接观测的，只是这些内部特质的外部表现，而外部表现与内部特质的联系又极为复杂，甚至相同表现却来自完全相异的内部过程。因此，教育和语言测量只能是间接的。

◀▌5.2 经典测试理论在标准参照语言测试中的应用 ▌▶

无论是智力测试、人格测试还是学业成绩测试，最基本的组成成分就是测试项目，所谓的项目(inem)与试题或"题目"相比较，前者是从 20 世纪初期从西方引进的外来词汇"测试项目"(test item)中获得；后者则是我国经典文化中早已存在的用词。因此，许多学者将"试题"、"题目"看成"测试项目"这一总概念中的一个下位概念(漆书清 2003)。经典的项目分析是根据实测资料，对测试包含的全部项目或试题的编制、命题质量逐个定性、定量地加以分析。所以，项目分析总是要在获得了实测资料后才能进行。没有实测资料，单凭理性的认识和过往的经验，逐一审查所编拟出的试题和项目，哪怕是多位专家集体会审，也不能说是严格意义上的项目分析，而只是一般的"审题"工作。要获得实测资料，一是在测试正式实施后，二是通过正式试测前的试验性测试来收集。无论是利用实际测试资料，还是专门组织试验性测试来获取资料，都要注意科学抽样的问题。当然，实际测试后也可依据全部实测资料来作分析;当然,如果所测试的规模很大,一般仍要进行抽样。

有了实测资料,分析就有了明晰确凿的客观对象和事实依据,理性和感性、现实和经验就能更好地两相结合。但分析的具体工作仍可大体上分为定性与定量两方面。其根本目的,当然都是要考察各个项目或试题编制命拟的技术质量。就定性分析而言,可考察如下问题:(1)项目测查的内容要求,实际上能否达到原定目标;(2)项目(试题)类型编制原则的运用,实际编拟技能发挥如何,包括是否有上下语境,语料选择是否有时代感,问题的提出是否符合真实性场景,词语表达或图形(片)表示是否科学、符合规范等等;(3)评分标准是否正确、科学、合理、明晰;(4)跟其他项目(试题)关系的处理等。所有这些都要从所获得的实测资料出发,依据应试者作答实况深入地进行,不能凭想象或作空泛议论。就定量分析来说,主要是计算每个项目技术质量的指标或参数,包括难度、区分度、猜测概率、选择题干扰项效率等。本节先利用经典测试理论中的项目分析对标准参照语言测试的题项进行分析,说明经典测试理论在标准参照语言测试的具体应用中,通过项目的定量分析,帮助深化、确切化、检验与推进定性分析。因为所有这些指标与参数值都概括了全部实际资料,有明确的测量学含义,可以继续作逻辑推论。总之,定性分析可以指导定量分析,而定量分析可以帮助深化定性分析。

5.2.1　项目分析基本原理

项目分析就是指测试中对试题应答结果进行的分析,也是对有效的个体测试项目进行系统的统计学评估。

项目分析的根本目的在于考察各个项目(试题)的测量学技术质量,其作用在于筛选优秀项目,帮助修改项目(如降低或提高难度、增强鉴别力、减少猜测等),为测试整体质量分析提供扎实的基础,为测试等值和项目功能有偏性探查作好技术资料准备,为今后项目编拟积累经验,提高效率,进行项目编拟和计量学分析的科学研究等;项目分析是测试标准化的必经步骤,它也是题库建设工作的重要组成部分,题库中所有的项目和试题,都必须经过科学而严格的项目分析。只有那些效度高、各参数指标均已查明,并符合规范的项目才能入库。

项目分析是依据具体作答反应的实际资料来进行的,因此,在分析的同时,必然可以获得应试者在所测查特质(能力)上发展状况的资料,特别是对于标准参照语言测试,在作项目分析的同时,就可以了解在哪些方面失分率高,哪些学业有缺陷,缺陷程度怎样,甚至问题症结何在;同时,也可了解应试者水平如何,哪些方面发展得好,长处何在等等。但是,应试者作答质量、能力发展水平的分析并非项目分析本身的主要任务,也不是通过项目分析就能完全做好的。应试者水平分析应专门进行。比如,能力参数就要专门去求取,这个在后面还会谈到。项目分析有利于对应试者的水平进行分析,但并不能等同更不能取代。

在 CRLT 中,项目分析的目的是发现试题是否有效及是否反映出优等生和差生的差别(Richard J. C. 2000)。项目分析的目的常用于选择哪些题目在将来的测试中要保留,哪些要修正和改进。项目分析有时也用于测试某组特别的学生,以检测题目的好坏或研究哪些题目适合于感兴趣的语言领域。项目分析有多种形式,传统项目分析的一项主要内容就是根据实测资料求取项目的难度与区分度。

项目分析用于检测常模参照目的时,有特别实用的两种经典的项目统计:项目易度(item facility,IF),又称项目难度(item difficulty)和 P 值(p-value);项目区分度(item discrimination,ID)。而在设计 CRT 时,我们更关注于:项目质量分析,差异性指标(Difference Index,DI,即掌握与未掌握项目特征比较的指标)以及基于学生通过或不通过考试的三种统计学方法,又称:B 指标法、一致统计法和项目 Φ 方法。

5.2.2　传统项目分析对常模参照测试的影响

统计分析设计是任何测试设计方法中的一个重要部分,它决定试卷题目是否达到期望的要求。这种用于经典 NRT 项目分析中的统计指标称为：项目难度和项目区分度。

一、项目难度

1. 概念及内涵

项目难度是对应试者完成项目（试题、题目）作答任务时所表现出来的困难程度的量度。有的项目完成十分困难，只有少数能力强、水平高的应试者才能做到；有的项目相当容易，几乎人人都能正确作答；当然，也有不少项目，一般水平的应试者都能答对，或能力稍弱的人也能答对相当部分。总之，项目的难度是各不相同的。对项目作技术质量分析，就应对应试者正确完成项目时所表现出的困难程度定量地加以刻画。作这种定量刻画的计量学指标，就叫项目难度。

真分数理论中最简单、最常用的项目难度指标就是指表示试题难易程度的一个量值，它是某一题目作出正确答案的学生数占学生总数的比值，可以用下列公式计算：

$$项目难度(IF) P = \frac{R}{N}$$

其中：

R＝作出正确答案的学生数；

N＝学生总数。

R 和 N 的比值越大，该项试题就越容易。需要说明的是：这个公式须假定应试者试题中的未答项是错的，每个题目的难度值的结果值范围在 0 到 1.00 之间。如一个试卷的难度指标为 0.17 表明有 17％ 的应试者正确地回答了题目，而 83％ 的应试者回答不正确，说明考题偏难；相反，如难度值为 0.97 表示有 97％ 的应试者正确做对了题，说明考题太容易。项目难度指标还可进一步通过表 5-1 来说明。

表 5-1　项目分析统计表（取其中 10 题）

学生号	题目											总分
	1	2	3	4	5	6	7	8	9	10	…	％
39	1	1	1	1	1	0	1	1	0	1	…	96
42	0	1	1	1	1	0	1	0	0	1	…	95
43	0	0	1	1	1	0	1	0	0	1	…	92
46	1	0	1	1	1	0	0	0	0	1	…	91
40	1	1	1	1	0	0	1	0	0	1	…	90
41	1	0	1	1	0	0	1	1	0	1	…	90
37	0	1	1	1	1	0	1	0	0	1	…	88
50	1	0	1	1	0	0	1	0	0	1	…	80
44	0	1	1	1	0	1	1	0	0	1	…	79
49	0	1	1	1	0	1	0	0	0	1	…	72
47	1	0	0	1	0	1	0	1	0	1	…	66
38	1	1	0	1	0	1	0	0	0	1	…	64
48	0	0	0	1	0	1	0	0	0	1	…	64
36	1	0	0	1	1	1	1	1	0	1	…	67
45	0	0	0	1	0	1	1	0	0	0	…	61

　　表 5-1 中的 1 表示答对的题目,0 表示答错的题目。用这种将成绩从高到低的排列方式排列数据的目的是检查和操作的方便,同时也利于项目区分度的计算。从表中可以看出:第 10 题很容易,因为除了第 45 号应试者未答对外,其余都答对了,但这并不是最容易的题目。第 4 题和第 9 题的结果显示为最容易和最难的题目,因第 4 题为所有应试者都答对了,而第 9 题为无人答对。因此,就本试卷的第 7 题计算 IF＝10/15＝0.666≈0.67 意味着 67％的应试者正确回答了第 7 题。用同样的方法计算其他题目的难度值,则得出表 5-2

中的第一行数据。

表 5-2　项目难度和试题区分度统计表

ITEM STATISTIC	ITEMS									
	1	2	3	4	5	6	7	8	9	10
IF_{total}	0.53	0.47	0.67	1.00	0.40	0.53	0.67	0.33	0.00	0.93
IF_{upper}	0.60	0.60	1.00	1.00	0.80	0.00	0.80	0.20	0.00	1.00
IF_{lower}	0.60	0.20	0.00	1.00	0.20	1.00	0.40	0.60	0.00	0.80
ID	0.00	0.40	1.00	0.00	0.60	−1.00	0.40	−0.40	0.00	0.20

　　项目上的答对率,总是具体的答对人数对某指定范围内的总人数的比;如果答对人数未定,指定的总人数范围却改变了,项目上的答对率就必然会变化。因此,答对率总是针对着特定的应试群体来说的;离开了具体的应试群体,项目就谈不上有难度;项目难度具有相对性或针对性。比如,一个数学试题对低年级的学生来说是难的,但对高年级的学生可能就容易了。因此,答对率取值严重依赖于实测的样本。这是定义经典测试理论(真分数理论)项目难度的一个明显局限。

　　2. 恰当难度与恰当难度分布

　　一个测试常由许多项目组成,它们的难度不能都一样大。那么,什么是项目的恰当难度? 以及整个测试的恰当难度该如何分布呢? 这个问题相当复杂,概括地说,它取决于所测特质(trait)或能力的性质、测试的目的、项目的格式类型以及项目间的相关性。

　　就标准参照语言测试来说,如果能有百分之百的通过率,那当然十分理想。因此,不但每个项目的通过率可以高,而且彼此难度差别也不必大,整个测试项目的难度可形成一个窄全距的分布特征。

　　常模参照测试就不同,其目的是要尽量把所有被试水平的差异加以区分,因而希望被试总分能"彼此拉开距离",希望测试总分量尺上的各个分数点都有很强的区分力。这时,如果试题是以主观题为主的题型,由于猜测成功的可能很小,恰当的项目难度值以 0.5 为宜。试想若有 100 名应试者接受了某项目的测试,而难度为 0.5,就意味着通过与未通过者各 50 人,因而可形成答对答错二者有别的应试对子共 2500 对(50×50)。如果难度值为 0.60,这样的对子共 2400(60×40)。如果难度为 0.70,就只能有 2100 对⋯⋯如果极难(0.00)和极易(1.00),所有应试者全部答错或答对,任何人之间都再也找不出差别,彼此有别的对子就为零。所以,难度适中的项目最有利于把全部应试者区别开来,过难和过易的项目不利于区分应试者。

从单个项目看恰当难度应为 0.50,但测试中的所有项目的难度值是否都应为 0.50,从而形成“点状”分布呢? 情况并非如此。若测试十分同质,各项目间的相关接近 1.00,难度分布就应力争宽些为好,可在从 0.99 至 0.01 全距间作均匀分布。若测试完全异质,各项目间相关接近 0.00,那时就可围绕 0.50 形成极窄全距的分布。当然,测试的同质性一般均不会这样极端化;当测试项目和总分间的相关系数平均值为 0.60 时,就算非常同质,难度就可有一个从 0.85 至 0.15 的宽全距分布;若测试项目和总分间的相关系数值为 0.40 时,就可视为相关异质,难度就可有一个从 0.60 至 0.40 的窄全距分布。

在实际测试中,常模测试常用于选拔性测试,这要求在某个分数划界点是有极强的鉴别力,以便把应试者准确地分成宜录取和不宜录取这样两大组。对于这种测试来说,所有项目的难度就应是针对能力恰好处在录取分数划界点处的应试者,其取值为 0.50;亦即要对这一点上的应试者说难度适中。对于标准参照语言测试,由于测试的目的是考查应试者是否达到了目标要求(即通常讲的合格与否、达标与否等),其关注的焦点是应试者所取得的水平是否达到了目标水平的要求,因此,其合理的难度分布是:对于恰好合格的应试者而言难度为 0.5 左右。无论是常模还是标准,难度的分布都要形成窄全距。

以上讨论的都属主观项目题型。假使是选择题,由于存在随机猜测答对的影响,恰当难度就不再是 0.50 了。Lord F. M.(1980)认为,“多选一”选择题的恰当难度,应是比机遇成功概率和 1.00 间中点值略大一点的值。如“五选一”试题,机遇成功概率为 0.20,它跟

1.00 间的中点值为 0.60,再略大一点就可近于 0.70。Lord 建议,"五选一"题恰当难度为 0.70,"四选一"题为 0.74,"三选一"题为 0.79,是非题为 0.85。福建省普通高考从 2004 年自主命题以来,英语试卷的难度系数值一直定为 0.60。当然,从最后的考试结果分析来看,个别试题会有所偏差,但整体的难度系数还是与预计的基本相符。

二、项目区分度

1. 概念及内涵

项目难度和区分度都是项目技术质量的重要指标。根据项目分析结果来筛选与修改项目,就要认真考察项目的难度与区分度的取值。项目区分度指试题用于区分好、中、差应试者的程度。如果所有的应试者都答对或答错的题目,我们说,这个题目不能区分不同水平的考生,即此题目没有区分能力。

一般来讲,题目是否有区分能力,主要看不同能力的应试者在同一题目上的得分是否不同。理论上,如果题目具有高区分力,那么高能力的应试者在题目上应得高分,低能力的应试者在题目上应得低分,也即应试者的能力与题目上的得分应存在高相关。但在实际测试中,事先并不知道应试者的能力情况,为了方便考察,一般根据应试者的测试总分将应试者分为高能力考生和低能力考生,即总分高者即为高能力考生,总分低者即为低能力考生。区分度通常由区分度指数(index of discrimination)表示。

2. 区分度的计算方法

根据表 5-1 的数据,将应试者的分数分为高、中、低三段,分数的分段一般以高分、低分各占 33% 或 25% 来划分,如表 5-1 应试者共 15 人,采用分三段的形式 3/15≈33.3%;如应试者为 16 人,则采用 4/16=25% 的方式分高低分数段(Brown 2002;漆书青 2003;戴海琦 2010)。因为高分组和低分组的划分,其根据是应试者所得测试总分的高低,因此有一些语言测试者坚持取前后两端 27% 的人来构成高分组和低分组。这是因为,一方面应力求使这两个组的得分"距离"足够远,以便对项目鉴别功能的考察充分可靠;另一方面要使这两个组的人数尽可能多,以便控制抽样误差。由于这两个要求是相互矛盾的,故予以调和折中,取介于25%与33%之间的27%为最宜。因为本书举例取值15人,则还是采用三段式即33.3%。一旦将数据分为高分段和低分段,就可以进行区分指数的计算。项目难度高分段和低分段必须分开计算。这样,可以用以下的公式计算试题的区分度:

$$ID = IF_{upper} - IF_{lower}$$

其中:

ID = 区分度;

IF_{upper} = 测试中高分组项目难度;

IF_{lower} = 测试中低分组项目难度。

利用这个公式可以算出表5-1中的项目难度和项目区分度的统计数据(如表5-2)。从表5-2中可以看出第3题的 $IF_{upper} = R/N = 5/5 = 1.00$,而 $IF_{lower} = 0$,则第3题的 $ID = 1$,这表明好的应试者都能做对,而差的应试者都做不出来,区分了能力档次不同的应试者,说明该题的区分度很高,试题质量好;相反,区分度指数越低,则试题的区分度差,如题6, $ID = -1$,说明水平差的应试者做对了,而水平好的应试者反而做错了,试题应予以修改;因为它正好反向区分了应试者,与测试目的背道而驰。

3. 区分度的评价标准

理论上,项目区分度取值范围为[-1,1],它的目的旨在统计整张试卷总成绩好的应试者每一项试题的成绩合格率。因此,项目若求得负区分度值,如上面提到的试题6,区分度为-1,则说明该项目的功能跟整个测试要求相反,自然应予剔除。那么,区分度取值一般应为多高才算好呢? Ebel R. L. (1991) 就选择题区分度值提出了评价标准,具体要求如表5-3。因此,对于选拔人才的常模测试试题设计中,项目难度介于0.40到0.70和项目区分度高于0.40的试题才给予考虑和选择,项目区分度低于0.30的试题需要谨慎对待。总之,在经典的NRT项目统计中,项目区分度高于0.40的这些题目最可能测试出个体的最大变化,故而可以提供更高的信度和效度评估(Cziko 1983)。因此,通常在检验试题质量的预测后,每题的难度和区分度指数被列于其后,试题只有经过这两方面的检测后才能投入使用,尤其是大规模的国家级考试试题。

表 5-3　项目区分度的评价标准(Ebel R. L 1991)

区分度值	评　价
0.40 以上	优良
0.30～0.39	合格
0.20～0.29	勉强可用,需修改
0.20 以下	应淘汰

在使用表 5-3 的评价标准时,应注意两个问题:(1)该评价标准不是绝对的,还应根据测试的目的、性质和要求来决定项目的取舍;(2)该评价标准比较适合常模参照测试。

区分度是反映题目质量好坏的重要指标,一个区分度较差的题目不能将高水平应试者和低水平应试者合理地区分开来,进而会影响测试的信度和效度。测试专家通常把试题的区分度看作测试效度高低的"指示器",并将其作为评价题目质量及筛选题目的主要指标与依据。因此在实际编制测试时,应大力提高题目的区分度,从而提高测试题目的质量,进而提高测试的信度与效度。

4. 影响题目区分度的因素

影响题目区分度的因素主要有以下几个方面:

(1)题目难度。题目过难或过易,都会导致应试者在题目上的得分差异很小甚至没有差异,即区分度低。

(2)应试群体的同质性。应试者越同质(即应试者的水平相接近),则应试者在题目上的得分越接近,应试者之间的差异越难区分,表现出题目无区分能力,即区分度低。

(3)测试题目本身设计的科学性。如果题目本身出现设计错误,没有按照测试规则设计,则会导致题目的区分度低。同理,低区分度的题目,反过来提示测试设计者是否科学合理地编制了试题。

5．提高试题区分度的方法

（1）控制好试题的难易度。试题过难,高能力应试者与低能力应试者均不能答对,或试题过易,高能力应试者和低能力应试者均能答对,都不利于区分掌握组与未掌握组。而当题目难度在 0.5 左右时,试题的区分能力理论上会比较高。

（2）试题编制时要按语言测试学理论合理、科学地设计试卷,使每个题目都能与整份试卷在难度和水平上保持一致,如果个别题目过难或过易,则得分的相关性一般会低。

（3）借助项目分析提供的信息对不良的试题进行修改,以提高试题的区分能力。

◄ | 5.3 标准参照语言测试的项目分析 | ►

5.3.1 概述

当经典项目分析用于单纯 CRLT 时,它可能会出现一些我们预想不到的结果,因为 CRLT 通常用于测量成绩、类别状况（categorical status）或掌握程度（mastery level）。但如果我们也用常模测试项目分析的解释方法来分析标准参照语言测试,则会出现下面的情况（见表 5-4）。

表 5-4　CRLT 项目分析统计表（听力第 18～30 题）

学生号	题目														总分
	18	19	20	21	22	23	24	25	26	27	28	29	30	…	%
94	1	0	0	1	1	1	1	1	0	1	1	1	0	…	82
93	1	0	0	1	1	1	1	0	0	1	1	1	1	…	79
95	1	0	0	1	1	1	1	1	1	1	1	1	1	…	75
96	1	0	0	1	1	1	1	1	1	1	1	1	0	…	73

续表

学生号	题目														总分
	18	19	20	21	22	23	24	25	26	27	28	29	30	…	%
98	1	0	0	1	1	1	1	0	0	1	1	1	0	…	72
103	1	0	1	0	1	1	0	0	1	1	1	1	1	…	70
99	1	0	1	1	1	0	1	1	0	0	0	0	0	…	67
102	1	0	0	0	0	1	1	0	1	0	1	1	1	…	67
100	1	0	0	0	1	1	1	0	0	1	1	1	0	…	64
104	1	0	0	0	0	1	1	0	1	1	1	1	0	…	64
92	1	0	0	0	1	0	1	0	1	0	0	1	1	…	59
97	1	0	0	0	0	1	0	1	0	1	0	1	1	…	59
101	1	0	0	1	1	0	0	1	0	0	0	0	1	…	58
105	1	0	0	1	1	1	0	0	0	0	0	0	0	…	55
106	1	0	0	0	0	0	0	0	0	0	0	0	0	…	52

　　表 5-4 为某大学外国语学院英语专业二年级学生（取其部分结果分析）作答 2006 年英语专业四级考试（TEM-4）听力部分测试的结果。同样表 5-4 中的 1 表示答对的题目，0 为答错的题目。从表 5-4 中可以看出：第 18 题和 19 题的结果显示为最容易和最难的题目，因前者所有应试者都答对了，而后者无人答对。根据项目区分度分析我们得出表 5-5 的结果。

　　如果按照常模参照测试的理论来解释（难度值介于 0.40 到 0.70 和区分度值高于 0.40），那么以上 13 个题目中只有第 23 题可以被保留下来，其余题目都必须修改、剔除。这样就陷入了 Popham（1978）所说的"心理测试陷阱"中，即无法倾向于选择那些能表现应试者能力的题目。因为那些测量需要强调课程部分的题目、测试我们期望好效果的题目或测量应试者已掌握的熟练目的的题目可能会统统地从测试中排除掉，而不考虑它们的描述值大小；已被掌握的着眼于特别实用目的的题目也将被排除，即使它们代表着在考虑范围内的实用水平，因而 Popham 认为：项目统计学指标不能用于所有的试题设计，尤其是在标准参照语言测试试题的设计上，表 5-4、表 5-5 的 TEM-4 测试结果分析就可见一斑。

表 5-5　CRLT 项目难度和项目区分度统计表

ITEM STATISTIC	ITEMS												
	18	19	20	21	22	23	24	25	26	27	28	29	30
IF_{total}	1.00	0.00	0.06	0.73	0.73	0.67	0.86	0.33	0.40	0.53	0.60	0.73	0.46
IF_{upper}	1.00	0.00	0.00	1.00	1.00	1.00	1.00	0.60	0.40	1.00	1.00	1.00	0.40
IF_{lower}	1.00	0.00	0.00	0.40	0.80	0.40	0.40	0.00	0.60	0.00	0.00	0.40	0.60
ID	0.00	0.00	0.00	0.60	0.20	0.60	0.60	0.60	−0.20	1.00	1.00	0.60	−0.20

正如 Hambleton(1983)指出：在标准参照和常模参照测试项目统计中作出的各种推论的内在差别，导致标准参照和常模参照测试项目统计方法间的本质区别。在经典测试理论的项目分析中，难度值常常报道为 0～1 之间，并为整体应试者而设定；而标准参照语言测试尽管难度指数范围也是 0～1 之间，却以选用的试题而定。通常在常模参照下的项目难度，结论是由选好的应试者群体的难度值作出；而在标准参照领域分数(domain score)值的情况下，由选好领域内容的试题的样本作出推论：那就是领域分数都来自于领域内所有题目所期望的分数。因此第一个常模参照推论是应试者库(pool of examinees)，而第二个标准参照推论是内容的领域(domain of content)。这样，如一个常模参照测试的难度值为 0.80，意味着 80% 的应试者正确回答了该题，但并不表示该试题能区分那些掌握了 80% 内容的应试者和那些没掌握内容的应试者，而后者正是标准参照语言测试所要考虑的。这个差别对利用项目难度来选择试题是非常重要的。

传统的项目区分度指数可以用于标准参照语言测试分析，只要提供足够变量的应试者分数，尽力减少变量对涉及相关性的统计学指标的影响,包括常模参照测试项目区分度指标。解决的方法就是将掌握组和未掌握组(参见 5.3.2)的数据结合起来进行分析。尽管这种方法提供更可靠的区分指标,但对标准参照语言测试的解释再次不同于常模参照测试;从标准参照语言测试的观点来看,只选择最好的区分值也会削弱题目对有特别功能对象应试者的系统的排除。因此有特别为标准参照语言测试设计的区分度指标,它们都与区别掌握与未掌握知识的应试者有关,且通常用在教学分组中。

如前所述,尽管"项目区分度分析可以在掌握组和未掌握组二者间求项目通过率差,也可求同一组教学前后通过率的差,项目应该对未掌握者和掌握者的差异以及教学训练活动的实效有强的敏感性、高的区分鉴别力"。(漆书清 2003)但在语言测试中,尤其在 TEM-4 中这种分析还不那么敏感,因此,为进一步讨论标准参照语言测试中有效的区分度,我们以下讨论差异性指标(DI)、B 指标法、一致性统计法和项目 Φ 方法。

5.3.2　测试项目的差异性指标

计算最简单的指标是差异性指标,它表示一个题目所反映出的获得知识或技能的程度。与项目区分度(表明 NRT 测试中区分出高分与低分组的 NRTs 项目的区分程度)相比,差异性指标表明的是一项利用标准参照语言测试题目辨别两组学生,即已了解知识(或已掌握所学技巧)的所谓掌握组,和不了解知识或未掌握所授技巧的所谓未掌握组掌握知识的程度。为计算差异性指标,用掌握组的难度值减去未掌握组的难度值,掌握组和未掌握组的难度值可用以下两种方法的任何一种来计算,即干预性研究(intervention studies)和差异组群研究(differential groups studies)。

差异性指标是通过掌握组正确回答题目的比例减去未掌握组正确回答题目的比例;如 90% 掌握组正确回答该题项和 20% 的未掌握组正确回答该题项,则 $DI = IF_{master} - IF_{non-master} = 0.90 - 0.20 = 0.70$。这个指数的解释和传统的常模参照测试指数的解释是相似的,只是选择这些具有高辨别力的题目时要格外注意前面提到的注意事项,当然,负值差异指数表明题目(或教学方案)应该被修正或抛弃。与项目难度一样,差异性指数是否足够高到可以考虑接受或不接受题目,取决于被测试的目标、应试者的特点和掌握及未掌握的假设差距。

一、干预性研究

干预性研究指在一组特别课程正式测试前对某一组学生进行的测试。该组学生由于他们还未学该门课程假定为未掌握组,通过传授该课程干预之后,再对该组学生进行测试,因他们已掌握该课程则被称做掌握组;由于人的自身特点,尽管这些学生很少被完全区分为掌握与未掌握组,我们还是把他们当作起始点来看。

表 5-6 显示在干预性研究中 DI 的计算实例,本统计数据是夏威夷大学 ESL 学生阅读课程学前考试和学后考试的对照表(Brown1989)。尽管只选了题目的 41 到 60 题,但可以看出差异性指标的计算很简单,它能够很好地帮助选择那些与所教内容紧密相关的题目。如第 48 题表明 34.4% 的学生在学该门课程之前已拥有该方面的知识,而 68.9% 的学生学完后掌握了该课程的知识,这样本题的 DI=0.689-0.344=0.345。差异性指标的范围值从 -1.00(表示学生未学前的已有的知识)到 +1.00(表示学前没有学生掌握该知识,而学后所有的学生获得该知识)。差异性指标的解释与传统的常模参照测试指标解释也是相似的,同样的,负值差异指数表明题目(或教学方案)应该被修正或抛弃。与项目难度一样,差异性指标指数是否足够高到可以考虑接受或不接受题目,将取决于被测试的目标、应试者的特点和掌握及未掌握假设的差距。

对题目的选择,Berk(1980)建议:要保留的好题目必须是那些掌握组能正确回答的(即 IF 值达 0.70~1.00)和未掌握组无法正确回答的项目(即 IF 值达 0.00~0.50),他同时还认为项目分析中与难度值有关的判断还与所学内容和所要测试的对象有关,因此,在选择题目时,同时考虑测试或所教的内容时,介于 0.20(0.70-0.50=0.20)到 1.00(1.00-0.00=1.00)的难度值,在题目修正后的标准参照语言测试中也是可接受的。

表 5-6　干预性指标的计算

学生号	ITEM(项目)		DIFFERENCE(差异)		
	POST-TEST IF (后测项目难度)	—	PRE-TEST IF (前测项目难度)	=	INDEX (差异性指标)
41	0.770	—	0.574	=	0.196
42	0.623	—	0.492	=	0.131
43	0.836	—	0.689	=	0.147
44	0.787	—	0.639	=	0.148
45	0.738	—	0.656	=	0.082
46	0.328	—	0.246	=	0.082
47	0.869	—	0.574	=	0.295
48	0.689	—	0.344	=	0.345
49	0.623	—	0.311	=	0.312
50	0.557	—	0.262	=	0.295
51	0.820	—	0.693	=	0.181
52	0.262	—	0.246	=	0.016
53	0.754	—	0.623	=	0.131
54	0.639	—	0.508	=	0.131
55	0.689	—	0.541	=	0.148
56	0.508	—	0.426	=	0.082
57	0.656	—	0.492	=	0.164
58	0.426	—	0.361	=	0.065
59	0.492	—	0.311	=	0.181
60	0.639	—	0.443	=	0.196

二、差异性组群研究

另外一种确定掌握与未掌握组的方式是找到两组学生：一组是掌握组即通过测试辨别已掌握知识和技能的学生组，另一为未掌握组即通过测试反映未掌握知识和技能的学生组，这种不同组群的研究叫差异性组群研究。在这种情况下计算 DI，仍然需要比较掌握组和未掌握组之间的项目难度指数。

无论选择干预还是不同组群策略研究都依赖于项目分析下的特定教学和研究。在一些情况下，使用不同组群进行研究比较方便，而在另外情况下则使用干预性研究更合理；无论是哪种情况，通过计算评估来比较两组被试者程度的项目统计所得的值，都叫差异性指标。

三、切线指标

使用差异性指标的一个问题是：它要求 CRLT 的两次管理测试或者对两组学生的一次管理测试。为了回避该问题，开发了其他指标，这些指标对学生是否通过测试的题目内容（已测试过的内容）的差异性进行 CRLT 项目的敏感性评价；换言之，当无法获得掌握与未掌握结果时，有些指标能对一次考试的单一组描述其切线或标准的偏差。这三类指标为：B 指标、A 指标和项目 Φ。

1. 切线指标（cut-score index）。最直接的切线指标又被称为 B 指标（B-index），这里所用的 B 指标是基于对通过考试和没有通过考试的这些学生的项目难度差异性的一个测试项目统计指标。这有些类似于在考试中通过及格或不及格来区分掌握组和未掌握组。一旦分组确定，题目就通过比较这两组的考试结果来进行分析。为计算 B 指标，首先决定考试通过的切线分数是必要的。

再以表 5-1 为例，表明在课程结束时 CRLT 学后测试，题目与题目之间的测试结果。注意切线分数已被确定为 70％（即 70 分以上者为及格或称通过考试者），在表格底端，对每个项目及格的和不及格的学生已分别用 IF 列出（参见表 5-7）。为计算每个项目的 B 指标，只需要将及格应试者减去不及格应试者的 IF 即可，用下列简单公式可以表述：

$$单一\ B\ 指标＝IF_{及格}-IF_{不及格}$$

其中：

B 指标＝及格和不及格学生之间的 IF 之差

$IF_{及格}$＝及格学生的项目难度

$IF_{不及格}$＝不及格学生的项目难度

在表 5-1 里，注意到及格学生准确答对题项 3 和不及格学生未答对题项 3 的应试者都是 100％，根据及格形式的项目难度为 1.00 而不及格学生的项目难度为 0.00，那么 B 指标应是：B 指标＝1.00 －0.00＝1.00。这道题最大地将掌握和未掌握组区别出来，而它的 B 指标就如统计学指标值将达最高值。

表 5-7　项目难度和 3 个切线指标的项目统计表

ITEM STATISTIC (项目统计指标)	ITEMS(项目)									
	1	2	3	4	5	6	7	8	9	10
IF_{total}	0.53	0.47	0.67	1.00	0.40	0.53	0.67	0.33	0.00	0.93
IF_{pass}	0.50	0.60	1.00	1.00	0.50	0.30	0.80	0.20	0.00	1.00
IF_{fail}	0.60	0.20	0.00	0.00	0.20	1.00	0.40	0.60	0.00	0.80
B	−0.10	0.40	1.00	0.00	0.30	−0.70	0.40	−0.40	0.00	0.20
A	0.46	0.66	0.99	0.99	0.59	0.20	0.73	0.27	0.33	0.73
Φ	−0.11	0.36	1.00	1.00	0.28	−0.66	0.37	−0.41	0.00	0.39

表 5-7 显示所有表 5-1 中 10 个题目的全部项目分析结果。

单一 B 指标的解释相似于差异性指标(DI)，但是，这里的 B 指标表明的是及格和不及格学生的项目差异的一致性，而不是如差异性指标情况下比较课程教学前和教学后的学生成绩。然而 B 指标具有只要求 CRLT 一个测试组的优势，因此，它具有较高的使用价值。

2. 一致性统计指标（Agreement statistic，A）。Harris &

Subkoviak(1986)提出了一致性统计指标,即指给定试题的测试结果与所有测试项目的结果之间一致的可能性。当一名应试者既正确回答了该项目又通过了该次测试,或既没掌握该项目又没通过该次测试时,A 结果就出来了。它的公式为:

$$A = 2P_{iT} + Q_i - P_T$$

其中:

P_{iT} = 所有正确回答项目又通过考试的所有应试者的比例;

Q_i = 没有正确回答项目的应试者的比例;

P_T = 所有通过考试的应试者的比例。

例如:表 5-1 中的第 2 道题,$P_{iT} = 8/15 = 0.53$,$Q_i = 7/15 = 0.46$,$P_T = 10/15 = 0.67$,则

$$A = 2P_{iT} + Q_i - P_T = 2 \times 0.53 + 0.46 - 0.67 = 0.85$$

以上讨论中,当项目不是二分地(dichotomously)切分或用一种比例尺度来切分时,Q_i 也许是某一项目的通过分数。这样,正确或不正确切分项目的估计分数就不受限制,但是,该估计值可能应用于对该项目切线的尺度测算值。一致性统计指标的值最大为 1,最小为 0,注意有时 A 值完全不同于 B 值,这个差异的出现是因为 B 值表示通过考试和未通过考试的应试者之间的项目差异的一致性,比较而言,A 值表示的是既正确回答题项又通过考试的应试者(没有特别参照未通过考试的应试者)项目相同的一致性。通过比较表 5-2 和表 5-7 的第 3 题和第 4 题的应答情形和结果两指标的差异就可看出:项目 3 和 4 的 A 值是 0.99,B 值是 1 和 0,这样,事实上对没有通过考试又未正确回答题目 3 和同样没有通过考试但正确回答题目 4 的应试者,B 值是敏感的,而 A 值则不敏感。因此,在项目分析中,检测这两个统计学指标的结果是多样化的。

3. 项目 Φ(item phi,简称 Φ 值)。本质上是应试者项目和考试结果之间项目的干预和考试的干预之间的皮尔逊校正值。Φ 可用 Shannon & Cliver(1987)的转换值表述如下:

$$\Phi = (P_{iT} - P_T) / \sqrt{P_i Q_i P_T Q_T}$$

其中:

P_i＝正确回答题项的应试者比例；

Q_i＝未正确回答题项的应试者比例；

P_T＝通过考试的应试者比例；

Q_T＝未通过考试的应试者比例；

P_{iT}＝正确回答题项并通过考试的应试者比例。

再用表 5-1 中第 2 题为例，计算 Φ 值是有些复杂，但如系统地计算则很简单。

$$P_i＝7/15＝0.47 \qquad Q_i＝1-0.47＝0.53$$
$$P_T＝10/15＝0.67 \qquad Q_T＝1-0.67＝0.33$$
$$P_{iT}＝6/15＝0.4$$

将这些值代入公式结果如下：

$$\Phi＝(P_{iT}-P_T)/\sqrt{P_iQ_iP_TQ_T}＝0.4-0.47\times0.67＝0.36$$

Shannon ＆ Cliver 指出，Φ 值可能受到通过题项的应试者、且通过该次考试的应试者比例的严格限制，注意在表 5-7 中项目 Φ 值多数情况下是与 B 值相近似的。

4. 切线项目统计学指标的说明。与 NRT 项目统计指标一样，CRLT 切线项目统计学的这三个指标对从一题库中提取的项目难度和应试者组的能力水平是敏感的。由于这些统计指标依赖于切线分数值，因此基于这些值的项目不该完全被否决。低值也许表明题库切线被错误判别而不是项目本身不好。如果没有确切信息表明题目不好，应仔细检查题库并加以修正，而不是直接否决该试题。

◀ | 5.4 小结 | ▶

CRLT 中已经用一种或多种差异性指标或切点指标（cut-point indices）来分析题目，最终目的就是通过选择能较好实现标准参照目的的这些题目来修正测试。上述所说的 IF、DI、A、B、Φ 值都有助于进行与正在学习该课程内容的学生取得的收获的大小，或与区分通过考试或没通过考试课程的学生间差异有关的 CRLT 题目的选择。

在为该课程内容而设计 CRLT 的过程中,你会发现:你认为你所教的东西与学生似乎已学到的东西之间有着惊人的差异。因而,用可靠的 CRLT 取代之,教师不但能判别学生的成绩,而且还能检测教师认为他们所教内容与学生确实已吸收的内容之间的适度(fit);当然这些方法,目前对不少从事语言教学的教师来说还是相当陌生的。

　　综上所述,通过对 CRLT 和 NRT 基本原理、项目分析等,可以区分出 CRLT 和 NRT 两种测试的本质不同,但又有内在的联系。从 CRLT 的项目分析可以看出 CRLT 有明显优越于 NRT 的方面,尤其是对区分熟练组与非熟练组应试者和检测应试者掌握的知识及教学目的是否达到教学大纲的要求有很重要的意义;基于这点,我国近年来大规模的大学英语四、六级考试已从经典的 NRT 转向了标准关联—常模参照考试(杨惠中 2001),但它与 CRLT 仍然还有一些差别,尤其在甄别题目方面,CRLT 不再是简单地只看难度系数的大小,因为难度已不再是简单地解释成题目的难易程度或题目的通过率,而必须了解为测试者对测试内容高低的要求;同样,区分度也非如 NRT 一样只笼统地指对被试能力的鉴别程度,而是区分掌握与未掌握两类被试的能力。此外,A、B 和 Φ 值可以在选题时补充不同的附加信息,不同的值可以在区分掌握组与未掌握组时提供不同的敏感值;另外 CRLT 的选题还涉及项目反应理论及与之相关的参数模型等,这些内容将在下一章节中作详细说明。

第六章　标准参照语言测试与项目反应理论

在上一节谈到了 CRLT 中的 A、B 和 Φ 值相比 NRT 的 IF、ID 来得敏感,对 CRLT 试题的评估也有效得多,但同时从表 5-7,我们可以看到 B 值出现负值的现象,按照经典测试理论,出现负值时应该考虑修正试题,那么这样就可能会出现将能测出应试者能力的试题或那些测量应试者已掌握的熟练目的的试题统统被排除掉的情况,那么如何才能真正做到科学、有效地甄别试题呢? 本章将从经典测试理论的局限性,进而引出现代测试理论(modern test theory, MTT)的代表——项目反应理论(item response theory, IRT)的发展必然,通过对 IRT 产生、发展和主要内容即三模型的介绍,说明试题与应试者能力之间的关系以及 a、b、c 三值等方面的问题,从而进一步探讨科学的选题方法。

◀ | 6.1　经典测试理论的局限性 | ▶

CRLT 的目的是了解和界定个体在测试内容上掌握的绝对水平,而不再是个体间的水平差异,特别是用于评价教学活动结果的测试,它们的目的是为了确定在某一特定教学领域内,被试者是否掌握了该领域中必要的知识或技能以及他/她在这一领域中的困难与缺陷所在,以便有目的地对他/她加以教学辅导与补救。在上一章节中,提到 CRLT 用一种或多种差异性指标或切分指标来分析试题,最终目的就是通过选择能较好地实现标准参照目标的这些试题来修正测试,但在考试的开发和组织过程中,经常会遇到一种难以用传统的 CRLT 或 NRT 方法来清楚地解释问题,如:试题是如何适应(fit)

测试目标和应试者的;内容是怎样被测量的,尽管计算不同的指标如 IF、ID、DI 等能提供附加的信息;如果 B 指标,A 指标和项目 Φ 也一起计算的话则可获得更多的关于试题选择的信息,不同的指标可以很敏感地指出"掌握"或"未掌握"组学生的情况,而切线指标则表明每个题目是如何区分地说明及格或不及格学生的情况。但对于在考试中的不及格者,或在教学过程中因需考查某个特别领域而多次公开的某一测试,普遍会出现的一个问题是:应如何持续地开发多种的测试形式,以便使试题的难度、区分度能保持在所选出的切线周围(around the selected cut-score);同时,那些参加过多次测试的应试者能记住以前测试的一些试题,这些记忆影响了所有测试(包括以前的试题)的结果。这样,试题设计者就需要开发试题库用于满足实际需要,并以先前建立的以统计学为评判尺度的试题作为衡量标准(或尺度)来进行比较。

为了比较或解释一组学生能力较强或较次而设计的测试形式或试题,也许无法得出分数结果,原因是这两组的分数分布异常不同。这种状况的产生是因为经典分析中测试或试题的得分完全依赖于试题中的一些特别试题和参加考试的应试者中的特别样本。例如,在学期初给一组学生 30 道阅读题的测试得到均值为 15、标准差为 5 的结果,而相同的考试安排在不同组的应试者而得出均值为 19、标准差为 3 的结果;造成这样结果的原因是:每个应试者分数的解释是取决于所采用的特别考试形式和在同样背景情况下参加考试的特别群体。个人的得分在"难"的测试中低,而在"易"的测试中高;同样,在"差生"组中测试均值低,而在"好生"组中均值高;假定应试者 A 在语言使用上比应试者 B 差得多,如果给考生一个容易的测试,他们也许都能取得相同的好成绩;如果给他们很难的测试,他们也可能一样都取得相同的低分。这样,并不能够发现他们个人的实际能力;可见,对试题而言,项目难易度应随着水平高低的不同测试组而改变,当连续地组织测试时,依赖于每次测试的应试者特别能力的这些统计指标将持续改变。

当应试者的分数与整个测试形式中正确回答试题的应试者数或

平均数有关时,一定数值范围内报道的项目统计量说明了正确回答试题的应试者的百分数。尽管 CTT 借助了试题的难易度、区分度等指标,但仍无法用自身的理论来解释考生能力的大小。这就是我们说的能力量表与难度量表的不一致性。理想的项目统计量的试题不能只依赖于特别的样本,描述应试者能力的分数是不依赖于某个测试难度的;在相同的数值范围内,测试项目的难度和应试者的能力是可匹配的,这样就应寻找一些方法,通过测试来标准化,以衡量应试者的能力,而不仅仅只反映其在应试者中的是相对排名,而是依赖于参试的特别应试者组来标准化试题难度。

以上的问题,用最直观、最简单的文字描述如下:

(1)CTT 用于评价试题质量的指标(如难度、区分度)严重依赖于被测试样本,对同一问题,如果被测试样本的能力水平差异大,则区分度值会很高,反之,区分度值则很低。

(2)CTT 只适用于测试被试者的相对能力水平(NRT),不适用于考察实际能力水平(CRLT),例如在 CRLT 中,如果被试者全部不能通过测试,则无法计算难度和区分度(如表 5-4 的第 19 题)。

(3)CTT 测试某项能力或知识水平时,必须同时使用同一套测试题,否则测试结果无法直接进行比较。

◀ 6.2 现代测试理论的基本原理 ▶

为了克服上述 CTT 所带来的局限性,以适应当今测试实践的各种需要,必须建立一种全新的理论去解释应试者的语言能力,于是现代测试理论这一新概念就得以提出,而作为现代测试理论的主要内容和代表的项目反应理论(IRT)就是在克服了 CTT 的各种局限性后发展起来的一种全新的测试学理论。

6.2.1 项目反应理论的基本概念

项目反应理论(IRT,又翻译为试题反应理论)包含了提供与应试者能力相关的试题难度的概率模型的一组统计学方法。在 IRT 中,个人的特质水平从对测试试题的应答模式中估计得出。这与心理学家提到的概念诸如语言能力是一致的,一个人的行为举止处于他的某种潜在变量的定量控制之下(Embreston, S. E. & Reise 2000),任何人对测试的反应能力都被视为这人对潜在变量的能力。而这种对潜在变量的能力,对语言学习者来说就是语言交际能力。项目反应理论则直接以数学概率的概念来解释应试者能力和所做试题答案之间的关系,即依据应试者在测试中的答题结果,经数学模式的运算,估计应试者的能力或潜在的特质,通常由非常先进的统计学计算机程序诸如 BILOG、FACETS、Logist、Quest、Xcaliber 等来完成,并用比较直观的试题特征曲线(item characteristic curve, ICC)表达出来。另外,如果把能力不同的应试者得分点连接起来所构成的曲线,便是能力不同的应试者在某一测试项目上的试题特征曲线,把各试题特征曲线加起来,便构成所谓的试卷特征曲线(test characteristic curve, TCC)。因此,试题特征曲线是一条试题得分对能力因素所做的回归线,这条回归线基本上是非线性的,但线性的试题特征曲线也是有可能的,应视所选用的项目反应模型(Item response model)而定。

试题特征曲线所表示的涵义,即是某种潜在特质的程度与其在某一试题上正确反应的机率二者之间的关系;这种潜在特质的程度愈高(或愈强),其在某一试题上的正确反应机率便愈大。在项目反应理论中,每一种试题反应模式都有与其相对应的一条试题特征曲线,此曲线通常包含一个或多个参数来描述试题的特性,以及一个或多个参数来描述应试者的潜在特质;因此,所选用的试题反应模式所具有的参数个数及其数值不同,所画出的试题特征曲线形状便不同。

下面是七种常见的试题特征曲线(余民宁 1994):

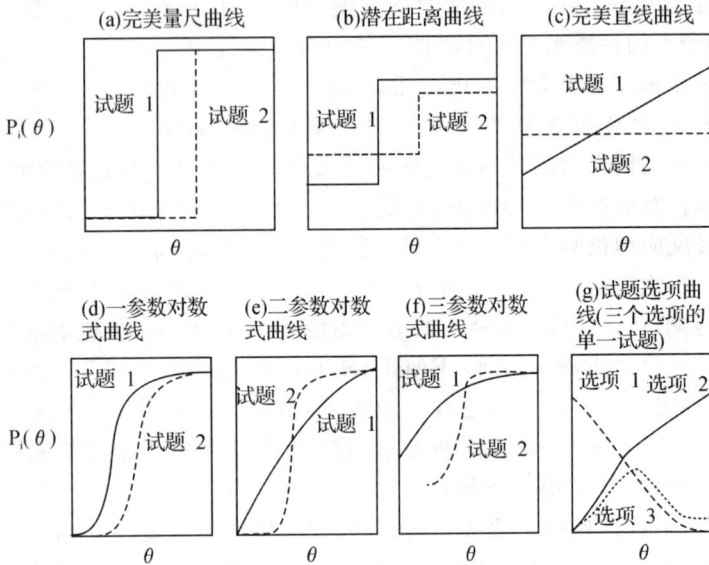

图 6-1　七种不同的试题特征曲线例子

在图 6-1 所示的七种曲线中，θ 表示考生或应试者的能力或潜在特质，$Pi(\theta)$ 则表示能力或潜在特质为 θ 的考生或应试者答对或正确反应某一试题的机率。例（a）所示代表 Guttman 的完美量尺模式（perfect scale model），它是一个阶跃式函数（step functions）所形成的曲线，表示在某一关键值 θ 以右的机率为 1，以左的机率为 0；或者说，这种模式具有完美的鉴别能力，而 θ 即为区别出有能力组和无能力组的关键值。例（b）为例（a）的一种变形，叫作潜在距离模式（latent distance model），是社会心理学者常用来测量人的态度的一种模式，其正确与不正确反应的机率，在 0 与 1 之间变动不已。例（c）所示为经典测试理论下的试题特征曲线，截距的大小反映出试题的难度，而曲线的斜率即代表试题的区分度，在所考虑条件相等的情况下，正确反应的机率与 θ 值成正比。例（d）到例（f）所示，即代表项目反应理论中的一个参数、两个参数与三个参数的逻辑斯蒂模式（logistic model，又译为对数式模式），它们的含义分别代表着：某一试题的正确反应机率除了受考生或应试者的 θ 值决定外，还分别受一个参数（即难度）、两个参数（即难度和区分度）或三个参数（即难度、区分度和猜测度）的试题参数所决定，其正确反应的机率值也介于 0 与 1 之间。例（g）所示为特殊的试题反应模式，如：Samejima (1969)的等级反应模式（graded response model）、Masters(1982)和 Yu(1991)的部分计分模式（partial credit model）等，即是采用试题选项特征曲线（item option characteristic curves），所代表的意思是指试题中每一选项被选中的机率，它也是能力或潜在特质的一种函数，它有个基本假设，也即就某一固定能力的考生而言，他（她）在同一试题上所有的试题选项特征曲线的总和为 1。

试题反应模式不像经典的真实分数模式，它是可能作假的模式（falsifiable models）；也就是说，任何一种试题反应模式都可能适用或不适用于某份特殊的测试数据，也即模式可能会不当地预测或解释数据。因此，在应用项目反应理论时，除了必须先估计出模式与考生的参数值外，还需要考验模式与数据间的适合度（model-data fit）。这点在以后的章节中还会有比较详细的说明。

当某一种试题反应模式适用于某种测试数据时，一些项目反应理论的基本特性也会跟着产生。首先，从不同组的试题估计而得的应试者能力的估计值，除了测量误差外，不会受使用的测试种类的影响，也就是说，它是项目独立（item-independent）的能力估计值；其次，从不同族群的应试者估计而得的项目参数估计值，除了测量误差外，亦不受参与测试的应试者族群的影响，即它是样本独立（sample -independent）的项目参数估计值。上述两种特性，在项目反应理论中叫作"不变性"（invariant），这些不变性是从把项目的信息（item information）考虑在能力估计的过程中，把考生能力的信息考虑在项目参数估计的过程中而得的。典型的试题参数不变性，就是无论考生来自何种族群，只要他们具有相同的能力，他们答对（或正确反应）某一试题的机率便相同；由于某特定能力的考生答对某一试题的机率是由试题参数所决定，试题参数对该两族群的考生而言必定是相同的。

除了上述的特性外，项目反应理论还可以针对个别的（即每一位能力不同的考生或应试者）能力估计值提供其测量的估计标准误（standard errors），这点做法不同于经典测试理论仅提供所有考生单一的误差估计值的做法。此外，项目反应理论把能力测量的估计标准误之平方的倒数定义为试题信息函数（item information function，IIF），它可以用来作为评量能力估计值之精确度的指标，优于经典测试理论中的信度（Wright&Masters 1982）。该部分内容在以后的章节中还会有更详细的讨论。

6.2.2 项目反应理论的基本假设

任何一条试题特征曲线所代表的含义是：答对某一试题的机率，它是由考生的能力和试题的特性所共同决定的。因此，项目反应理论有下列几项基本假设，唯有在这些假设都成立的前提下，试题反应模式才能被用来分析所有的测试数据。

1. 单维性（unidimensionality）

语言测试就是要考察应试者的某种语言能力，而能力是不能直接可观察到的，因而被统称为潜在的特质。项目反应理论中的各种模式有个最常用的共同假设，那就是测试中的各个试题都测量到同一种共同的能力或潜在的特质，这种单一的能力或潜在的特质（因素）必须包含在测试试题里的假设，便是单维性的假设。

其实，在实际的测试情境里，考生在测试上的表现情形很少是纯粹受到一种因素的影响，其他因素如：成就动机、考试焦虑、应试技巧及人格特质等，也都会影响到测试的结果；因此，项目反应理论中对测试必须具有单维性因素的基本看法，即认为只有该测试具有能够影响测试结果的一个主要成分或因素，便算符合单维性假设的基本要求，而这个主要因素所指的即是该测试所测量到的单一能力或潜在特质。

适用于含有单一主要因素测试数据的试题反应模式，便称作单维性模式。适用于含有多种主要因素的试题反应模式，便叫作多维性模式（mutidimensional）。多维性模式的数学公式复杂难懂，而且模式还在发展中，更详细的资料可参阅 McDonald（1981）和

Ackerman(1989)的文章。

2. 局部独立性(local independence)

这个假设包括两个方面:一方面,考生对测试中各个试题的作答反应是彼此独立的,也即这一个试题的作答既不影响也不取决于其他任一试题的作答。于是,考生在一批试题上某种答对答错的反应结果类型出现的概率,是各个试题上出现这些对错反应概率的乘积。另一方面,除了试题间彼此相互独立外,考生间也是彼此相互独立的。这就是说,此一考生对试题的作答反应既不影响也不取决于其他任一考生对试题的作答反应。

3. 非速度测试:试题反应模式所适用的情况有一个隐含的基本假设,那就是测试的实施不是在速度的限制下完成的;换句话说,考生的考试成绩不理想,是由于能力不足所引起的,而不是由于时间不够答完所有试题而造成的。

4. 知道即正确假设(know—correct assumption):如果考生知道某一试题的正确答案,他/她必然会答对该试题;换句话说,如果他/她答错某一试题,他/她必然不知道该试题的答案。当然,把正确答案填错在别的格子上以致整个试卷都错的例子,不在本假设所考虑的范围内,因为人为的疏忽不是任何测试理论所能顾及的。

◀| 6.3　基本的试题反应模型介绍 |▶

前文已经说过,试题特征函数或试题特征曲线(TCC)是用来描述考生的潜在特质与其在试题上正确反应概率间的一种数学关系;因此,每一种关系都有其相对应的一条试题特征曲线存在,也就是说每一种试题反应模式都是用来描述潜在特质与正确反应概率间的关系。常用的试题反应模型,有下列三种,每一种模型都依据其采用的试题参数数目的多少来命名,都仅适用于二元化的反应资料(正确反应者登录为1,错误反应者为0)。

三种不同的常用IRT参数模型,每种解释不同的内容。在这里讨论的三种模型中,用于描述项目特征的各种参数是不同的;三种不同参数中与项目难度有关的参数被称为 b,用 logistic 尺度来表述称 logits 单位值;项目区分度(即斜率 slope)被称为 a;c 通常被认为是与选择项题型关系密切的猜测因素。这三种模型根据在模型中引入计算的上述三参数的多少而分别称为 1、2 或 3 参数模型。每个模型在项目比例和极正组要求不同的应试者数方面分别引入不同的假设条件。

6.3.1 单参数模型

单参数模型(The one-parameter model)常被定义为拉希模型 (Rasch model),是丹麦数学家乔治拉希(Georg Rasch)最早开始进行独立研究,并获巨大成功。早期拉希模型实际上包括拉希在 20 世纪 50 年代所创建的三个项目反应模型:第一个是用于阅读测试的帕松模型(Poisson model);第二个是用于成绩测试的模型,称为"测试题项的结构模型(a structural model for items in a test)";第三个即指现有的拉希模型,也是 IRT 潜在特质模型中最流行的,它不同于讨论中的其他两个模型,是决定所有项目具有同样的区分能力并只有项目难度上的变化(Brown,2002)。单参数模型的数学公式如下所示:

$$P_i(\theta) = \frac{1}{1 + e^{-D(\theta - b_i)}}$$

(公式 6-1)

其中:

$P_i(\theta)$ 表示任何一位能力为 θ 的应试者对试题 i 或在试题 i 上正确反应的概率;

$i = 1, 2, 3, \cdots, n, n$ 是该测试的试题总数;

b_i 表示项目难度参数;D=1.702;e 代表以底为 2.718 的指数。

$P_i(\theta)$ 是一种 S 形曲线,其价值介于 0 与 1 之间。单参数的试题特征曲线如图 6-2 所示。

根据公式 6-1 的定义,试题难度参数 b 的位置正好坐落在正确

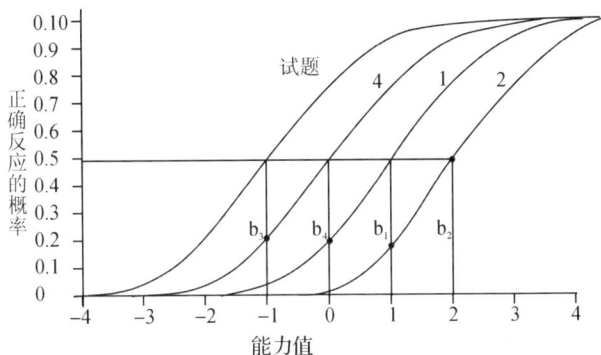

图 6-2　四条典型的单参数试题特征曲线

反应几率为 0.5 时能力量尺(ability scale)上的点；换言之，当能力和试题难度相等时(即 $\theta-b_i=0$)，应试者答对某试题的机会只有 50%。当能力小于试题难度时(即 $\theta-b_i<0$)，应试者答对某试题的机会便低于 50%；反之，当能力大于试题难度时(即 $\theta-b_i>0$)，应试者答对某试题的机会便高于 50%。b_i 值愈大，应试者要想有 50% 答对某试题的机会，他/她便需要有较高能力才能办到，亦即该试题是属于较难的题目。愈难的试题，其试题特征曲线愈是落在能力量尺的右方；反之，愈简单的试题，其试题特征曲线愈是落在能力量尺的左方。如图 6-2 所示，四条试题特征曲线的试题难度参数分别为 $b_1=1.0, b_2=2.0, b_3=-1.0, b_4=0.0$，其值的大小，分别决定该四条曲线在能力量尺上的相对位置，因此，试题难度参数有时又叫作位置参数(location parameter)。

理论上，b 或 θ 值大小介于 $\pm\infty$ 之间，但实际上，该值范围通常只取 ±2 之间。该值愈大表示试题愈难，反之则愈容易；单参数模型的参数少，影响应试者在试题上表现好坏的试题特征只有一个，即项目难度。单参数模型不考虑项目区分度(ID)，其实，这种做法等于是假设所有试题的 ID=1，同时，它也假设 ICC 的下限为零，即对能力非常低的应试者而言，他/她答对某试题的机会是零；换言之，单参数模型假设能力低的学生没有猜题猜中的可能，虽然应试者在单项选择题上往往会猜题。因此,单参数模型适合较少应试者和在较短时间的测试中进行,有时少至 100 名应试者和只需 25 个考题,如有良好教学或考试大纲指导下的 CRLT 中(McNamara 1996)。

6.3.2 双参数模型

双参数模型(The two-parameter model)在等式中引入了项目区分度(ID,即斜率)而导出了试题特征曲线(ICC),该模型的数学公式如下所示:

$$P_i(\theta) = \frac{1}{1 + e^{-Da_i(\theta - b_i)}} \qquad \text{(公式 6-2)}$$

其中,各符号的定义与单参数模型相同,唯一多了一个参数 a_i,a_i=试题 i 的项目区分度(ID),它的含义与经典测试理论中的含义相同,典型的双参数试题特征曲线,可参见图 6-3 所示。项目区分度(ID)参数 a 的值,刚好与在 b 点的试题特征曲线的斜率(slope)成某种比例。试题特征曲线愈陡(steeper)的试题比稍平滑的试题具有较大的区分度参数值;换句话说,区分度愈大的试题,其区别出不同能力水准的应试者的功能愈好,亦即区分的效果愈好。事实上,该试题能否区别出以能力水准为 θ,上下两组(即高于 θ 和小于等于 θ)不同应试者的有效性,是与对应于 θ 量尺的试题特征曲线的斜率成某种比例的。

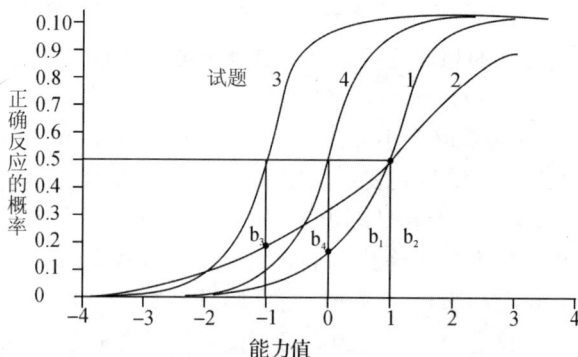

图 6-3　四条典型的双参数试题特征曲线

理论上 $a_i = \pm\infty$,但任何有负值的试题都应从实际测试题中删除,因为它表示能力愈高的应试者答对某试题的概率愈低,反向区分了不同能力水平的应试者。常用 a_i 值范围介于 0 与 2 之间;a_i 值愈大,代表试题特征的曲线愈陡,a_i 值小,代表试题特征愈平坦,正确作答的概率与能力间成一种缓慢增加的函数关系,也即试题愈无法明显有效地分辨出应试者的能力水准。

很明显,双参数模型是由单参数模型延伸而来,即把试题区分度参数考虑进一个参数对数模式里,便成为双参数模型。图 6-3 所示四条试题特征曲线的试题参数分别为 $a_1 = 1.0, b_1 = 1.0, a_2 = 0.5, b_2 = 1.0, a_3 = 1.5, b_3 = -1.0, a_4 = 1.2, b_4 = 0.0$,这些参数决定试题特征曲线的形状不会是平行的,因为有不同大小的试题区分度值存在的关系。当这四条试题特征曲线的 a 值都相等时,这些曲线便成平行的 S 形曲线,如图 6-2 所示;因此,单参数模型是双参数模型的一种特例。从图 6-3 还可以看出,这些曲线的下限值为零,就是说双参数模型并没有考虑应试者的猜题因素,因此,双参数模型适用于自由反应(free-response)的项目分析,或试题不太难的单选测试分析,同时也适用于 CRLT。

6.3.3　三参数模型

三参数模型(The three-parameter model)从双参数模型设计而来,但加上了猜测参数,取于下式:

$$P_i(\theta) = c_i + (1 + c_i)\frac{1}{1 + e^{-Da_i(\theta - b_i)}}$$

(公式 6-3)

这里的符号与公式 6-2 相同,只是增加了 c_i 猜测参数(pseudo-chance parameter),这个参数提供试题特征曲线一个大于零的下限,它代表能力低的应试者正确猜测项目 i 的概率。该模型是由双参数模型延伸而来,它多增加一个 c_i,即把低能力的应试者的表现好坏也考虑在模型里,当然猜题可能是这些应试者在某些测试试题(选择题)上的唯一表现行为。通常 c_i 值比应试者在完全随机猜测下猜答的机率值稍小，即 $c_i \leqslant 1$。三参数的试题特征曲线如图 6-4 所示。

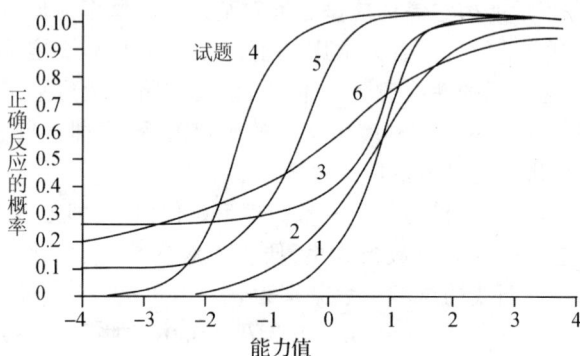

图 6-4　六条典型的三参数试题特征曲线

从图 6-4 可以看出，六条试题特征曲线的试题参数分别为 $a_1 = 1.8, b_1 = 1.0, c_1 = 0.0, a_2 = 0.8, b_2 = 1.0, c_2 = 0.0, a_3 = 1.8, b_3 = 1.0, c_3 = 0.25, a_4 = 1.8, b_4 = -1.5, c_4 = 0.0, a_5 = 1.2, b_5 = -0.5, c_5 = 0.1, a_6 = 0.4, b_6 = 0.5, c_6 = 0.15$，这些参数决定了这六条试题特征曲线的形状各不相同。其中，由第一条与第四条曲线的比较，可以显现出项目难度参数在试题特征曲线上位置的重要性；较难的题目(如第 1,2,3 题)大多偏向能力量尺的高能力部分，而较简单的试题(如第 4,5,6)则多偏向能力量尺的低能力部分。

6.3.4　其他常用的模式

除了上述三种基本的试题反应模式外，还有其他适用于非二元化资料的模式。例如：Bock(1972)的名义反应模式(nominal response model)是适用于名义反应资料的试题反应模式。Bock 的模式可用来分析单选题中每个选项被选中的概率；假设每个试题有 m 个选项，对每个 θ 而言，选择这 m 个选项之概率和为 1，这点是本模式的基本假设之一，另一个则是假设每个试题的 m 个选项间没有任何次序大小的关系存在。当试题选项只有两个时，Bock 的模式便简化成二参数逻辑斯蒂模式，所以 Bock 的模式是一种通用的模式

(general model)。

另一类资料是多元化计分(polytomous scoring)的资料,一如 Bock 的模式所适用的资料,但资料本身多了一项特性:就是试题的选项(或反应)间具有次序大小的关系。适用于这类次序反应(ordered response)资料的模式有 Samejim(1969)的等级反应模式(graded response model)、Andrich(1978a,1978b,1978c,1978d,1982)的二项式尝试模式(binomial trials model)和评定量表模式(rating scale model)。

上述这些模式都是由基本的逻辑斯蒂模式延伸演变而来,由于新的模式还在不断地诞生,本书无法一一详述,仅挑选上述基本的三种逻辑斯蒂模式作介绍,其余可参见 Thissen & Steinberg(1986)的分类说明。

◀| 6.4　三种不同模型的优点和不足 |▶

选择哪一个模型不好确定,通常取决于测试组织者理论上所作出假设的样本数量和测试题目数量。胡林,李斯克(Hulin,C. & Lissik. R. I. 1982)等认为对双参数模型来说,30 道试题和少于 200 名应试者就足够得出准确的 θ 估计值;而有些学者则认为:三参数模型则要求 50 道试题和 1000 多名应试者才能得出 θ 估计值。Hulin(1982)等用 60 道试题和 500 个样本的测试也得出了相对稳定的结果。因此,应选择哪一个模型既考虑实际又要有一定的艺术性。如果认为猜测问题严重,则应选择三参数模型。然而,迈斯里(Mislevy,R 1982)和若克(Bock,R. D 1990)则认为:有些人一向喜欢猜题,但有的人治学严谨极少猜题,因此,猜测参数并不能对所有人提供准确的描述。另一方面,单参数模型其假定所有试题具有相同的项目区分度和没有猜题现象同时存在而广受批评。因为这样的话只有具有非常接近项目区分度的题目才能作为试题;双参数模型当应试者数量少时,因缺乏项目区分度估计值的稳定性而受指责。

三种模型中没有一种是完美的,各有所长,因此选择哪个模型取决于要分析的目标。

◄| 6.5　IRT 对 CRLT 问题的实际应用 |►

　　前面提到影响 CRLT 语篇的问题:如要求试题与个人测量无关以及个人与试题估计值无关等方面的问题,IRT 理论解释了这些问题。从外部范围来看,有必要参照试题和个人的客观数值,在 IRT 中,这个客观值就是有关以上三个 IRT 模型中讨论的概率值。以数学陈述开始的 IRT 模型,提到每个期望应答(expected response)是如何最少依赖考生的能力水平或技巧的高低,表述为 θ;和任何可能遇到的试题的难度,表述为 b。这种关系通过试题反应函数(item response function)或试题特征曲线(ICC)来表示。ICC 的形状随着所选用的 IRT 模型的不同而变化。为了表述的简单化,下面讨论以单参数模型为例,但并不否认实际中其他模型的潜在运用。图 6-5 为假设的个人能力水平和试题难度函数两者关系的试题特征曲线。

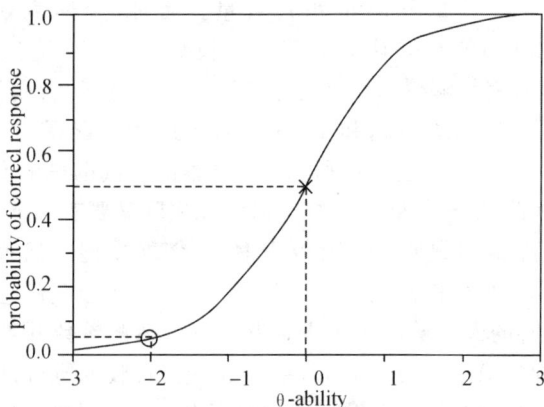

图 6-5　两种能力关系之假设的试题特征曲线

这条曲线是个人能力和试题难度函数的连续概率的数学表示。它描述了应试者能力水平如何随相应的应答概率(即正确答题的概率)而变化。如图 6-5 说明,考生能力越强,答对概率就越大;若考生能力接近"无穷大",答对概率就会趋于 1.00。若考生能力水平很低,答对概率也就会很小。ICC 是一条 S 形点对称曲线。其对称中心(即＊号)处确定了整个曲线的 θ 轴(能力轴)上的位置。星号在 θ 轴上的取值 b 即可视为试题的难度值。因为,若 b 点越靠右(取值越大),则有更多的高水平考生无法在该试题上取得较大的答对率;若 b 点越靠左(取值越小),则有更多的低水平考生也能在该试题上取得较大的答对概率。所以,星号对应 θ 轴的位置即 b 值能很好地刻画试题的难易程度。这样,试题反应理论中的难度就跟考生的能力在同一个量尺,即能力 θ 轴上取值,其取值范围理论上为 $(-\infty, +\infty)$,实际上却跟 Z 分数相同,取值范围是 $(-3.00, +3.00)$。

从图 6-5 可以看出,一个能力被指定为 0 的人(如曲线星号所示)有 50% 答对试题的机会,但是,有 -2.0(图中曲线上 0 的位置)能力值的个人仅有 5%～10% 机会答对试题。任何特别考生正确答题的概率与同类考试中受测试的其他考生群体能力分布是无关的(独立性)。因为这个独立性,正确答题的概率将不依赖于同时考试的其他考生数或分数集群的其他分数。此外,ICC 曲线的特征将保留其自身的特性,不受考生遇到何种其他试题的影响。IRT 的这种特性弥补了上述所提到的 NRT 和 CRLT 受考生分数和测试考生的特别组群和特别试题影响的不足。

为了进一步了解潜在要求对考生的多种评价、多项平行测试、设计大型试题库有关的 ICCs,我们假设一个听力理解测试有三个开放式问答题,以正确或不正确计分。图 6-6 显示了这三道题的试题特征曲线。

从图 6-6 中可见,测试的几个特征:所有的试题特征曲线都有相同的 S 形,但分布在 X 轴的不同位置,表示了有不同的难度值。试题 1 最容易,试题 3 最难。注意这些都不必如 NRT 那样需要相关的排列或考生得分的先后次序。这方法与 Glaser(1963)提到的代表

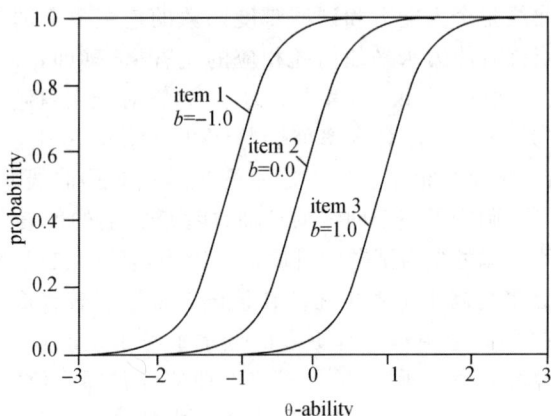

图 6-6　三道试题的特征曲线与难度和能力的关系

能力水平的标准参照测试评价有关,前面我们有提到过。因此,如果要对一组能力强的考生进行测试,就必须设计像 2 或 3 这样的试题,同样,如果对低能力考生进行评估,就应选择类似 1 和 2 那样的试题。

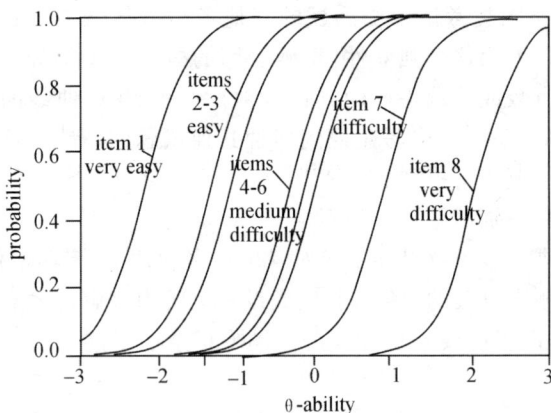

图 6-7　八个假定试题的试题特征曲线与难度和能力的关系

图 6-7 表示 8 个不同的假定的试题相关的 ICCs,注意试题 4～6 都为相似的试题难度,同样,试题 2 和 3 的难度值也非常相似,对中

等能力的考生,设计试题可以选择试题 1、5 或 7,这些试题能分出考生的能力水平,图 6-7 中可视,由于试题 4~6 这组题目中能力水平大量重叠,因此,没必要选择该组的每一个试题作为测试试题。这样通过 ICCs,测试设计者就可以在更短的时间里开发出针对特别能力水平考生的测试试题。这不但节省了考生时间,而且可以保存不必要暴露的试题,以便后续考试中继续使用。

因此,在试题设计中 IRT 的一个基本功能是选择不同的测试题目适用于不同的测试类型,还可以按规格定制不同的试题以适应不同能力水平的考生。假设一个测试已经在某校针对不同年级不同水平的学生施测,分析采用单参数模式,从分析中得到表 6-1 中 10 个试题的相关数据。从分析中可以看出,IF 越大,表示试题越容易;逻辑值(logit value)越小,说明试题越容易。

表 6-1　选择性测试的选题案例

Item No.	Item Facility	Logit Value
1	0.27	1.158
2	0.79	−1.535
3	0.68	−0.843
4	0.54	−0.211
5	0.05	0.002
6	0.39	0.528
7	0.56	−0.275
8	0.20	1.617
9	0.44	0.275
10	0.65	−0.779

逻辑值至少提供了三种有用信息。第一,要求应针对不同的考生设计不同的试题。假设必须对低能力水平的考生进行语言能力方面的预测,而这些考生整体水平都低于表 6-1 中的考生,为适应这组

考生的测试难度水平,应选择项目难度如试题2、3 或 10 的题目。用这种方法使用一个逻辑值允许建造更多的简洁测试。

第二,IRT 参数可用于开发以公共参照框架为基础的大型题库。例如,假设表 6-1 的试题代表了我们这里讨论的语言测试行为,所有的老师和教务人员参与了这个语言行为,而所有的试题的分数都代表着学生的能力,那么,为调节扩增课程的内容或新的课程水平,就有必要扩增题库。现存的试题可以作为新领航试题的定锚试题(anchor items)——即针对始发常模组的不同考生组的必要领航试题。这些新试题可以在课程中加入并用此方法来校正逻辑值。我们知道,仅用试题原始分并不可以完全校正该值,因为原始成绩的统计依赖于特定样本的测试者。

第三,IRT 参数估计值允许通过有关函数值推断相关考生的能力。例如,假定对考生进行了大样本的阅读考试,但是遇到 4 个考生对一课程很有兴趣(Brown 2002)。4 个考生的状况和分布如图 6-8 所示。

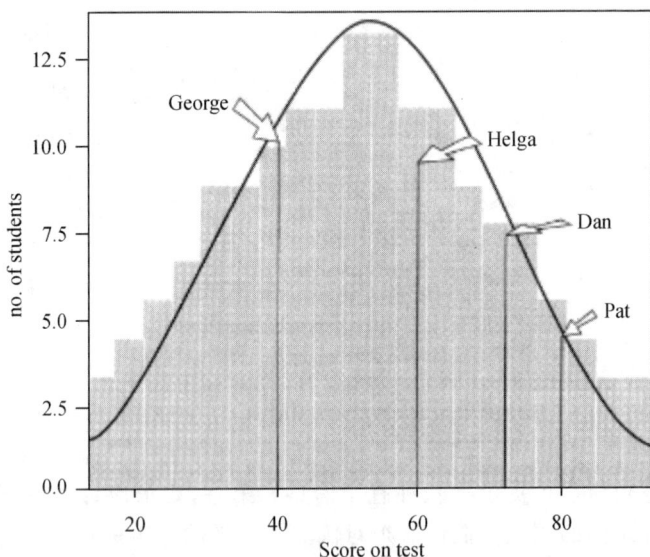

图 6-8　原始分数分布图

显然,4 个考生中 George 得分最低而 Pat 得分最高,但是,这不能提供期望的描述性信息。图 6-9 说明了考生的逻辑值能力得分直接和特别的语言试题有关。

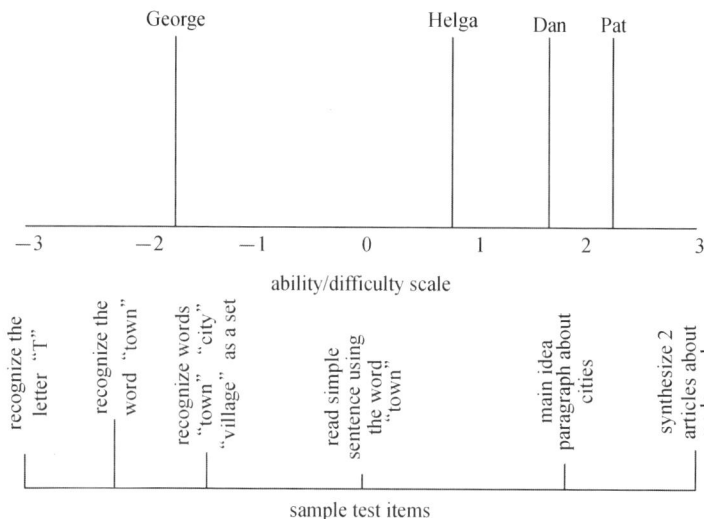

图 6-9　考生和相关试题的能力/难度量表

在这个例子中,阅读课程中 4 个考生质量上的差异反映在不同能力水平的有关试题中。尽管在实际中很难明显地定制这些试题,但当可获得这些试题时,这些信息就有助于建立课程标准去评判一种课程的水平,从而也评判另一课程的水平。有关试题信息的讨论在后面的章节中还会有更多的讨论。

关于探讨在测试中哪些试题可以被接受,哪些试题不适合这一问题需要有许多周全的考虑。一些鉴定方法与传统的 CRLT 和 NRT 技巧是一致的,但有些必须要用 IRT 方法才能得以解决。例如,IRT 不会选择那些区分度低或负值的试题,即 a 值低于 0.30 的题目。这些试题仅仅被简单地看作没有足够的公正区分度而保留在题库中。同样,对想要测试的考生,难度估计值 b 也不能太高或太低。这些试题也许代表着没有实际意义的难度和能力水平。但是,

IRT 在试题难度和测试能力的匹配上比传统的 NRT 和 CRLT 方法更敏感。

对于 IRT 来说，试题选择和评价是独一无二的。这些方法在本质上根据对所有试题、各能力水平考生的答题情况检测试题反应模式（item response pattern）所取得的与预测的反应模式相吻合的程度（参见第八章）。这些模型区别了那些没有按预期方式表现效果的试题，他们也许是在 CRLT 和 NRT 方法中影响试题可靠性（dependability）的许多相同原因，并以这种不可预测的方式表现出来，如试题偏见，先知知识等。

此外，CRLT 的开发也许在试题信息函数的确定性中涉及 ICCs。这里没有一开始使用"信息"这一技术概念，信息是一个非常重要的科学与哲学的概念，一般而言，信息可看成不肯定性的消除；也就是说拥有越多的信息，就越确定，就越有能力作出决定。大家都知道测试提供最重要的信息，因此，关键要减少不确定性的信息并能够提供给我们知道哪里有足够的信息以及剔除哪些不必要的信息，以便作出公正的决策。例如，现有参加英语中级大学的非本族考生以及他们在特别测试中的表现等许多信息，我们就可以对这些考生作出全面、满意的公正决策。又如，对日本中等学校学习英语的学生，我们没有足够多的信息，这样，为了减少不确定性，我们需要获得更多的关于学生水平的信息来对这些学生作出更确定的决定。有关试题信息函数的具体概念和应用，我们在下一章里会有详细的介绍。

◀┃ 6.6　小结 ┃▶

综上所述，IRT 为 CRLT 提供了通过试题来测量单个应试者及应试者与试题估计值无关等问题。在实际中有必要参照试题与个人的客观数值，这个客观数值就是 IRT 中的 3 个模型中概率值 θ、项目难度 b、项目区分度 a 和猜测参数 c。

关于探讨试卷中哪些试题不能接受，哪些试题在测试中可采用，需要考虑的问题比较多,这些确定的方法可以用经典的 CRLT 和 NRT 技巧,而有些则更需要用 IRT 方法来检测。比如前面提到:IRT 结果认为有过低或负区分值的题目不宜被接受,即指那些 a 值低于 0.30 的题目,因为这些题目不足够表现出区分度;同样,难度估计值 b 值不能太低或太高,这样才能测出应试者能力的高低,因为这些题目也许代表着没有实际益处的难度和能力水平。但是,IRT 在项目难度和测试能力的匹配上要比经典的方法衡量如 NRT 和 CRLT 敏感得多。

IRT 理论对试题的选择和评价是独一无二的,这些方法本质上都是对所有试题各能力水平应试者的作答情况进行检测,而且试题反应模式往往取得与预期反应模式相吻合的结果。那些由模型判断未能按预期方式表现出效果的试题,在 CRLT 和 NRT 方法中往往无法独立地预测出来。可见 IRT 理论明显优越于经典测量理论对 NRT 和 CRLT 的检测。

第七章 项目反应理论在标准参照语言测试中的应用

前一章已经谈过,IRT 是建立在潜在特质理论基础上的,在认知测试中,潜在特质指所要测的内在能力;语言测试是测试语言学习的语言能力,是一项测试潜在特质的学科,因此,经典测试理论对测试结果进行平均分、标准差等的分析已经慢慢被 IRT 分析所替代;尤其是对标准参照测试的分析,通过获得了实测资料后,它可以筛选优秀试题、帮助修改试题(如降低或提高难度、增强鉴别力、减少猜测等),为测试整体质量分析提供扎实基础,为测试等值和项目功能有偏性探察作好技术资料准备,也为今后试题编写积累经验、提供教益,还可进行试题编写和计量学分析的科学研究等,进一步了解和解决应试者在哪些方面失分率大,学业在哪方面有缺漏,缺漏程度怎样等问题。

与经典测试理论相比,首先,IRT 主要采用的试题参数(如:难度 b、区分度 a、猜测度 c 等)是一种不受样本影响的指标,即这些参数的获取不会因为所选出接受测试的应试者样本的不同而不同。其次,IRT 能针对每位应试者提供个别差异的测量误差指标,而非单一相同的测量标准误差,因此,能精确推估应试者的能力估计值。再次,IRT 提出试题信息量(item information)及试卷信息量(test information)的概念来评定某道试题或整份试卷的测量准确性,大有取代经典测试理论的信度,来评定试卷内部一致性指标之势。尽管 IRT 有许多的特性和优点,但这些特性与优点并不是随时都存在的,必须先检定参数模式与数据间是否具有满意的适度值,以确定所选用的参数模式是否能够适用于所分析的数据,方不会误用或滥用试题反应理论的特性与优点。

◀│7.1　能力与试题参数的估计│▶

应用项目反应理论的方法来分析某份测试数据的首要步骤是估计所选用的项目反应模式的参数。有了满意的模式参数估计方法，整个项目反应理论的应用才不致有滥用与误用等遗憾的情形发生。

前面说过，在项目反应模式里，正确反应的机率依赖两种因素，一为考生的能力参数，另一为项目(试题)参数。不论是能力或项目参数，二者都是未知的，唯一知道的是一群考生在一组测试项目上的作答情形(也即是考生们的反应组型)。因此，参数估计的问题便成为运用何种有效的方法，从现有的考生反应组型里去推估适当的考生能力参数值和项目参数值的问题。

在经典测试理论中，只有"观察分数"与"真分数"的概念，并没有这里提到过的能力参数(因在项目反应理论中，考试或测量后给所测的考生内部潜在的特质指定的数字值，也称为能力分数)的思想，前面我们已经提到，观察分数就是实测后考生答对测试中的项目数和答对个数对全测试项目总个数的比例，分别被称为答对个数分数与掌握比例分数。所以，观察分数从表现形式上看有上述两个子类。因为测量必有误差存在，于是观察分数并不等于考试真正在测试上所能答对的项目个数与比例。这种真正能答对的项目数与比例，就叫真分数，其值等于测试反复施测后所得观察分数的平均数。其实，这样定义的真分数仍然不会是考生内部语言等能力的直接写照，因为这里的"真"值是针对着某一具体测试的项目组来说的，它在逻辑定义上依于项目组。不难想象，但凡从某一题库中抽取一个项目组构建成具体测试时，它跟从同一题库中抽取的其他项目组所构建成的测试还是会有区别的。于是，同一考生在各具体的测试中真正能答对的项目个数或个数比例仍会有差异。也就是说，当语言能力水平一定时，由于具体抽得的项目组有异，每个项目组上就都会有自己特定的真分数，真分数由于依赖于项目样本就必然会有多个而不会固定。

与经典理论的真分数概念不同,项目反应理论从根本逻辑上就抛弃了依赖于项目样本的做法,直接把能力分数(记为 θ)定义为考生内部的语言水平的真实能力值。如前所述,它跟项目特性参数一起决定着考生在试题上的答对概率。这样,在经典理论中是真分数决定观察分数;在项目反应理论中,真分数又是由能力分数或者说是由能力分数跟所实测的试题参数所共同决定的。

7.1.1 能力参数的估计

假设某位考生在一份具有 n 个试题的测试上的反应模式(response pattern)为 $(U_1,U_2,\cdots,U_j,\cdots,U_n)$,其中 U_j 的值不是 1(代表答题正确)就是 0(代表答题错误)。基于局部独立性的假设,上述观察到的反应模式的联合概率(joint probability)可以说是每一个试题反应概率的连乘积,亦即:$P(U_1,U_2,\cdots,U_j,\cdots,U_n\mid\theta)=P(U_1|\theta)P(U_2|\theta),\cdots,P(U_j|\theta),\cdots,P(U_n|\theta)$ 也可以简化成:

$$L(U_1,U_2,\cdots,U_n\mid\theta)=\prod_{j=1}^{n}P_i^{u_i}Q_i^{u_i}$$

(公式 7-1)

其中:

$n=$ 题目数;

$P_i^{u_i}=$ 考生答对第 i 题的概率;

$Q_i^{u_i}=$ 考生答错第 i 题得概率。

公式 7-1 通常称为似然函数,我们要对每一个反应向量 $(U_1,U_2,\cdots,U_j,\cdots,U_n)$ 求出相应的 θ 值,使似然函数的值为最大。

举例来说,假设有五位考生和五道试题,这些考生的反应模式和试题参数都是已知的,如表 7-1 所示。

表 7-1 中的反应组型,1 代表答对该试题,0 代表答错该试题。以第三位考生为例,$U_1=0,U_2=0,U_3=0,U_4=1,U_5=1$,因此,这位考生的近似值函数可以用公式 7-1 表示如下:

$$L_3(U_1,U_2,U_3,U_4,U_5|\theta)=(P_1^0Q_1^1)(P_2^0Q_2^1)(P_3^0Q_3^1)(P_4^1Q_4^0)(P_5^1Q_5^0)$$
$$=Q_1Q_2Q_3P_4P_5$$

表 7-1　试题参数和五位考生在五个试题上的反应模式

试题	试题参数			考生的反应模式				
	a_i	b_i	c_i	1	2	3	4	5
1	1.27	1.19	0.10	1	1	0	0	0
2	1.34	0.59	0.15	1	0	0	1	0
3	1.14	0.15	0.15	1	1	0	1	0
4	1.00	−0.59	0.20	0	0	1	1	0
5	0.67	−2.00	0.01	0	0	0	1	1

而第一位考生的近似值函数则可以表示成：
$$L_1(U_1, U_2, U_3, U_4, U_5 \mid \theta) = P_1 P_2 P_3 Q_4 Q_5$$

由于 P 和 Q 都是项目反应函数，它们的数学公式应视项目参数而定（在表 7-1 中的例子是三个参数对数形式模式），而在本例中的试题参数已经是已知的情形，所以针对某个固定的 θ 值，便可算出其精确的近似值函数值；也可以把近似值函数转换成自然对数的形式进行更好的量化，再来进行估计参数，因此，公式 7-1 取自然对数后（称作对数近似值 log-likelihood）可以写成：

$$\ln L(U \mid \theta) = \sum_{j=1}^{n} [U_j \ln P_j + (1 - U_j)(\ln(1 - P_j)]$$

（公式 7-2）

其中 U 代表试题反应的向量（vector）。

根据考生能力及其相对应的对数近似值，其中第三位考生的对数近似值 $\theta = -0.5$ 时最高，第四位考生在 $\theta = 1$ 时的对数近似值最高，而第五位考生的对数近似值在 $\theta = -1.5$ 时最高。此时，能够使某位考生的近似值函数（或相对应的对数近似值）达到最高点的 θ 值，便定义成该考生的 θ 的最大近似估计值（maximum likelihood estimate，简写成 MLE）。以 Newton-Raphson 法（公式 7-3）逐次迭代，可以求出能力的极大似然估计值（θ°）。

$$\theta_{t+1} = \theta_t - h_t$$

（公式 7-3）

其中 θ_{t+1}, θ_t 为第 t+1、t 次迭代的能力估计值。

$$h_t = \frac{f'(\theta)}{f''(\theta)}$$

(公式 7-4)

$$f'(\theta) = \frac{D \sum_{i=1}^{n} a_i(u_i - P_i)(P_i - c_i)}{P_i(1 - c_i)}$$

(公式 7-5)

$$f''(\theta) = \frac{D^2 \sum_{i=1}^{n} a_i^2(u_i c_i - P_i^2)(P_i - c_i)Q_i}{P_i^2(1 - c_i^2)}$$

(公式 7-6)

其中：

$D = 1.702$；

$i = $ 题目编号；

$a_i, b_i, c_i = $ 第 i 题的区分度、难度、猜测系数；

$P_i = $ 应试者答对第 i 题的概率；

$Q_i = $ 应试者答错第 i 题的概率；

$u_i = $ 应试者的反应（答对为 1，答错为 0）。

估计试题参数的方法与估计能力参数者相同，仍然以常用的最大近似值估计法为之：分别针对 a、b 和 c 参数求出近似值函数的第一阶导数，再把三个导数方程式设定为零，再同时解出这三个非线性方程式的解；对双参数模式而言，有两个参数解，而单参数模式则有一个参数解。接下来，可以用 Newton-Raphson 的递归估计法来求出这些方程式的解。当每位考生的能力参数为已知时，每个试题可以分别进行估计，而不必考虑其他试题的存在。所以，估计程序必须重复 n 次，每次估计一个试题。

7.1.2　其他估计方法与计算机程序

其实，在实际的估计情境中，往往无法事先得知能力和试题参数，因此，它们必须同时进行估计。我们可以采用上述的最大近似值

　　估计法来进行参数的估计，这种同时进行估计能力与试题参数的最大近似值估计法，便叫作联合的最大近似值估计法（joint maximum likelihood estimation，简写成 JMLE）。具体算法可以参考 Hambleton & Swaminathan(1991)的文章。

　　除了联合的最大近似值估计法外，尚有其他方法，如：边缘的最大近似值估计法（marginal maximum likelihood estimation）（Bock & Aitkin 1981）、条件化最大近似值估计法（conditional maximum likelihood estimation）（Andersen 1972；Rasch 1980）、联合的和边缘的贝氏估计法（Bayesian estimation）（Mislevy 1982；漆书青 2003）、启发式估计法（heuristic estimation）（Urry 1974）和非直线因素分析法（nonlinear factor analysis）（McDonald 1981）等，由于这些方法的数学公式艰深难懂，具体可参阅相关书籍，本书不作详细说明。

◀▎7.2　信 息 函 数 ▎▶

　　信息函数是经典测试理论根本未提出过的概念。考试的目的就是要从对考生在试题上作答反应的观察推论出考生内部潜在能力的实际水平。因此，所施测试题功能的强弱、技术质量的高低、整个测试测量工作的准确性就要取决于测试及其试题为我们了解考生的能力水平提供了多少信息。显然正如第六章所言，提供的信息量越多越充分，测量工作的质量就越高，结果就越准确可靠，误差也就越小，它也就越值得信赖。

　　项目反应理论提出一个能够用来描述试题或测试、挑选测试试题，以及比较测试的相对效果的实用方法，该方法需要使用试题信息函数，作为建立、分析与诊断测试的主要参考依据。试题信息函数的定义如下：

$$I_i(\theta) = \frac{[P_i'(\theta)]^2}{P_i(\theta)Q_i(\theta)} \quad (i = 1, \cdots, n)$$

（公式 7-7）

其中：

$I_i(\theta)$＝试题 i 在能力为 θ 上所提供的信息；

$P_i'(\theta)$＝在 θ 点上的 $P_i(\theta)$ 值的导数；

$P_i(\theta)$＝能力为 θ 在试题 i 上的试题反应函数，$Q_i(\theta)=1-P_i(\theta)$。

试题信息函数可以应用到前面所谈到的一个、二个与三参数逻辑斯蒂试题反应模式，这些模式都适合用于二分法计分（dichotomously scored）的测试资料。例如，以三参数逻辑斯蒂模式为例，公式可以化简为（Birnbaum 1968；Lord 1980）：

$$I_i(\theta)=\frac{D^2 a_i^2(1-c_i)}{[c+e^{Da_i(\theta-b_i)}][1+e^{-Da_i(\theta-b_i)}]^2}$$

（公式 7-8）

若采用单维单参数逻辑斯蒂模型时，具体是：

$$I_i(\theta)=\frac{D^2}{2+e^{D(\theta-b_i)}+e^{-D(\theta-b)_i}}$$

（公式 7-9）

从上面的公式，我们便可推知测试和项目信息函数有如下重要特性：

（1）每个试题所提供的信息量是它所测试的考生能力水平的函数，因而，试题及测试信息函数值是针对具体的考生能力水平来说的，随 θ 取值的不同而变化。

（2）每个试题在某一能力水平处所能提供的信息量还受试题自身性能特点的影响。当区分度 a 越大，即试题特征曲线越陡峭，试题分数方差越小时，试题所提供的信息量越多。另外，猜测参数 c 取值越小时，试题所能提供的信息量也会越多。

（3）每个试题所能提供的信息量不受其他试题的影响。测试中各项目均独立地对测试总信息做贡献。试题信息函数具有可加性，测试信息函数等于所含全部试题的信息函数的总和。

（4）测试信息函数在某一能力水平上的值的算术平方根，就是该能力水平估计值的估计标准误（standard error of estimation, SEM

也译为测量标准误）。若估计标准误记 $SE(\theta)$,就有：

$$SE(\theta) = \frac{1}{\sqrt{I(\theta)}} = \frac{1}{\sqrt{\sum I_i(\theta)}}$$

（公式 7-10）

　　为对上述性质作更具体的了解，我们考察若干实例。假定有某选择题的试题特性参数是：$a=2.0,b=0.921,c=0.2$,则在几个能力水平点上，按公式 7-10,可求出试题信息量如表 7-2。

表 7-2　试题信息函数取值

θ	-0.5	0.00	0.25	0.50	0.75	1.00	1.25	1.50	1.75	2.00	2.25	2.50	2.75
$I_i(\theta)$	0.0005	0.066	0.26	0.78	1.57	1.97	1.61	0.97	0.49	0.223	0.098	0.043	0.018

　　按表 7-2 的值就可在直角坐标系中描绘出试题信息函数曲线（图 7-1）。

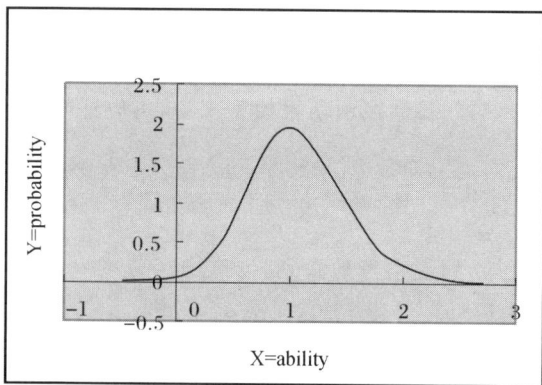

图 7-1　试题信息函数曲线

　　图 7-1 说明，试题信息函数曲线是一条钟形曲线。同一试题在测试不同能力水平的考生时所提供的信息量是不一样大的。当考生水平跟试题难度越相接近时，在上例中因 $b=0.921$,故 θ 接近 1.00 附近时，试题所提供的信息量最大。当考生水平跟试题难度不接近时，所能提供的信息量就会小。无论是大于还是小于难度值，随着这

种差值的增大,试题所能提供的信息量会越来越小。总之,试题只有测试那些能力水平与难度相当的考生时,才能提供出最大信息量。这就明确提出了测试试题要跟考生水平相适应的重要原则。Birnbaum(1968)指出,某个试题所提供的最大信息量,刚好出现在能力参数为 θ_{max} 的点上,θ_{max} 的值对三参数逻辑斯蒂模型来说,它就是:

$$\theta_{max} = b_i + \frac{1}{a_i}\ln[0.5(1+\sqrt{1+8c_i})]$$

(公式 7-11)

公式 7-11 说明,试题信息量最大时的能力值 θ_{max} 总是要比项目难度值 b 略大。所需大出的分量取决于区分度 a 和猜测参数 c。a 越大,项目的区分鉴别力越强,需超出的分量越小;c 越小,猜对的可能性越小,需超出的分量也越小。总之,项目性能越优良,就越接近于在跟难度相等的能力值上提供出最大信息量。

以上讨论的是同一项目可在何种能力水平处提供出最大信息量的问题。但不同项目之间,因为彼此性能有异,它所提供出的最大信息量的值也必然是各有不同的。若记某项目所能提供的最大信息量值为 $I_i(\theta)_{max}$,对三参数逻辑斯蒂模型来说,可以证明就是:

$$I_i(\theta)_{max} = \frac{D^2 a_i^2}{8(1-c_i)^2}[1-20c_i-8c_i^2+(1+8c_i)^{\frac{3}{2}}]$$

(公式 7-12)

从公式 7-12 可以清楚地看到,当试题区分度 a_i 增大时,试题所能提供的最大信息量迅速增大,即跟 a_i^2 成正比。另外可以证明,当 c 即猜对可能增加时,试题所能提供的信息量就会减少。总之,这说明试题的测试性能决定了试题所能提供的信息量。

IIFs 向研究者提供了多少在难度或能力轴上的信息,则在那个水平上任何试题提供的信息就是试题区分度和难度参数的函数。以双参数模型为例,假设具有不同性能参数值的 4 个题目,它们的试题特征曲线(ICCs)如图 7-2 所示。

试题 1 斜率为 2.0,被认为是相对容易的题目,表示有较高的试题区分度。它靠近 −1 的难度值 b 最有说服力;试题 2 是斜率为

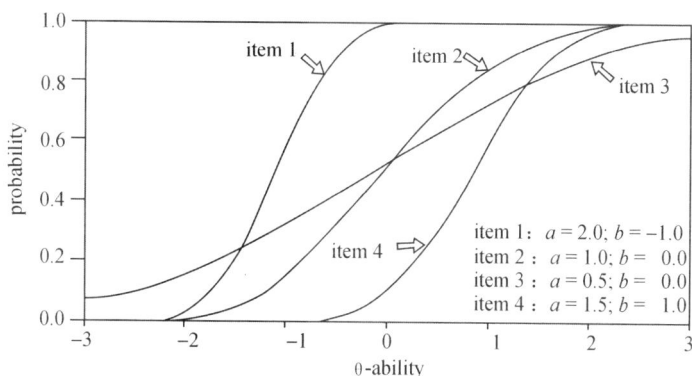

图 7-2　不同区分度和不同水平的四个试题曲线

1.0、难度为 0.0 值中心的一种难度；试题 3 的难度值也为 0.0，有 0.5 相对低的斜率。因此，它能区分较宽范围的能力，但不像其他试题那样只能区分出其中的某一点。试题 4 是斜率为 1.5 并比其他试题有较高区分度 $b=1.0$ 的题目。

　　为测试选择试题，可将试题参数和刚才讨论的与试题有关的信息函数一并考虑。图 7-3 显示了 4 个试题的信息函数图形。

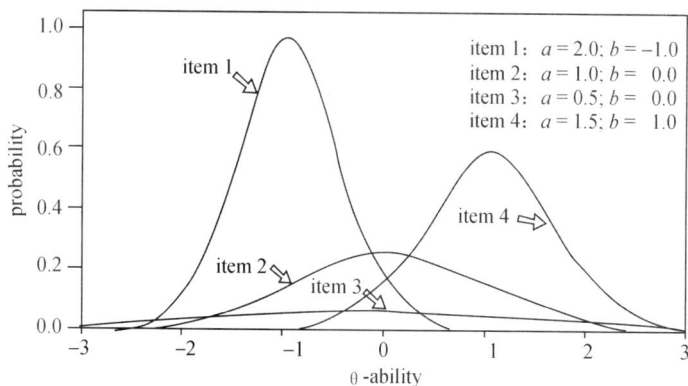

图 7-3　四个试题不同区分度和不同水平的信息函数曲线

注意每个 IIFs 在试题难度水平上都有峰值，且信息量（曲线的高度）是试题区分度的函数。试题区分值越大，在 b 值时提供的信息量就越大。但是，注意在区域内试题除了提供特别的难度水平外还提供一些信息。因此，IIFs 在测试设计和解释方面提供了重要信息。首先，由每个试题提供的信息在一种测试形式的所有试题中是叠加的，这就要求设计者确定哪个试题对任何能力水平是有价值的。例如，如果设计者有意在 $\theta=1.0$ 周围作决定，那么从试题 2、3 和 4 而来的信息都可考虑，提供了 $0.20+0.50+0.05=0.75$ 的测试信息。研究者可通过增加由每个 IIF 对应的相关值在特定水平上确定由许多试题提供的信息量。在这里如果它确定的那个 0.75 太低，则需要减少不确定性，就应增加更多的试题以便提供更多的信息。

对许多读者来说，IIF 值可能是不容易确定的单位。尽管 IIF 可能是从其他数学观点突变而来的，但就某个特定 θ 值从概念上来说，IIF 是"在那个 θ 值上的期望测量误差和 ICC 斜率的比值"。因此，即使实际的单位值也许代表着陌生的度量值，如逻辑值一样，也可以概念化为代表着在已知水平值有关稳定的能力估计值减少的不确定值。随着区分度的增加，它弥补了在那个难度水平相关的测试试题的测量误差度。增加了在那个选择能力水平信息的试题数，将提高在那点上作出决策的可获得信息的总量。在某种程度上，IIF 是试题难度值与区分值的函数，它提供了大量的信息选择试题，目的是为了在已选的切线上，（选）指定考生样本。传统的 CRLT 指标如 Φ 和 B 值也许可以与 IIFs 比较，作为测量在合格线（切线）上的区分能力（考生的能力，参见第八章）。因此，在没有掌握组和未掌握组的情况下，利用 IIFs 可以进行 CRLT 的数据分析。

应注意的是，与 NRTs 一样，试题仅在统计情况下被排除，尽管这些试题经常出现在专家们的测量技巧或控制领域高度相关的概念中。尽管批评可能同样适用于三或二参数模型，Tall(1981) 提出了拉希模型（Rasch model）作为"自我判别"，排除对教学敏感或变化太快的试题，以便将该程序用于建立试题库。然而，这种通过循环选择或试题修正的测试提炼反复过程正如通常的 NRT 试题库设计过程一样。也许 Tall 的批评对决定相关试题有效,但并非适用于试题库的设计。

总之,试题信息函数定量地刻画了试题的难度、区分度、猜测参数是如何共同来决定试题的测试功能的。这种刻画是非常具体的,它针对每一能力水平来进行。试题信息函数曲线更对每个试题在能力量表全区域上所能发挥的功能作用给出了形象而全面的描述,使人能作出整体的把握。这些都跟经典理论的项目分析形成了鲜明对比。经典理论认为,测试试题在能力量表的各种水平上功能作用都一样强,从而背离了客观事实。其难度、区分度、猜测率又都是分别定义的,虽然理论上并不否定它们必定会联合发挥作用,但却无法定量地揭露出这种关系,这就不能给人有目的地来选用适当试题作出指导。试题信息函数是独具特色的重要作用的创新概念。

◀┃ 7.3　多面 Rasch 项目反应理论 ┃▶

前面我们已经知道,Rasch 模型由丹麦数学家 Georg Rasch 于 1960 年提出,它是项目反应理论中最重要的模型。Rasch 模型根据应试者回答问题的情况,通过对题目特征函数的运算来推测应试者的能力。Rasch 模型超越了以往任何理论,它深入测验了微观领域,将应试者特质水平与应试者在项目上的行为关联起来并且将其参数化、模型化,是通过统计调整控制误差最好的方法;它把项目难度参数与能力参数定义在同一个量表上,在此模型分析中,考生能力与试题参数完全独立;它可以在无样本的情况下对考生的真分数或能力水平进行估计。另外,通过 Rasch 模型测得的应试者能力水平,可以精确估计其测量误差。

自 Rasch 模型建立以来,许多学者试图将模型加以改进和推广以适应不同的情形。主要工作之一就是为模型添加参数(如难度、区分度和猜测系数等），使模型与数据更加吻合，其中最为突出的是由芝加哥大学学者 John Michael Linacre 于 1989 年提出的多面 Rasch 模型（many-facet Rasch model）。Rasch 模型是双面（应试者能力和试题难度）模型，也是单参数模型，对于项目只考虑难度这一个参数；若对这一模型进一步拓展，又考虑到区分度参数时，它就是一个双参数（三面）模型；三参数（四面）模型则又把猜测系数也作为一个因素加以考虑。双参数以上的 Rasch 模型被称为多面（Multi-facets）Rasch 模型。多面 Rasch 模型继承了 Rasch 模型的特点并将此模型扩展到包括更复杂测试条件的研究中。多面 Rasch 模型认为测试结果除受应试者能力和试题难度两个方面的影响外，还受更多个面，如评分员严厉程度等的影响。在测量分析中实际设定的面在数量上没有特殊规定，研究者可以根据实际研究目的确定面的数量。多面模型主要应用于主观性评价的客观化分析，它拓展了 IRT 理论在测评领域的应用空间。

当前语言测试和研究中许多主观性评价的考试涉及一些种类规模上由评分者（raters）判定的试题。当二和三参数 IRT 模型基本地限制在二分法试题时，单参数模型就扩展用于评分规模的分析和部分信用的试题（Wright & Masters 1982）。当用于一定规模的问卷调查运作时，这种模型有助于测试设备的评估和开发。与二分法单参数试题一样，多面 Rasch 分法确定了通常规模考生能力和试题难度的估计值。有关它的应用可参见 *Bonk, W. J*（2003）和刘建达（2010）等相关文章。

◄│7.4　IRT 在 CRLT 中应用的案例研究│►

根据前面的讨论，我们知道 IRT 具有样本独立性的特点，即正确答题的概率不依赖于同时考试的其他考生数或分数集群（常模）的其他分数，此外，每个试题的 ICC 始终保持其特点，不受考生所遇到的测试种类的影响。这一特点弥补了传统的 NRT 和 CRLT 中考生的分数必须与特别的测试群体和特别的试题有关的不足。

CRLT 中除了传统的 IF、ID 等统计分析外,更多的用 A 指标、B 指标和 Φ 值以及 IRT 的三个参数来检测试题的科学性,以保证题库中与考生的能力水平相一致。为了保证标准参照语言测试试题有较高的质量,理想的情况是正式考试之前抽取一定的有代表性的样本,对试题进行试测,根据试测结果进行试题分析,选择最有效的试题组成考试试卷。本节以标准参照语言测试即全国英语学习成绩测试(National English Achievement Tests,简称 NEATS)第八级考试的成绩结果作一个典型案例来分析[①]。

7.4.1　数据背景说明

全国英语学习成绩测试是由国家基础教育实验中心外语教育研究中心主办,全国考试办公室承办的阶段性检测中小学生英语学业情况的一种标准参照语言测试,其中第八级是为准备参加高考的高三学生是否完成中学英语教学任务的一个全面检测,同时也为即将参加的高考作准备;它以《英语课程标准》和现行英语教学大纲为测试依据,是比较典型的、大规模进行的标准参照语言测试。因此,以该考试结果作一些 CRLT 的数据分析,有一定的代表性。

NEATS 八级试题的总分为 120 分,其中包括口试 20 分,听力和笔试 100 分。八级试题的听力测试为 20 分,基础知识与综合能力测试为 80 分。笔试考试时间为 120 分钟。本次测试题的主观题统计分数为 75 分,占总分的 62.5%,客观题为 45 分,占总分的 37.5%。

本研究以八级考试的数据统计为例。共有 8789 名学生参加了本次考试。

---

① 本节的数据若没有特别注明都由国家基础教育实验中心外语教育研究中心全国 NEAT 考试办公室提供,参见黄锐. 现代教育测量理论在标准参照语言测试中的应用与案例研究[D]. 厦门大学,2007.

7.4.2　整套试题测试成绩分布情况

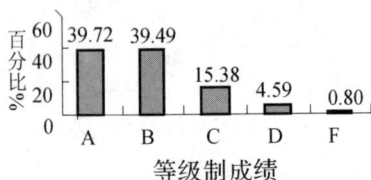

图 7-4　等级成绩分布图

　　我们使用 CTT 的测量方式对整套试题的测试成绩分布作个了解。由图 7-4 可知,参加本次测试获得 A 的应试者比例占 39.72%,B 占 39.49%,C 占 15.38%,D 占 4.59%,F 占 0.80%,及格率为79.21%,及格率较高。从表 7-3 的统计结果可看出,测试的总平均分为 87.05 分,成绩较高。20.24 的标准差和 0.23 的变异系数说明此试题区分度较为适宜。—0.82 的偏斜度说明分数分布向钟形正态分布曲线的右侧偏斜,试题较容易。0.40 的峰值说明试题分数分布较集中,区分度并没能很好地区分出好生和差生。

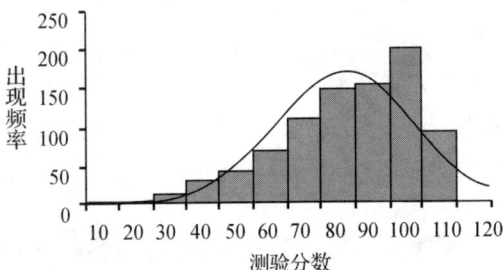

图 7-5　总分分数分布图

表 7-3　总成绩统计结果

统计参数	总成绩
平均分	87.05
标准差	20.24
变异系数	0.23
偏斜度	—0.82
峰值	0.40

一、听力测试结果分析

　　表 7-4 为该测试的听力试题部分标准参照原理统计的结果。我们知道,区分度是鉴别好生和差生的统计参数。从表 7-4 的分析结果来看,15 道听力题中多数试题还是比较容易的(IF 高于 0.7 的试

题有 10 个题目),因为 IF 没有低于 0.3 的试题。一般而言,常模参照测试的区分度(ID)的参考值在 0.3 或 0.4 以上,标准参照测试虽然不要求有那么高的区分度,但至少也应在 0.3 左右。B 指标则是另外一种形式的"区分度",它用来鉴别应试者考试及格或不及格的"区分度"。如果出现负值,说明不及格应试者答某题的成绩高于通过考试的应试者,反向区分了好生和差生,这样的试题应该尽量避免。A 指标是指给定试题的测试结果与所有测试试题的结果之间一致的可能性,即当一名应试者既正确回答了该题项又通过了该次测试,或既没掌握该题目又没通过该次测试时,A 指标结果就出来了;Φ 值与 A 指标相似,也是指考生对某一道试题掌握程度与整套试题掌握程度的相关系数,两者只是计算方法不同而已。从 A 指标数据中可以看出本次的听力试题有较一致的统计指标。总体而言,本次的听力测试题相对较容易,其中以第 8、12 题为最容易。

表 7-4 听力试题标准参照统计结果

题号	难度 (IF)	区分度 (ID)	B 指标	A 指标	Φ 值	IRT 参数		
						a_i	b_i	c_i
1	0.73	0.47	0.42	0.78	0.44	1.23	-0.57	0.05
2	0.53	0.56	0.33	0.62	0.31	0.95	0.14	0.08
3	0.43	0.33	0.20	0.52	0.20	0.61	0.81	0.12
4	0.52	0.48	0.30	0.61	0.29	1.01	0.32	0.15
5	0.42	0.38	0.30	0.56	0.26	0.62	0.71	0.09
6	0.86	0.31	0.28	0.81	0.35	1.55	-0.99	0.06
7	0.77	0.31	0.32	0.76	0.28	0.77	-0.91	0.06
8	0.92	0.18	0.19	0.81	0.27	1.29	-1.39	0.06
9	0.79	0.34	0.41	0.8	0.35	1.11	-0.81	0.06
10	0.81	0.3	0.24	0.76	0.31	0.96	-1.00	0.06
11	0.64	0.88	0.84	0.72	0.36	0.71	-0.39	0.05
12	0.9	0.37	0.38	0.80	0.24	1.00	-1.47	0.06

续表

题号	难度(IF)	区分度(ID)	B 指标	A 指标	Φ值	IRT 参数		
						a_i	b_i	c_i
13	0.84	0.58	0.56	0.79	0.32	1.02	−1.10	0.06
14	0.77	0.88	0.86	0.80	0.43	1.16	−0.74	0.06
15	0.86	0.48	0.46	0.79	0.31	0.85	−1.36	0.07

THREE PARAMETER MODEL

A = 1.29   B = −1.39   C = 0.06

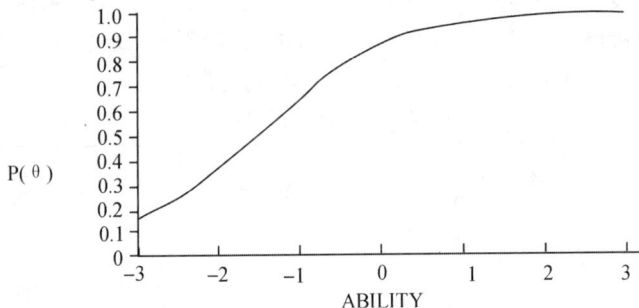

图 7-4　试题 8 的特征曲线

表 7-4 中最后的三个统计值 a_i、b_i、c_i 是项目反应理论中的三个参数,是利用计算机软件 BILOG 测出的数值。笔者再用 BICAL 软件画出相对应的试题特征曲线(ICC),从试题反应参数和标准参照语言测试的角度来看,第 8 和 12 题为最容易题;图 7-4 为试题 8 的特征曲线,尽管其 a_i 值大于 1,在曲线上可以看出切线斜率较钝,说明区分度还不是太好(曾用强 2001),虽然在实际测试中这些 $a_i > 1$ 的项目,如第 1、4、6、8、9、12、13、14 都可保留,但 b_i 值为负值的项目,正如前面 IF 值所反映的那样,仍然说明试题较容易,因为试题的曲线在 $b_i = 0$ 时就趋于回归 $P(\theta) \to 0.1$,非常容易的题目,能力较低的学生也可以正确作答,因此就无法真正区分出好生和差生、掌握组

和未掌握组。

图 7-5 为试题 5 的特征曲线,比较图 7-4 与图 7-5,很容易看出该试题的难度较之试题 8 高,曲线越靠近能力这条横轴,同样,本题的切线斜率不够陡,$a_i<1$ 说明区分度还不是太好。

THREE PARAMETER MODEL

A=0.62　　　　B=0.71　　　　C=0.09

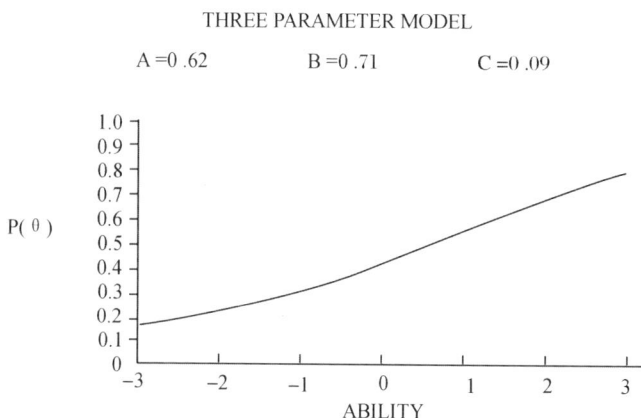

图 7-5　试题 5 的特征曲线

THREE PARAMETER MODEL

A=1.23　　　　B=0.57　　　　C=0.05

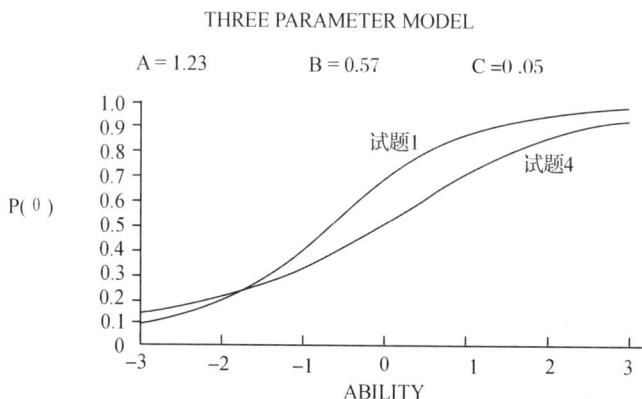

图 7-6　试题 1 和 4 的特征曲线

图 7-6 为试题 1 和 4 的特征曲线,从曲线可以很明显地看出:与试题 8 和 5 相比,试题 4 在设计上更科学,其切线斜率近乎在 $b_i=0$

时达到 $P(\theta)=0.5$，能力高的应试者答对该试题的几率高于 50%。限于篇幅，下面我们只具体看看试题 4 和 8。

4. **Students will hear**：The number of people who attended the meeting was beyond our expectation.

Students will read：

A. We had known the number of people attending the meeting.

B. There were few people attending the meeting.

C. We hadn't expected so many people to attend the meeting.

D. The people we expected to attend the meeting didn't come.

这里的关键词是 beyond our expectation 即"超出我们想象之外"，所以正确答案应为 C。本题只有正确听懂和了解句子的含义才可能作出准确选择，因而猜测参数 c_i 值较小。符合编制选择题的原则："干扰项的设计必须是使应试者通过直接选择正确答案获得，而非通过排除明显的非正确选项。"（Heaton 1998）

再看第 8 题：

8. **Students will hear**：

W：Hi，Tom！This is your first morning in the restaurant，isn't it？How's it going？

M：It's a disaster. I've already done something wrong！

W：What's the matter？What have you done？

M：Look，I'm so clumsy！I've just spilt coffee on the sleeve of my shirt.

Q：What's happened to Tom？

Students will read：

A. He broke a coffee cup of the restaurant.

B. He spilt coffee on the sleeve of his shirt.

C. He lost his shirt when drinking coffee.

D. He was too clumsy to work in the restaurant.

本题所以会容易是因为单单看试题，应试者就可以比较快地排除干扰项 C，听过后学生比较容易地排除选项 A 和 D，剩下正确答案

B,应试者不需要太多的思考。

二、单选题测试结果分析

该考试的第二大部分为"基础知识与综合能力运用",该部分共分五大题,包括单选题、阅读理解、完形填空、翻译和写作,规定答题时间为 90 分钟,共计 80 分。由于翻译和写作为主观题,不在本文所讨论之列。本研究选该部分的选择填空进行分析。表 7-5 为选择填空试题标准参照统计数据。

表 7-5 选择填空试题标准参照统计结果

题号	难度 (IF)	区分度 (ID)	B 指数	A 指数	Φ 指数	IRT 参数		
						a_i	b_i	c_i
16	0.75	0.23	0.17	0.70	0.18	0.69	−0.90	0.07
17	0.36	0.3	0.15	0.47	0.16	0.68	0.98	0.09
18	0.73	0.48	0.4	0.77	0.4	1.09	−0.58	0.07
19	0.87	0.33	0.39	0.84	0.46	1.87	−0.94	0.05
20	0.53	0.48	0.35	0.63	0.31	0.88	0.08	0.06
21	0.22	0.12	0.02	0.35	0.03	1.35	1.89	0.16
22	0.74	0.31	0.24	0.72	0.27	0.74	−0.79	0.06
23	0.31	0.37	0.18	0.44	0.22	0.76	1.09	0.06
24	0.78	0.42	0.3	0.76	0.36	1.33	−0.71	0.05
25	0.68	0.2	0.15	0.66	0.13	0.57	−0.62	0.08
26	0.93	0.14	0.12	0.8	0.23	1.22	−1.58	0.07
27	0.78	0.34	0.31	0.77	0.3	1.06	−0.77	0.07
28	0.79	0.34	0.25	0.75	0.28	0.90	−0.91	0.06
29	0.76	0.29	0.26	0.73	0.26	0.85	−0.80	0.06
30	0.79	0.31	0.28	0.76	0.26	1.03	−0.84	0.05

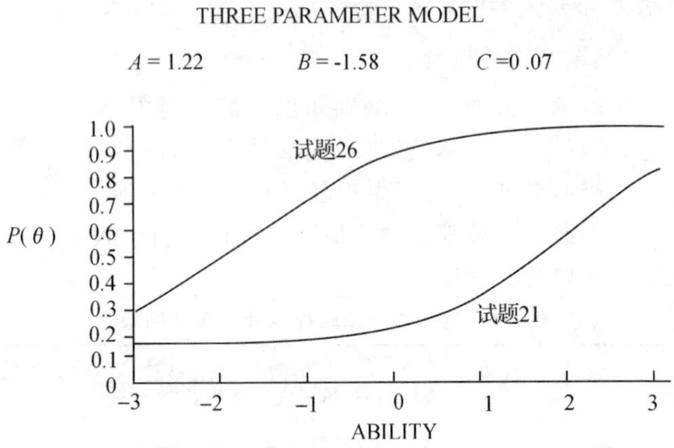

THREE PARAMETER MODEL

$A = 1.22$ $B = -1.58$ $C = 0.07$

图 7-7 试题 21 和 26 的特征曲线

从数据可以看出试题 26 最容易，而试题 21 最难，猜测值也相对较高（是 15 题中最高的）。总体来看，本部分试题与听力试题有相同之处，即试题相对较容易，因为 IF 值多数高于 0.7，而 b_i 值负数较多。图 7-7 为试题 21 和 26 的特征曲线图。如前所述，由于第 26 题最易，曲线比较钝，能力低的学生也可以做对；21 题偏难，曲线更靠近能力线。再具体分析以下题目。

第 26 题：

26. —I'd love to dance, but I don't know the steps.

 — _____. No one will be looking at us in this crowd.

A. It's a pity B. It doesn't matter

C. Congratulations D. I'm sorry to hear that

正确答案为 B。按照《英语课程标准》要求，本题实际考交际能力，这样的题目考高三学生的确较容易。

再看第 21 题：

21. —Do you like your new English teacher?

 —Yes. She's a very ____ person—always smiling and in a good mood.

A. pleased B. delighted C. glad D. cheerful

正确答案为 D。本题由于四个选择项单词意思虽相近但又不同,只有真正掌握了各个单词内涵的学生才能正确选择。本来这样的题目应该有最好的区分度,但由于受猜测参数 $c_i=0.16$ 是所有题目中猜测值最高的题目,同时 A＝0.35,而 B 只有 0.02,即本试题与全部试题的一致性还不是最合适,没能很好地区分出 CRLT 中的掌握组与未掌握组,从而降低了该试题的可操作性。

7.4.3　结论与启示

一、结论

经典测试理论要确定试题的特征、试题分数和考试总分以及试题之间的关系,这些分析统称为传统的试题分析。利用试题难度、区分度分析试题,主要适合于常模参照测试;而 A 指标、B 指标和 ϕ 值则适合于标准参照测试。

筛选和修订试题、保证考试质量的关键措施和必要环节是试卷质量的分析。通过本次考试并对考试结果的数据进行具体分析,我们看出 IRT 在许多方面弥补了 CTT 在模型和思想上的缺陷。如 IRT 在对 CRLT 考试结果分析中有优于 CTT 的特性,就是由于 a_i、b_i、c_i 的值都较之 A、B、ϕ 值来得敏感。尤其在大规模的考试方面,它对考试结果的分析有极具说服力的表现,特别是在强调自主性学习的今天,强调能力学习和检测能力学习,需要更多的 IRT 知识;同时,更多的测验是通过学生自己在计算机上完成的,因此,越需强调 IRT 的功能和优越性,通过项目反应理论来分析试题,并检测设计的试题是否能准确反映学生相关方面的能力,进而做到及时修正试题。我们知道,NRT 必须删掉那些所有学生都会回答的问题,而 CRLT 则选择必须要掌握的问题,例如上面的听力单选题的许多题目难度值都在 0.6 以上,而 b_i 值自然就表现为负值;再者,尽管有这些优势,但 IRT 在模型的选用上还是应基于测试的数据。比如上面提到的第 26 题,由于猜测值小,哪怕使用双参数模型所描述的试题特征曲线基本与三参数所描述的试题特征曲线一样。但试题 21 则不然,哪怕少了一个参数,所描绘出的曲线都不一样。其实对于试题21,从题目本身来看,应是一个具有极高区分度的试题,之所以会出现没能区分掌握组与未掌握组的情况,很大程度上应是测试管理(test administration)没有到位所致。因为在进行 NEAT 考试时,许多学校都不是特别正规,不如高考在各方面来得严格,因此,在考场管理秩序的层次上有一定的差别,部分应试者答题卡涂的不认真或不清楚,有些部门在数据录入工作中不够严密等等,这些都会造成部分数据失真,降低测试统计分析的质量。

二、启示

1. 试题区分度和试题猜测概率都是单个试题取舍的指标。试题区分度原则上应该越高越好。如果一个试题的区分度在 0.5 以下,可以考虑删除。一般来讲,试题猜测概率越小,试题的质量越好,四选一的试题猜测概率不应超过 0.25(漆书青 2003),但 IRT 没有提供探究猜测概率超出可控范围的方法。所以像本文中第 21 题这样的交际性题目比较难以控制。

2. 一般来说,使用 IRT 模型分析标准参照测试可以直接利用 ICC。从上面的例子我们知道,ICC 反映了考生的能力与作出正确应答概率的关系,它也概括了试题的其他诸多信息。因此,在分析 ICC 时,最重要的是:①根据 ICC 的形态,确定试题是否是合格的试题;②根据 ICC 的位置和形态,确定试题的难度和区分度;③根据 ICC 的位置和形态,确定试题对什么样的考生群体具有区分能力。

3. 根据 Bachman&Palmer(1996)把评估和保证试卷质量的标准总结为"有用性",也就是测试的六要素。其中的可操作性强调了大规模的考试不能忽略考试的行政管理,同时注意制定合理科学的考试规范,这样才能保证试题的信度和效度避免出现因考试管理不到位而影响试题分析结果,造成试题取舍的偏差。

第八章　标准参照语言测试的信度、可靠性和单维性

　　本章将着重讨论 CRLT 的一致性（consistency）的三个中心问题，即，信度（reliability）、可靠性（dependability）和 IRT 的单维性。之所以会提出这个问题，是因为测试并不完美，也就是说，任何分数都有误差，估计该误差对应试者分数影响有多大就集中在对常模参照测试的信度、标准参照测试的可靠性及项目反应理论的单维性和拟合度概念上。

　　在第二章谈到测试的理论框架时已经讨论过常模参照测试的信度估计，它强烈地依赖于相关系数法，即考后复考信度，平行卷形式信度和内部一致性信度包括由 Spearman-Brown 校正的半分法公式和 r、K-R20 和 K-R21 系数。

　　标准参照语言测试的可靠性主要是两个方面的一致性估计：阈限损失方法和概化理论。前者包括一致性系数（agreement coefficient，p_o）和卡帕系数（Kappa coefficient，κ），并且 Subkoviak (1980) 的简化方法认为单个的标准参照语言测试也可以用 p_o 和 κ 来估算。概化理论探讨了单个和多个变量来源的领域分数法 φ 系数和平方误差损失，包括 Livingston's 统计指标 K^2 和更多有效的 φ。其他概化理论的使用本章也将进行相关的叙述。

　　项目反应理论总是与单维性相连，即每个测试都必须测量一种单一的特质（潜在能力）。单维性对标准参照语言测试也非常有用，因为标准参照语言测试是为测量掌握领域组相关的同质内容而特别设计的。此外，我们还关注那些不适合测量模式的试题，应试者的项目反应模型可以检测一些用于测量应试者不同能力的试题。

◄| 8.1 标准参照语言测试的可靠性 |►

8.1.1 基本概念：一致性、信度和可靠性

在不考虑已接受的测量方法的情况下，一致性问题一直是被批评的焦点问题。无论是竞技场上的高尔夫、慢跑，还是奥林匹克的体操、滑雪，以及美国教育考试服务中心举行的 GRE、TOEFL 或是剑桥大学举行的剑桥英语水平资格考试、剑桥第一证书英语考试以及雅思等等，甚至于课堂测试，有时应试者作答很好，有时作答很差，除了外部因素如温度、风、噪声，或是指示语不明；也许应试者会归于内部的因素如疲劳、心情或动机等，变量也许不仅仅来自于负面的影响，有时应试者的表现也基于意想不到的因素，如注意力过于集中、决策失误、过多的睡眠或是考试作弊等；有时变量也可能来自于误差。无论是基于前者还是后者，在语言评估中都必须考虑到这些变量和测试分数的一致性。

为了清晰起见，"一致性"这一概念常常用于表达常模参照测试中的信度，而"可靠性"则用在标准参照测试和标准参照语言测试的信度中。有关常模参照测试的信度，就是经典测试理论中真分数理论的信度概念，如果语言测试对误差控制得好，同一测试对同一考生反复施测，或同一批平行测试对同一应试者施测，由于已假定考生真值不变，因此所得观察分数（它含有误差在内）的一致性就会高；而这时所得观察分数的一致性程度就正是测试控制误差对抗干扰能力强弱的表现。误差被完全控制住，所得观察分数就会百分之百的一致，这种分数就会毫无偏差地传达考生真值的信息，就是完全可靠、值得信赖的数据。所以，测试信度就是指同一测试对同一对象反复施测或一批平行测试对同一对象施测所得观察分数的一致性、可靠性。有关 NRT 信度的一致性以及信度系数和信度系数的应用问题，在前面章节中已经有过交代，本章主要探讨标准参照语言测试的信度

即可靠性。

标准参照测试中一个重要的概念就是决策的一致性，早在1969年，Popham和Husek就提出了传统的信度理论不适合标准参照测试的信度估算，因为标准参照测试的目的一般不在于鉴定个体差异，而在于了解个体在所测内容上的掌握水平，因而大多数情况下，应试者在标准参照测试上的分数分布比较集中。如果还是和常模参照测试一样，用相关系数表示信度，那么根据统计学知识，即使标准参照测试本身具有较高的一致性，计算出的信度也会很低。此外，常模参照测试关注的是应试者的相对结果（relative decision），而标准参照测试关注的是应试者的绝对结果（absolute decision）（即结果基于他们知道的材料的总量，而非他们的排名）（Hambleton 1994），因此，许多的标准参照测试研究者更喜欢用"可靠性"或"一致性"（agreement）取代"信度"。本书使用"可靠性"（概念涵盖"一致性"）一词，而不用"信度"一词。主要是因为CRLT使用的指数不在经典测试理论假设之中（Brown 2002），如我们不必假设平行测试或传统真分数变量的比例来观察分数的变量。这种CRLT指数可以分为两类：阈限损失一致性方法和概化理论方法。

8.1.2　阈限损失一致性方法

Subkoviak(1980)提出了用阈限损失函数表示区分的一致性。在使用阈限损失函数时有两个假设条件：一是根据临界分数或切线分数将应试者分为掌握组和未掌握组两大类，二是错误区分的正误差和负误差所带来的损失是同样严重的。

在阈限损失一致性指标中，有多种方法，在这些不同的方法中，实际上只涉及两种一致性指标即 p_0 和 κ，p_0 指在平行测试（通过经典的方法得到的）中被一致地区分为掌握者和未掌握者的受试的比例；而 κ 指除去偶然因素外被一致区分的应试者的比例。选择 p_0 还是 κ 作为区分一致性指标，取决于如何定义区分一致性，以及如何评价这两个统计量的特征。

p_0 指标测量了掌握—未掌握区分的总体一致性，这种一致性取决于两个因素,一是应试者中掌握者—未掌握者的构成,二是测量的准确性。该指标受四种因素的影响,包括测试长度、切线分数在分数分布上的位置、测试分数的概化能力和两个测试分数分布的相似性。其中,切线分数对该指标大小的影响最大。当切线分数处于单峰分数分布的尾端时,p_0 的值较大;当切线分数接近平均数时,p_0 的值就较小。但是对于双峰分数分布,这种情况可能就不存在。该指标值可以随测试试题数和分数方差的增加而增加。

假设 A 和 B 是两个平行的标准参照测试,将同一批应试者划分为掌握或未掌握的情况如表 8-1 所示,表中 b 和 c 分别代表两次测试分类一致的人数,则一致性指标 p_0 的公式为:

$$p_0 = \frac{b+c}{N}$$

其中 N 为应试者总人数。

表 8-1　两个平行测试划分应试者的四格表

		平行测试 B		
		掌握		未掌握
平行测试 A	掌握	a	b	p_A
	未掌握	c	d	$q_A q_A$
		q_B	p_B	

注:p_A、q_A、q_B、p_B 为边际比率。

假设有 200 名应试者参加 A 和 B 两个平行的 CRLT,有 130 人在两次测试中都被划为掌握者,30 人在两次测试中被划为未掌握者,则分类一致性信度为:

$$p_0 = \frac{130+30}{200} = 0.80$$

有研究表明,p_0 会高估两次测试的一致性,即两次测试一致性为零时,二者的机遇(chance)一致性可记为 p_c,仍不会为零,这时 p_c 的取值为:

$$p_c = \frac{p_A p_B + q_A q_B}{N^2}$$

这样,两测试真正的分类一致性 κ 系数的公式为:

$$\kappa = \frac{p_o - p_c}{1 - p_c} = \frac{p_0 - p_A p_B - q_A q_B}{1 - p_A p_B - q_A q_B}$$

其中:

κ＝卡帕系数;

p_0＝一致性系数;

p_c＝机遇一致性比例。

从 κ 指标的公式可以看出,κ 指标考虑了 p_0 指标中凭机遇所造成的一致性。κ 指标测量了在总的一致区分中真正由测试所作的区分的比例,即测试的一致性即除去机遇因素外被一致区分的比例,或者说除去应试者中掌握者和未掌握者的具体比例外,被一致区分的比例。κ 值的上限为 1.00,表示完全的信度,在理论上 κ 值不能小于 0,而接近 0 的 κ 值表示大部分的观察一致性是由机遇因素决定的。

关于 κ 的特性,曾进行过广泛的讨论。实际上,在很多情况下,对于二分数据,κ 指标与 Pearson 相关系数 φ 系数差异很小。值得注意的是,p_0 和 κ 值表述的不同的区分一致性,它们有不同的下限,因此要求有不同的解释。

由于对"机遇一致性的校正",使得对 κ 值的解释比较复杂。

第一,对机遇一致性的校正受制于 2×2 列联表的频数和。只有当两个平行测试或两次施测中的频数和相等时,κ 才等于 +1.00。实际上,这种校正就等于假设通过某一测试的应试者比例是随机的,例如,有 87% 的应试者通过了某一测试,用 κ 值校正机遇一致性,就等于假设"机遇因素(chance factor)"使得刚好 87% 的应试者通过该测试。如果切线分数(cut-score)参照相对标准来确定,这一假设还有意义;如果参照绝对标准确定,就失去意义。要公正地评价这种对机遇一致性的校正,一种方法是根据应试者总体中通过或未通过测试的比例所带来的后果或损失来确定切线分数。在这种情况下,频数和是事先确定的,而且切线分数是相对的而不是绝对的。

第二,κ值随测试长度而增加。这是大多数信度统计量的特性,未必就作为κ指标的缺点,但是正是这种特性给我们带来了麻烦。在 CRLT 中,很多测试用于校内的班级测试,而在班级测试中,对于测量某一明白的分测试或试题样本,一般只有 3～10 个试题,很少超过 20 个试题,这样κ值就因为分测试太短而受到限制,因为短测试提供的信度更不可靠,κ值也就更小。

第三,κ值随分数离差而增加。在 CRLT 中,由于分测试较短,应试者有较一致的水平,分数方差小,这样κ取值范围也就较窄。在很多情况下,测试区分出了很大比例的掌握者和未掌握者,特别是当测试用于对学生进行个体分班的形成性评价和终结性评价时更是如此。在前两种情况下,测试是教学前的诊断性测试,测试结果常常是未掌握者的比例过大;相反,在终结性评价中,测试是教学之后,测试结果常常是掌握者的比例过大。

此外,κ指标还有一些特性也值得注意:(1)κ受区分分数的影响与 p_0 受切线分数的影响刚好相反,也就是说,较大的κ值对应于平均分附近的切线分数,较小的κ值对应处于分布尾端的切线分数;(2)κ是一个有偏估计值;(3)单次施测方法对κ估计的准确性(大约 10% 误差)低于对 p_0 估计的准确性;(4)在实际中对κ指标的解释和使用不清楚。

通过上述关于 p_0 和κ作为区分一致性指标的比较,可以发现,在标准参照测试中,如果使用的是绝对切线分数,或测试中有较短的分测试,或者测试的分数方差较小,那么就应该选择 p_0 作为一致性指标;如果在测试中根据区分结果所带来的损失确定一个相对切线分数,那么就应该选择κ作为一致性指标,由于κ指标的特点,它没有 p_0 指标那么有用,在解释κ指标时应该小心。而 K^2 指数则考虑了损失函数时的分数一致性系数,它就是 CRLT 合格分数信度值。K^2 指标求取公式是:

$$K^2 = \frac{\sigma^2{}_p + (M-\lambda)^2}{\sigma^2{}_i + (M-\lambda)^2}$$

其中：

K^2＝按合格分数分类时的一致性系数；

σ^2_p＝测试真分数方差；

σ^2_i＝观察分数方差；

M＝平均数；

λ＝合格分数（或切线分数）。

由于涉及真分数的取值，实际使用时可用观察分数来作估计。于是，测试的公式可改写为：

$$K^2 = \frac{\sigma^2_i(K-R20)+(M-\lambda)^2}{\sigma^2_i+(M-\lambda)^2}$$

其中的 $K-R20$＝库德—查理逊 20 信度系数值，同理，根据 Livingston 对 NRT（经典真分数理论）的统计指标，则：

$$K^2(XT) = \frac{K-R20(S^2)+(M-\lambda)^2}{(S^2)+(M-\lambda)^2}$$

其中：

$K^2(XT)$＝Livingston CRI 可靠性指标；

S^2＝测试分数方差（标准差的平方）。

显然，测试的合格分数离测试平均数越远，K^2 指数取值越大，即信度系数值越高。这当然合理，因为在一般测试中，应试者都集中在平均数附近，若在此处来划分应试者合格与否，错判者的比例自然高；而当划界分数即合格线定在远离平均数处时，因为这里应试者分布的人数本来就少，故错判比例当然就小。因此，K^2 又专门考察合格分数的信度值，它不是标准参照测试中一般的其他实得分数的信度。应试者在标准参照测试中的实得分数，可以用他答对项目的得分跟测试总分的比值来表示，这就叫领域分数或掌握比例分数。领域分数估计值信度可用下式求取：$Ep = \sqrt{\dfrac{pq}{n-1}}$

其中，p 是掌握比例分数，$q=1-p$，这是全测试项目均为选择题时的通式，n 为测试试题总数。所求得的 Ep 即掌握比例 p 的测量标准误，利用这一标准误就可以对测试真分数值作出区间估计。可见,标准参照测试的信度分析包括分类一致性信度、测试合格分数信度和领域分数估计值信度。

8.1.3 概化理论和领域分数可靠性

一、概化理论对经典测量理论的发展

概化理论(generalization theory,GT,简称 G 理论)于 1963 年由 Cronbach、Rajaratnam 和 Gleser 引入教育测量领域。1982 年 Bolus、Hinofotis 和 Bailey 首次认为 G 理论有助于改善语言测试的信度。Brown(1984)使用 G 理论调查项目的数量和阅读文章的数量对"工程英语阅读理解测试"结果可靠性的影响。Brown(1990)还用 G 理论对标准参照语言测试中分数的可靠性进行估计。

概化理论对经典真分数理论(CTT)的突破与发展主要有两个方面:第一,在理论观念上,提出测量情境关系(the context of measurement situation)这一概念,并由此出发来界定与考察真分数、测量误差及其来源的问题,改变了真分数固定不变、测量误差只是个含混不清的随机误差、求测试信度就是计算相关系数值等的传统看法;第二,在工作方法上,提出概化研究(Generalizability Study 简称 G 研究)运用方差分析的方法,探讨并估计具体测量情境下各种方差的性质和大小,然后采用决策研究(Decision Study 简称 D 研究)考查在测量情境变化的情形下,各种测量误差和测试可靠性的变化,从而为改进测量设计、控制测量误差、提高测试信度、优化测试结构提供了依据。这跟经典理论中只是在施测后分析数据以确认误差值的做法大相径庭。

概化理论的一个基本核心概念就是测量情境关系。测量情境关系是测量目标(object of measurement)与测量工作所处的情境条件或者说测量侧面(facets of measurement)的统一与结合,或者说,测量情境关系就是"测什么"与"怎么测"的统一。语言测试的测量对象是人,那么测量学习者的语言能力成为了测量目标。而测量工作总是在一定的时空中由一定的人使用一定的工具来实施,这些情境条件或者说怎么测的规定性就构成了测量侧面。随着测量情境关系的变化,总变异中代表测量目标的方差和构成误差的测量侧面及测量目标与测量侧面交互作用的方差也要发生变化,从而提出了一种崭新的多维信度观。

经典真分数理论把测量所获数字资料简单地划分成两部分,即真分数与误差分数。同时,它又有直接沿用物理测量的观点,把误差分数看成单一而含混的、仅仅是随机地变化着的"随机误差分数"。这当然要严重地脱离心理和教育测量的实际。所以,虽然它在信度估计的方法上允许针对特定的误差控制以理论方法指导,概化理论却突破了这种来自物理测量的简单观念的束缚。它采用方差分析的方法,把测量值划分成反映测量目标和彼此间交互作用影响的诸多部分。也就是说,把测量值的总方差分解成各个方差分量,以此来考察测量情境关系下各种测量条件的影响,从而就能有理论自觉地针对性地来控制和提高测量精度。所以,概化理论是方差分析方法在测量的计量学模型中自觉而有效的应用。

概化理论在进行方差的划分与计算信度系数时,仍然遵循抽样的思想,这跟经典理论有很高的一致性。它认为测量要测察的被试一般均抽样来自某一总体,但却不假设其一定来自正态总体。应试总体分布不予明确规定,这是概化理论前提假设中的一个特点。而真分数理论却一般都要作出正态性假定。同时,测量总是要处于一定的情境条件下进行,因而总是有一定个数的测量侧面存在。测量工作中可能存在着的测量侧面的全体就构成了测量侧面的全域。就每一侧面说,还会存在多种水平。总之,这里必须注意到"全域"总是针对侧面而言,"总体"却仅对应试而言。在概化理论中,二者被有意识地加以区分,并被限定使用范围。当然,考察侧面时也有抽样问题。评分者可以随机抽样自可能存在的项目全域。真分数理论在求取测试信度时,规定两个测试的项目要能构成严格平行的测试。概化理论则不坚持如此严格的强假设条件,它主张,只要两个测试的项目是从同一项目领域中随机抽得的,所构成的测试就是平行测试。很明显,概化理论所主张的随机平行测试只是真分数理论强假设条件下严格平行测试存在的必备前提。正因为如此,概化理论在这里所采用的是领域抽样方法。总之,概化理论仍然遵循随机抽样的思想,它跟真分数理论一起,同属心理计量学的随机抽样理论范畴。

概化理论采用方差分析的方法,可以把测量误差加以明确分解,使其突破了作为单一含混的简单统计量的束缚。同时,真分数也受测量情境关系制约的特定具体而可以变化的量,这当然都是经典理论的重大发展。但是,它还是沿用了真分数与误差两部分划分这一传统做法,而且它定义的信度系数仍然是真分数方差对有关的某种方差值的比,这就显示出它跟项目反应理论的重大区别。前面我们谈过,项目反应理论(IRT)不属于随机抽样的理论范畴,而属于一种量化模型(scaling model)理论,它的重点集中在揭示应试者作答反应跟其特质水平与项目性能的关系上,另有独具特色的测试信度观。不过就测量误差分析来说,并未区分其多种来源,这是它不如概化理论的地方。

二、真方差与误差方差

概化理论中的重要的基本概念除了测量情境关系外,还有测量目标和测量侧面、真方差与误差方差、G 研究和 D 研究等。跟经典测量理论一样,概化理论也希望真方差尽可能地大,误差方差则能被控制而尽量使之变小。

真方差是反映测量目标个体间变异性的那部分方差。在测量实践中,从一定测量情境关系中辨别确认出测量目标是很重要的事情。经典理论主要描述了纸笔形式常模参照测试的情境关系;概化理论就不限于此了,它可以描述除了常模、标准参照测试外,还包括有多个主试的操作测试、行为观察评定以及学生对教师的评估和员工对主管的评估等多种多样的测量情境关系。相对来说,在经典理论中测量目标是非常明确、易于辨认的。因为,其测试项目、评分步骤与评分标准等都被规范化、固定化了。除了测试对象即人的变异性外,一般认为只有不必追查来源的随机误差。所以,其中的测量目标就是人。但概化理论允许多种多样的测量情境关系存在,允许测量条件变化和增加新的测量维度,这样,测量目标到底是什么就不能不认真地予以辨明查清。结果对什么是真方差和误差方差也都要据以认真界定。

即使是同一批测量结果的数据，当研究目的或者说测量情境关系实际上作了改变之后，测量目标也会随之发生变化。比如写作测试中的作文分数，如果是用来给学生的写作水平记分，那么测量目标就是"学生的作文能力"，而教师间的评分的差异所反映的这种差异的方差就属误差方差，假定它很大，就会是颇不理想的事情。但是，如果这时是要来考察教师的评分能力，那么，测量目标就是"教师评改作文的能力水平"，则教师间评分的变异性就不是误差方差而是真方差了，由于它取值颇大，因而就是相当理想的事了。所以，根据测量情境关系结构性质的变化（这取决于测量工作的目的用途），测量目标与测量条件也可能互换位置。

另外，反映测量目标变异性的真方差并不一定总是出现在人与人之间。比如，当我们队特定个体作个案研究时，测量结果当然都是出现在这同一人身上。在这种情境中，真方差所指的变异就不是出现在人与人之间的差异，而是出现在同一个人的不同时间或不同场合上的差异。

测量结果数据的总方差可以分解成产生自多方面来源的方差。其中一个方差反映了测量目标上的变异性，这就是真方差；还可能有其他多个来源的方差，这些方差是测量所处的各种条件下的变异造成的，但因为不是测量目标所要考虑的东西，所以属于误差方差。当测量目的是要考察应试者的水平时，那么，误差方差可以来自测试项目、评分者、测量工具的物理特性、测量的时间和空间位置，还可来自测试的重测与平行形式测试，以及测量侧面间的关系（如每个评分者评阅全部项目或评阅部分项目）等等。概化理论的优点与功能不仅在于它承认方差的可分解性，从而承认误差的多种来源，更在于它能针对性地处理各种误差，在于它能适应各种类型的测量情境关系去提出恰当的心理计量方法。

三、测试设计的模型和种类

为了全面分析在特定测试情景关系下的测试质量，概化理论要求在测试实施之前必须进行测试设计。概化理论认为，测试设计的优劣以及设计的模型特征都会影响样本数据的质量和结构,从而影响概化理论一系列的分析和研究。

测试设计的任务有两个方面。第一项任务是界定测量目标和测量侧面的个数及名称、意义,确定各侧面的水平数。在界定测量目标和测量侧面时,要确定测量侧面是随机侧面还是固定侧面。一般在设计中均采用随机测量侧面,测量侧面一旦选定为固定形式,则会自动归为目标的一部分,因此,并不具备很大的概化分析价值。

测试设计的第二项任务是设计数据采集方法。数据采集方法可以根据测量侧面的多寡来分类,如单侧面设计、双侧面设计、多侧面设计等;也可以根据数据关系结构来分类,如交叉设计,嵌套设计以及交叉、嵌套混合的设计。

交叉设计指测量目标在所有测量侧面的各个水平上被测量。如某测试的测量目标为应试者(p),作文题为一个侧面(i),每个应试者做完所有作文题,每个作文题都被所有的应试者做,就称为一个单侧面交叉设计,记为 $p \times i$。如果在上例中,又加进阅卷员侧面(r),每阅卷员须批阅所有应试者所做的试题的作文,此时测试使用的是双侧面交叉设计,记为 $p \times i \times r$。

嵌套设计指测量目标在一个或多个侧面的部分水平以下被测量。如在某测试中,应试者(p)被分为若干个组,每个组的作文只由一个阅卷员批阅,则称为单侧面嵌套设计,记为 $p:r$。如果阅卷员又分为严厉与温和两种性格(s),则形成双侧面嵌套设计 $p:r:s$。

在一个测试设计中如果既有交叉,又有嵌套,则称为混合设计。如某测试有两个作文题,60 个应试者,3 个阅卷员。60 个应试者每 20 人一组,由一个阅卷员评分应试者的作文,即有 $p:r$。但每个应试者又都做完所有作文题(两个),每个作文题又测了所有应试者,这是交叉的,因此形成混合设计,记为 $i \times (p:r)$。

数据采集设计的原则是,要保证所采集的数据能充分体现测量目标与各个测量侧面之间及各侧面相互之间的关系。侧面数、水平数的设置要符合客观的测试情景,要保证在所设计的方案下最终能获得充分的数据信息,同时还要注意简化模型、节约投入。所以研究者需统筹考虑,选择最佳设计模型。

测试设计完成之后,必须按设计方案开展施测,从中采集实测数据以供统计分析使用。施测时同样要控制设计之外的各种无关变量的影响,即控制那些有可能影响测试质量而未作为测量侧面引进设计的测试条件,以使数据准确可靠,尽量减少不明因素误差。

四、G 研究

概化理论下的数据分析过程分为两步:前一步称为 G 研究,后一步称为 D 研究。G 研究是在观察领域进行的,旨在定量估计观察领域测量目标方差和各测量侧面的误差方差。测试的观察领域是指研究者设计的测试情景关系及用一定方法采集的测试数据的总和。从这一点看,测试的观察领域是研究者自行设计的测试情景关系和实际观察及采集到的测量数据,是研究者借以分析测试数据及其间关系的基础,是分析工作的最大平台。概化理论数据分析第一步 G 研究的目的是定量估计观察领域中测量目标方差和各个测量侧面方差,以及其间的交互作用的方差。从统计角度看,就是要分解观察数据总体方差,估计各因素的期望方差,使用的统计工具往往是方差分量分析。

方差分量分析分为两步进行:第一步是分解总体方差,第二步是应用样本方差估计各种效应的期望均方差。这两步工作与一般的方差分析工作既有相同之处,又有不同之处,其中第一步与方差分析完全相同,而第二步并不是方差分析的内容。方差分析在分解总体方差之后,第二步做的是检验效应均方差的显著性,而 G 研究的第二步是要估计它的效应期望方差。虽然方差分析中效应方差显著性检验的基础是效应期望均方差理论,但具体操作目标是不相同的。

依据概化理论可将总体方差分解为三类分量方差:测量目标主效应方差、各个测量侧面主效应方差和各种交互效应方差。概化理论将交互效应方差分为各测量侧面与测量目标形成的各级交互效应方差,和纯由各测量侧面相互之间形成的各级交互效应方差两种类型。

各种效应的期望均方差估计是一般方差分析所未涉及的,但依据概化理论,为了在 D 研究中比较各种不同测量条件下测量误差的大小,必须估计效应期望均方差。所估的测量目标效应期望均方差是测量目标个体差异的描写量;所估的各测量侧面效应期望均方差是各测量侧面不同水平间测量差异的描写量,实质上是各测量侧面对测量目标干扰程度的描写量,也就是误差描写量;所估的各交互效应期望均方差是各测量侧面对测量目标的交互干扰程度的描写量,也是一种测量误差。总分方差分解与效应期望均方差估计是根据测试情景关系及设计模型确定的,不同的模型有不同的公式。应用研究人员通常都是直接使用已推导的成套公式或现成的软件(比如GENOVA 或 mGENOVA 以及 SPSS 软件)进行计算。

五、D 研究

概化理论中的 G 研究是必备的步骤,是概化的基础工作,但不是概化理论的特色工作。概化理论的特色工作是它的 D 研究,D 研究的目的是在 G 研究的基础上,在原设计的测试情景关系范围之内,分析比较各种可能的测试方案,由研究者结合实际,优选实施方案。因此,D 研究最终提供的是各种不同测试方案下的测试误差估计量和测试质量指标,以供研究者在各种方案中作出选择决策。

D 研究首先是在原有设计的基础上对测试情景关系作出调整,以获得新的测试方案。概化理论将这种新的测试方案称为概化领域或拓广领域,是相对于原设计方案所说的观察领域而言的。D 研究调整原测试情景关系的方法有三种。第一种调整方法是固定原测试情景关系中的某一个或某几个侧面,使这些侧面的效应方差成为测量目标效应方差的一部分,从而减少了误差效应方差总量,增大了测量目标效应方差。但这种调整正如前面所说,是以牺牲测试结果的解释、推广范围为代价的。第二种调整方法是改变原测试情景关系中的一个或几个测量侧面的水平数。增加测量侧面的水平数,意味着增加测量的重复数,因此肯定可以达到提高测量精度的目的,但这是以增加工作量为代价的。第三种调整方法是改变原测试情景关系中某些测量侧面的结构关系,一般是将交叉设计的结构关系部分或全部地改为嵌套设计。这种调整是为了通过改变结构而减少投入,但必然会引起测量监督的下降。当然可以从中权衡比较,找出精度和投入量都可以接受的方案。

D 研究的统计分析可以分为两步:第一步估计拓广领域(新测试方案)下各种效应期望方案,第二步估计新方案下测试误差的总体指标和测试质量指标,以提供比较依据。由于测试情景关系调整有三种方法,由此而形成的新领域效应期望方差估计方法也不相同。第一种调整方法要将新固定侧面的效应方差并入目标效应方差中;第二种调整方法要依据新水平数重新计算各期望均方差大小;第三种调整方法要合并一些期望均方差的方法估计出嵌套设计下的期望均方差。

为比较各种拓广领域测试质量,D 研究第二步要估计拓广领域下各种测试误差和测试质量指标。概化理论中设计了两个测试误差指标,一个是相对误差指标,另一个是绝对误差指标,其实质都是误差方差。前面已经提到,D 研究中相对误差指标记为 $\sigma^2(\delta)$,绝对误差指标记为 $\sigma^2(\Delta)$。相对误差指标是所有与测量目标有关的交互效应方差之和,绝对误差指标是除目标主效应方差之外的所有效应方差之和。在两个误差指标的基础上,概化理论为测量精度研究给出了两个综合指标,这两个指标均类似于经典测量理论中的信度系数:

(1)概化系数(G-coefficient),公式为:

$$Ep^2 = \frac{\sigma^2(p)}{\sigma^2(p) + \sigma^2(i)}$$

其中:

$Ep^2 =$ G 系数;

$\sigma^2(p) =$ 测量目标效应方差;

$\sigma^2(i) =$ 相对误差。

G 系数是对常模参照测试分数稳定性程度的度量,结合常模参照测试的相对误差 $\sigma^2(\delta)$,我们可以用以下公式表示:

$$Ep^2(\delta) = \frac{\sigma^2(p)}{\sigma^2(p) + \sigma^2(\delta)} = \frac{\sigma^2(p)}{\sigma^2(p) + \frac{\sigma^2 pi}{n_i}}$$

其中:

$Ep^2(\delta)$＝常模参照测试相对决策的 G 系数；

$\sigma^2(\delta)$＝常模参照测试相对误差。

同理，对于标准参照测试，我们有以下的公式：

$$Ep^2(\Delta)=\frac{\sigma^2(p)}{\sigma^2(p)+\sigma^2(\Delta)}=\frac{\sigma^2(p)}{\sigma^2(p)+\dfrac{\sigma^2(i)}{n_i}+\dfrac{\sigma^2(pi)}{n_i}}$$

其中：

$Ep^2(\Delta)$＝标准参照测试绝对决策的 G 系数；

$\sigma^2(\Delta)$＝标准参照测试绝对误差。

（2）相依系数 φ

相依系数 φ，也称可靠性系数（dependability index），是对标准参照测试分数稳定性和一致性两种性能程度的度量，是在不考虑切线分数下对领域分数可靠性的估计。φ 系数是测量目标效应方差与测量目标效应方差加相对误差方差之和的比，用公式表示如下：

$$\varphi=\frac{\sigma^2(p)}{\sigma^2(p)+\sigma^2(\Delta)}$$

其中：

$\sigma^2(\Delta)$＝标准参照测试绝对误差；

$\sigma^2(p)$＝测量目标效应方差。

这里我们注意到 Bernnan 的相依系数 φ 和概化系数 $Ep^2(\Delta)$ 的公式是完全一致的，因此，在同样条件下 φ 和 $Ep^2(\Delta)$ 是可以互换的，因此，可以推出以下公式：

$$\varphi=\frac{\sigma^2(p)}{\sigma^2(p)+\sigma^2(\Delta)}=\frac{\sigma^2(p)}{\sigma^2(p)+\dfrac{\sigma^2(i)}{n_i}+\dfrac{\sigma^2(pi)}{n_i}}$$

Brown（1990，2002）提出相对简单易算的公式对双分法分数（正确或错误）测试作出估计值 φ，具体公式为：

$$\varphi=\frac{\dfrac{nS_p^2}{n-1}[K-R20]}{\dfrac{nS_p^2}{n-1}[k-R20]+\dfrac{M_p(1-M_p)-S_p^2}{K-1}}$$

其中：

n＝参加测试的人数；

k＝试题数（抽样数）；

M_p＝率的均数（即抽样的均数）；

S_p＝率的标准误差（即抽样的标准误）；

$K-R20$＝库德—查理逊 20 信度系数值。

D 研究的最后工作就是以各种指标为依据，在各种测试方案之间权衡比较，找出最优的测试设计方案。

◀ 8.2 概化理论在标准参照 语言测试中的应用 ▶

从以上我们得出：经典测试理论对于观察分数、真分数和误差分数之间的关系提出了一个简单的结构模型，即观察分数等于真分数和误差分数之和。但是这一简单模型要用于真实的测试数据，必须以一些十分严格的假设为前提。概化理论则在许多重要方面解放和扩展了经典测试理论，例如，概化理论不以经典测试的"平行测试"假设作为条件，而是采用"随机平行测试"的弱假设，这一假设对于从界定清晰的行为领域中抽取行为样本的标准参照测试更为适用；另外，经典测试理论认为测量的误差来自无差别的单变量分布，而概化理论通过方差分析，即把一般线性模型用于测量的可靠性，允许多种类型的误差存在。因此，概化理论可以广泛应用于教育测试和评价研究。

8.2.1 概化理论的单面交叉设计模型

假设测试数据来自从一个无限总体的应试者中抽取的 n_p 个人和从一个无限的试题全域中抽取的 n_i 个题的随机样本，这属于概化理论的单面交叉设计。这里，应试者 p 是测量目标，试题 i 是测量侧面，那么应试者 p 在测题 i 上的得分可表示为：

$$X_{pi} = \mu + \tilde{\mu}_p + \tilde{\mu}_i + \tilde{\mu}_{pi}$$

（公式 8-1）

公式（8-1）中，μ 是应试总体和试题全域的总平均分，$\tilde{\mu}$ 是应试者

p 的效应，$\tilde{\mu}_p$ 是试题 i 的效应，$\tilde{\mu}_{pi}$ 是应试者 p 和试题 i 交互作用的效应与试验误差的混合，统称为残差效应。概化理论无法区分这两种试题与考生相互作用以及纯测量误差的混合效应（雷新勇 2005）。

公式(8-1)从分数效应方面对应试者 p 在试题 i 上的观察分数 X_{pi} 进行了分解，同理，应试者 p 在一个测试（即有 n_i 个试题的样本）上的平均观察分数（以应试答对试题的比率表示）可分解为：

$$X_{pI} = \mu + \tilde{\mu}_p + \tilde{\mu}_I + \tilde{\mu}_{pI}$$

（公式 8-2）

对于公式 8-1 的每一分数效应，都有一个相应的方差成分。应试者、试题和残差效应的方差可表示为：

$$\sigma^2(p) = \varepsilon_p \ (\mu_p - \mu)^2 = \varepsilon_p \ (\tilde{\mu}_p)^2$$
$$\sigma^2(i) = \varepsilon_i (\mu_i - \mu)^2 = \varepsilon_i \ (\tilde{\mu}_i)^2$$
$$\sigma^2(pi) = \varepsilon_p \varepsilon_i (X_{pi} - \mu_p - \mu_i + \mu)^2 = \varepsilon_p \varepsilon_i \ (\tilde{\mu}_{pi})^2$$

用测试 I 代替上述 3 式中的试题 i，则可以得到与公式(8-2)相对应的应试者、试题及其残差效应的方差成分，其中 $\sigma^2(p)$ 没有改变，而：

$$\sigma^2(I) = \frac{\sigma^2(i)}{n_i}, \ \sigma^2(pI) = \frac{\sigma^2(pi)}{n_i}$$

通常采用方差分析的方法来估计方差成分，表 8-2 为应试者和试题单面交叉 $p \times i$ 设计的方差成分估计的计算说明。

表 8-2　单面交叉设计方差分析表及估计公式

方差成分或来源	自由度	平方和	均方	方差估计值
应试者（p）	$n_p - 1$	$SS(p)$	$MS(p)$	$\sigma^2(p)$
试题（i）	$n_i - 1$	$SS(i)$	$MS(i)$	$\sigma^2(i)$
残差（pi）	$(n_p - 1)(n_i - 1)$	$SS(pi)$	$MS(pi)$	$\sigma^2(pi)$

$$MS(p) = \frac{SS(p)}{(n_i - 1)} \qquad \sigma^2(p) = \frac{[MS(p) - MS(p_i)]}{n_i}$$

$$MS(i) = SS(i)(n_i - 1) \qquad \sigma^2(i) = \frac{[MS(i) - MS(p_i)]}{n_p}$$

$$MS(p_i) = SS(p_i)(n_i - 1)(n_i - 1) \qquad \sigma^2(pi) = MS(pi)$$

概化理论优于经典测试理论的特点之一是概化理论对两种不同类型的误差——相对误差 δ 和绝对误差 Δ 作出了清晰的区分。δ 以及与之相联系的方差 $\sigma^2(\delta)$ 适合于常模参照测试,而 Δ 以及与之相联系的方差 $\sigma^2(\Delta)$ 适合于标准参照测试。考虑到标准参照测试的可靠性问题,所以这一区分十分重要。

在常模参照测试中,人们的兴趣集中在"就测试的行为方面个体的相对位次",比如"学生 A 能否比学生 B 更快地解决某个问题"。测试难度的变化并不影响这种位次的排列,因为在其误差成分中可以排除测试难度变化的影响,其误差方差 $\sigma^2(\delta) = \sigma^2(pI)$。

对于标准参照测试来说,人们的兴趣是"学生获得标准行为的程度,而并不考虑其他学生的行为",也就是说,人们主要不是对应试者测试成绩的相对位次感兴趣,而是对应试者的测试成绩与某一绝对标准之间的差异感兴趣。当难度不同的测试施测于应试者时,测试难度的变化必然影响到对应试者真实成绩的估计,也就是必须要考虑 $\sigma^2(I)$ 的影响。对于标准参照语言测试而言,其误差方差可表示为:

$$\sigma^2(\Delta) = \sigma^2(I) + \sigma^2(PI) = \frac{\sigma^2(i)}{n_i} + \frac{\sigma^2(p_i)}{n_i}$$

(公式 8-3)

Cronbach L. J. (1972)等从概化理论出发,定义了一个 $p \times i$ 设计的常模参照测试的信度指标:

$$\varepsilon p^2 = \frac{\varepsilon_p \ (\mu_p - \mu)^2}{\varepsilon_I \varepsilon_p \ (X_{pI} - \mu_I)^2}$$

由于标准参照测试要辨别的不是应试者成绩与常模(测试均分)之间的差异,而是应试者成绩与某一绝对标准——切线分数(记作 λ)之间的差异,于是用 λ 替换上式的 μ 和 μ_I,就可以导出其信度指标:

$$\varphi(\lambda) = \frac{\varepsilon_p \ (\mu_p - \lambda)^2}{\varepsilon_I \varepsilon_P \ (X_{PI} - \lambda)^2}$$

通过变形,用方差成分的形式可表示为:

$$\varphi(\lambda) = \frac{\sigma^2(p) + (\mu - \lambda)^2}{\sigma^2(p) + (\mu - \lambda)^2 + \sigma^2(\Delta)}$$

$$= \frac{\sigma^2(p) + (\mu - \lambda)^2}{\sigma^2(p) + (\mu - \lambda)^2 + \dfrac{\sigma^2(i)}{n_i} + \dfrac{\sigma^2(pi)}{n_i}}$$

从上式可以看出,$\mu - \lambda$ 发挥着重要作用,由于大多数应试者的分数集中于平均分附近,随着切线分数(掌握和未掌握的切线点)距离平均分越远,测试对大多数应试者的分辨度就越可信,$\varphi(\lambda)$ 值也越大。因为 $\varphi(\lambda)$ 包含了绝对误差方差,对相同数据和相同划界分来说,可以期望它的值比前面我们提到的 K^2 会低。

8.2.2　概化理论在标准参照语言测试中的具体应用

以上主要属于概化理论的单面交叉 $p \times i$ 设计,针对语言测试中的以 0、1 计分的客观试题。假设从全国英语专业四级考试中心随机抽取了 869 份英语四级考试(TEM-4)试卷,只取前面 90 个客观题,按照上面的数据理论,我们可以采用 SPSS 或 mGENOVA 软件,可以得出以下方差分析的结果,见表 8-3。

表 8-3　869 份 TEM-4 试卷方差分析表

方差来源	df	SS	MS	方差估计值
应试者(p)	868	1678.636	1.9339	0.01935
试题(i)	89	1969.601	22.1304	0.02525
残差(pi)	77252	14841.020	0.1921	0.19210

TEM-4 是根据统一的教学大纲和教材,依照统一的考试大纲命题的,该测试是用来判断英语专业二年级的学生是否达到《高校英语专业教学大纲》二年级的要求水平。通常 TEM-4 把切线分数(λ)定为 0.60。

下面的 D 研究就是考虑在标准参照测试的情形下,标准参照测试信度指标值随切线分数和测题数量变化的情况。将测量侧面——试题数 n_i 取 90,45,30,10。4 种水平,分别计算出切线分数取 0,

$0.1,\cdots,1$ 这 11 个水平下的 $\varphi(\lambda)$，然后以切线分数为横轴，以 $\varphi(\lambda)$ 为纵轴，再将试题数量不同的各点连成曲线（见图 8-1）。

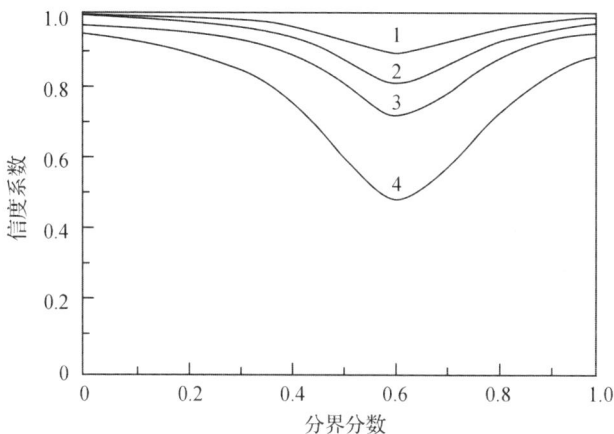

图 8-1　TEM-4 信度系数变化图

从图 8-1 可以看出，$\varphi(\lambda)$ 指标值随测试试题数量的增多而增大，同时越远离切线分数，$\varphi(\lambda)$ 越大，切线分数为总平均分时，$\varphi(\lambda)$ 达到低限，这与前面的理论分析是一致的。这样，就可以根据测试的信度要求选择恰当的切线分数和测试试题，从而达到优化测试的目的。

◄| 8.3　信度和可靠性系数的关系比较 |►

就测量的对象来说，$K^2(XT)$ 与 $\varphi(\lambda)$ 两指标是十分类似的，但其表达式却显得十分不同，最根本的区别在于它们所针对的测试的复本编制的方法不同，$K^2(XT)$ 适应于用经典方法编制的平行复本，而 $\varphi(\lambda)$ 适应于用随机方法编制的平行复本，且后者允许复本间试题难度差别的存在。另外，Berk(1984)指出：如切线分数等于样本平均数 (M)，则出现两种情况：(1)$K^2(XT)$ 就变成了 $K-R20$；(2)而 $\varphi(\lambda=M)$ 也等同于 $K-R21$。当 $\lambda=M$ 时，$K^2(XT)$ 和 $\varphi(\lambda)$ 的值都为最低。

Brennan(1984)指出 $K-R21^*$ 的结果总是小于或等于 φ，φ 值也总是小于或等于 $K-R20$，它们的关系可以列式如下：

$$K-R21 \leqslant \varphi \leqslant K-R20$$

在实际应用中，$K^2(XT)$ 和 $\varphi(\lambda)$ 指标都具有一些比较明显的优点：

第一，估计 K^2 和 $\varphi(\lambda)$ 值时只要求一次测试施测。第二，这两个指标对于教师根据标准参照测试的结果进行教学分班很有意义。第三，这两个指标可以很容易地进行手工计算，同时也可以利用计算机程序运算。

在解释这些指标时，测试编制者应该报告切线分数、测试长度、估计的误差方差 $\sigma^2(\delta)$ 和 $\sigma^2(\Delta)$，这些因素都可能影响对指标的恰当解释。此外，Brennan 还认为，如果可能的话，测试编制者还应报告总体分数方差的估计值和总平均分距切线分数的平方差，这样就可以根据方差成分估计 $\varphi(\lambda)$。

在某一测试情景中，选择 $K^2(XT)$ 还是 $\varphi(\lambda)$ 指标，这取决于测试复本的编制是用经典的方法还是随机方法，当然也还应该考虑平方损失函数的优缺点。

综上所述，假设所有的试题都是严格平行的，即所有的试题的难度相等，那么 $K-R21$ 和 $K-R20$ 的公式是一样的。但由于 $K-R21$ 的计算只需要样本的平均分以及试题数，因此计算非常方便，在计算机时代到来之前，这是非常重要的。然而，现在 $K-R21$ 已成为历史，只有概念上的意义。

----

* 在等误差的情况下，CTT 的内部一致性信度估计主要有分半信度，Cronbach α 系数、库德一查理逊 K-R20 和 K-R21 系数。α 系数是 K-R20 的一般化，即 α 包括了 K-R20 的全部内容，且适用于任意记分试题，而 K-R20 只适用于对、错型试题；而 K-R21 又是 K-R20 的简化，在实际中，对 NRT 解释，则用 K-R20 估计信度作下限；对 CRT 解释，则用 K-R21 估计信度作下限。

◀8.4 项目反应理论一致性问题:单维性、局部独立性及模型拟合▶

IRT 支持者批评 NRT 经典测试理论在解释上存在着诸多先天的缺失:正如我们已经知道的,这些分析困难是由个人和试题的传统测量固有的局限本身所致。从 IRT 支持者来看,这些局限主要指与信度和依赖性关联的一致性问题。下面就来探讨这些局限问题。

首先,信度要讨论的重要问题就是信度估计:基于经典测试理论所采用的指标,诸如:复本、再测试、内部一致性方法等都是一种样本依赖的指标;也就是说,这些指标的获得会因接受测试的应试者样本的不同而不同,因此,同一份试卷很难获得一致的难度、鉴别度或信度。项目反应理论所采用的试题参数(如,难度、区分度、猜测度等)与经典的 NRT 不同,测试的一致性是基于所选的试题组成和试题参数特征而定,它是一种不受样本影响的指标;也就是说,这些参数的获得不会因为所选出接受测试的应试者样本的不同而不同。

其次,经典的 NRT 理论中以一个相同的测量标准误作为每位应试者的测量误差指标,这种做法并没有考虑应试者能力的个别差异,对高、低能力两极端组的应试者而言,这种指标极为不合理且不准确,致使理论假设的适当性受到怀疑。忽视应试者的试题反应组型认为原始得分相同的应试者,其能力必定一样;其实不然,即使原始得分相同的应试者,其反应组型亦不见得会完全一致,因此,其能力估计值应该会有所不同。IRT 认为可经由适用的同质性试题组成的分测试测量估计出应试者个人的能力,能力估计值不受测试的影响,并且对于不同应试者间的分数,亦可进行有意义的比较。IRT 理论中的 $SE(\theta)$ 类似于 NRT 中的 SEM。

项目反应理论提出以试题信息函数(参见第七章)来评定某个试题或整份试卷的测量准确性,有取代经典测试理论的"信度",作为评定试卷内部一致性指标之势。Lord(1980)提到"很少使用测试信度系数",然而,他明确定义"信度"相当于原始分和 θ(估计逻辑能力)之间的关系系数。总之,一个信度反应组和测量标准误 SEM 对 IRT 来说就是测试信息函数。前面我们已经提到过,根据 Birnbaum (1968)的推导,一份测试的信息函数是指它在某一个 θ 值上所提供的信息量,该信息量刚好是在 θ 值上的试题的信息函数之总和,记作:

$$I(\theta) = \sum_{i=1}^{n} I_i(\theta)$$

(公式 8-4)

由于在 θ 值上的测试信息函数是其试题信息函数之总和,从公式 8-4 里可以看出:每个试题都单独地对测试信息函数作贡献,因此,每个试题所作的贡献量大小并不受该测试中其他试题的影响。这个特征是经典测试理论所没有的,却是 IRT 所具有的两项特点之一。然而,测试试题对测试信度和试题区分度指标(如点二系列相关系数)的贡献,却受在该测试中其他试题特性的影响,而无法单独地决定;因为在计算这些指标时必须用到测试分数,而测试分数却依所选择的测试试题的不同而不同。甚至只要改变一道试题,便会对测试分数产生影响,紧接着经典试题和测试指标也会随着改变。因此,如前所述结合公式 8-4 可知,考生或应试者的能力或潜在特质等于 I 反映的能力值 $I_i(\theta)$ 平方根的倒数:

$$SE(\theta) = \frac{1}{\sqrt{I(\theta)}}$$

(公式 8-5)

其中 $SE(\theta)$ 值只有在能力参数的最大近似估计值求出后,方可计算得出。有了能力参数的最大近似估计值,并且也求出在 θ 值上的测试信息之后,便可以通过估计置信区间的方式来解释能力估计值的含义。一般而言,最大的测试信息量所对应的能力估计值 θ 便是该份测试所精确测量到的能力参数,也可以说是该份测试适用于该能力估计值范围内的测量。有关这点说明,可以由公式 8-5 中的定义得知,当 $I(\theta)$ 值达到最大时,$SE(\theta)$ 值便达到最小,也就是说该 θ

值的最大近似估计值的估计误差达到最小,亦即此时的 θ 的最大近似估计值最精确。

在 IRT 中,$SE(\theta)$ 所扮演的角色和经典测试理论中的测量标准误的角色相同,然而有一点需要注意,$SE(\theta)$ 的值随着能力水准的不同而不同,但经典的测量标准误对所有能力水准的考生而言都是一致的;换句话说,经典的测量标准误的意义是认为每位考生能力估计值的误差都是一致的,而 IRT 的估计标准误则认为每位具有不同能力水准的考生皆应有不相同的估计误差(或估计的精确性)。

一般而言,估计标准误的大小受三个因素的影响:(1)测试试题的数目(例如较长的测试会有较小的标准误);(2)测试试题的品质(例如鉴别度较高的试题往往让能力低的考生没有侥幸猜对的机会,所以它的标准误便较小);(3)试题难度与考生能力之间的配合程度(例如组成测试的试题难度参数若与考生的能力参数相近,则其标准误会比具有相当困难或相当简单试题的测试的标准误还小)。标准误的大小很快会趋近于稳定,因此,当信息量增加到超过 25 时,信息函数对能力估计值的估计误差的影响仅会发生小小的作用。

试题信息量的多少直接影响能力估计值,试题反应理论同时考虑应试者的反应组型与试题参数等特性,因此在估计个人能力时,除了能够提供一个较精确的估计值外,对于原始得分相同的应试者,也往往给予不同的能力估计值。在试题反应理论中,每一种试题反应模式就有与其相对应的一条试题特征曲线,此曲线通常通过一个或多个参数来描述试题的特性,以及一个或多个参数来描述考生的潜在特质。

IRT 理论也试图对 NRT 的三个限量进行讨论,但 IRT 模型的优势在这种讨论中并不能得以体现。例如:经典测试的内部一致性是试题被假定为测量方式,符合整体测试;如果不是这样,则内部一致性的信度估计值就低,意味着与假设相反。

IRT 理论有三个相关的参数需加以阐述。即单维性

(unidimensionality)、局部独立性(local independence)、模型拟合(model fit)。

8.4.1 单维性

IRT 理论框架中与信度或可靠性紧密联系的就是单维性,即 IRT 中的各种模式都有个最常用的共同假设,那就是测试中的各个试题都测量到同一种共同的能力或潜在特质,这种单一能力或潜在特质(因素)必须包含在测试试题里的假设,便是单维性假设。在 CRLT 测试中,单维性常常部分地被确认为:设计好的测试是用来测量被定义好的领域行为。遗憾的是几乎没有更准确的单维性定义存在。正如 Hambleton(1994)指出:单维性的定义特别抽象和不可操作。他们注意到一个特别的例子即:"当单个特质能够解释或考虑应试者的测试行为时,成套的试题是单维的。"

前面我们谈到,IRT 假设考生作出正确反应的概率可归因于考生在某些潜在特质或能力(k 个)上的地位,即用几何术语说,就是个体在每个潜在特质上的地位可以看成是 k 维空间上的一个点。就 IRT 的大多数实际应用而言,潜在特质空间被假设成单维的。单维性意味着考生的表现被归因于一个单一的能力或特质,其他潜在特质或能力均可忽略。或者说试题测的是一个变量(知识、能力、属性、人格特质等)。单维潜在空间假设是最常见的,因为测试编制者通常希望编制单维的测试,以提高一组测试分数的解释力。测试使用者也往往想要单一的分数(如成套测试的总分)而不管其解释力如何。当然,这个单维假设是不能严格满足的,因为总会有一些认知的、人格的、测试中的因素如测试动机、测试焦虑、表现速度、测试的复杂程度(或测试误导),以及其他认知技能等影响测试表现,或至少会在某种程度上影响测试表现。但只要有一个主导成分或主导因素即可,这个主导成分或主导因素就被认为是测试所测的能力。CRLT 测试理论往往将单维性作为统计学上的概念而忽视了其可操作性。其实,在实际的测试情境里,考生在测试上的表现情形很少是纯粹受到一种因素的影响,其他因素如:成就动机、考试焦虑、应试技巧及人格特质等也都会影响测试的结果;有专家通过 30 多种方法比较提出了项目反应理论中对测试必须具有单维性因素的基本看法,他们认为只要该测试具有能够影响测试结果的一个"主要成分或因素",便算符合单维性假设的基本要求,而这个主要因素即指该测试所测量到的单一能力或潜在特质。目前有计算机软件 DIMTEST 用于单维度因素分析。这样,适用于含有单一主要因素测试数据的项目反应模式便称作单维性模式。适用于含有多种主要因素的项目反应模式便叫作多维性模式。多维性模式的数学公式复杂难懂,而且模式也还在发展中。

NRT 理论中对单维度值最常用 Cronbach 的 α 值和 $K-R20$ 两个参数进行描述,因为它们都是测试内部一致性和信度的测量值(参见第二章)。实际上有三个原因表明 α 值并不能真实体现单维性及信度系数之间的关系。首先,α 值受测试的试题数影响;其次,它随着每个题项因子数的增加而增加;再次,单维性的判断不受测试长度的影响。在单维性 α 值的解释中,Cronbach 注意到测试的长度问题,他建议用 Spearman-Brown 公式来表达测试的总 α 值,这样就避免了用传统的信度估计来表达单维性。

在 CRLT 语言评价系统中,有好几种途径可以实现单维性。其中一条是试题内部相关因素分析(对计分试题来说,试题使用四项相关系数)。首先,检查特征值以确定占主导地位的第一因素是否存在。如果单一的决定因素存在于数据中,那么测试就被认为是单维的,也即 IRT 理论中认为只要该测试具有能够影响测试结果的一个"主要成分或因素",便算符合单维性假设的基本要求,而这个主要因素所指的,即是该测试所测量到的单一能力。

当然线性因子分析也有效地使用于测试维度中,图 8-2 为线性因子分析图(Brown 2002)。其中横坐标为组分数,纵坐标为特征值。

图 8-2 是反映一次共有 22 个试题的阅读的陡坡图,陡坡图中只记录了特征值大于 1 以上的影响因子,图中显示第一因子对数据贡献最大,事实上首要因子对数据贡献一般是第二因子及其他因子总

和的五倍以上。

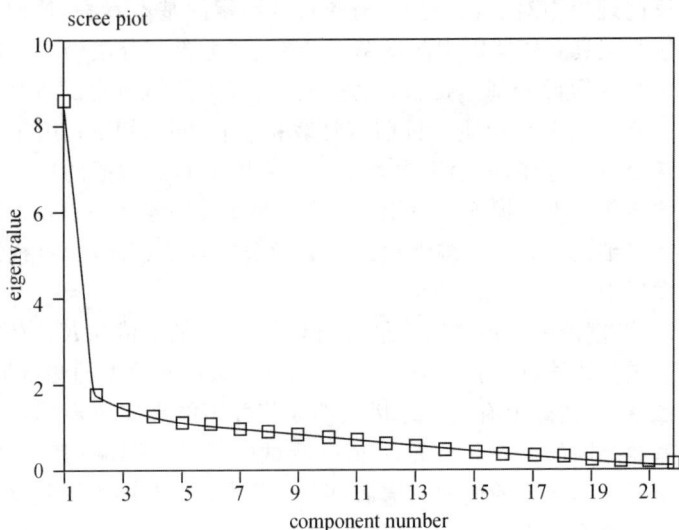

图 8-2　对假定阅读考试特征值的陡坡图

　　表 8-4 对假定阅读考试六个可能特征值的组分矩阵表，同样，该表也表明所有试题的特征值影响最大为第一因子。当然，与这个表格有关的单维性、信度和可靠性也将影响到我们在下一章会讨论的 CRLT 的效度。

表 8-4　阅读考试六个可能特征值的组分矩阵表

Items(项目)	Components(组分)					
	1	2	3	4	5	6
131	0.559	−0.107	0.080	0.235	0.187	0.231
132	0.464	−0.533	0.378	−2.36	−0.138	0.108
133	0.735	0.225	0.046	0.077	0.046	−0.076
134	0.673	0.225	−0.411	−0.082	−0.067	0.302
135	0.512	0.172	0.183	0.667	−0.014	0.143

续表

Items(项目)	Components(组分)					
	1	2	3	4	5	6
136	0.614	−0.345	−0.194	−0.238	0.280	−0.016
137	0.542	0.101	−0.295	−0.156	−0.021	−0.238
138	0.725	−0.496	0.116	−0.155	0.091	−0.047
139	0.551	−0.378	−0.240	0.370	−0.189	−0.268
140	0.660	0.013	0.133	−0.281	0.156	−0.146
141	0.620	0.264	0.256	−0.175	−0.256	−0.418
142	0.838	0.010	0.175	0.173	0.013	0.105
143	0.505	−0.333	−0.040	0.182	−0.333	0.447
144	0.883	0.165	−0.141	−0.016	−0.216	−0.125
145	0.510	0.284	0.690	−0.042	−0.125	−0.098
146	0.457	0.350	0.246	−0.072	0.187	0.282
147	0.489	0.491	−0.107	−0.363	0.101	0.383
148	0.455	0.323	−0.386	0.146	0.026	−0.124
149	0.508	−0.090	0.091	0.248	0.457	−0.056
150	0.859	0.082	−0.152	0.075	−0.317	−0.139
151	0.704	−0.280	−0.134	−0.299	−0.156	0.171
152	−0.582	−0.087	−0.086	0.055	0.561	−0.188

8.4.2 局部独立性

IRT 的第二个主要假设就是局部独立性。在经典测试理论中，我们假设考生的真分数给定时,测量误差是互不相关的,在 IRT 中被称为局部试题独立性假设(local item independence)。它的含义是说,当影响测试表现的能力固定不变时,考生在任何一道试题上的反应,在统计学上而言是独立的;换句话说,在考虑考生的能力因素后,考生在不同试题上的反应间没有任何关系存在。简单地说,这意味着涵盖在项目反应模式里的能力因素才是唯一影响考生在测试试题上作反应的因素;这组能力因素代表整个潜在空间,当单维性基本假设成立时,整个潜在空间仅包含一种能力因素。

因此,局部的独立性假设包含两个方面:一方面,应试者对测试中各个试题的作答反应是彼此独立的,亦即这一个试题的作答既不影响也不取决于其他任一试题的作答。于是,应试者在一批试题上某种答对答错的反应结果类型出现的概率,是各个试题上出现这些对错对应概率的乘积。另一方面,除了试题间彼此独立外,应试者也是彼此独立的。这就是说,此应试者对试题的作答反应既不影响也不取决于其他任一应试者对试题的作答反应。

通常,当单维性假设获得成立时,局部独立性假设也会获得成立,就这一项含义而言,这两个概念是相通的,甚至于,即使资料不是单向度的,局部独立性也可以获得成立。只要整个潜在空间被界定清楚,亦即当所有影响表现的能力向度都考虑了之后,局部独立性便可获得成立。局部独立性在下列情况下无法成立:影响测试表现的能力维度不止一种时,连锁性试题以及试题本身提供作答的线索等,在这种情况下,试题反应模式也就无法适用于该测试数据。目前有关局部独立性研究的更具体的问题,我们在下一节中还有更详细的介绍。

8.4.3 模型拟合

IRT 的模型拟合(model fit)所关注的是模型—资料拟合检定(model to data fit)问题。IRT 可以解决许多实际测量问题,但必须有拟合的模型和测试资料。检定模型和资料拟合要求有合适被选的 IRT 模型。我们可以通过选择模型和合适的试题来检定考生的行为表现。比较常见的检定假设和方法有:

一、模型选择(model selection)

首先要检定的是 IRT 模型是否被正确选定。可能存在 Rasch

单参数、双参数、三参数以及多参数等各种情况,关键在于研究者必须明白测试资料是否拟合模型(Rasch 支持者)或者是模型拟合测试资料(接受多参数模型者)。使用多参数模型的研究者试图选择一种模型,这种模型可以尽可能多地考虑测试资料。而许多的 Rasch 支持者则认为不考虑猜测和试题区分度的测试资料没有分析的必要。

比如就单维度假设的检定(Hambleton,Swaminathan et al,1990)而言,如果我们有选择题构成的一套测试试题,其中一部分考察语言能力,另一部分考察理解能力,即事实上并不是只测量单一特质,我们就不能对这一测试资料使用单维的 IRT 模型。如果这个测试的确考察单维特质,但试题猜测答对的可能性很大,我们就不能使用只有难度与区分度的单维双参数模型,而要使用单维三参数模型。如果事实上试题并无猜对的可能,如对能力低的考生用了很难的试题,他/她的得分接近零分,且各试题间区分力大体相近,则可以使用单维单参数模型。但如果该考生的得分在零分之上,则要考虑该考生是用猜测的手段,则要考虑使用单维三参数模型。因此,模型—资料拟合检定问题是 IRT 发展中关系重大、备受关注的一个问题。

二、试题与考生检定

前面已经谈到,我们可以检查低能力组考生在最难试题上的表现情形,如果他们的表现水平趋近于零,最小猜测度假设可算是获得满足。长期以来,IRT 一直关注模型对试题和考生的合适度,这个关注主要聚焦于获得应答的试题是否预测了考生的能力和试题的难度水平。同样的,测试设计者关注提供给特别考生的应答模式是否与预测的考生表现能力一致。如果一个试题不能捕获统一提供给所有考生的内容,则该试题不拟合测试资料。这样可能导致一些有能力的考生无法答对试题,而非能力强的考生反而答对试题。考生也许会通过考试作弊或猜测等手段来达到答对试题的目的,这样 IRT 就应修正方法和模型来分辨这些不妥当的试题和考生。

评估所选模型对解决特定测量问题的恰当性,即进行模型—资

料拟合检定时,一般说来,就是要取得确凿证据来阐明下述问题:

(1)所选模型的假设跟实际资料性质相符合。最常见的是检验单维性假设能否成立。一般的方法是作因素分析,看第一因素的特征值跟第二因素的特征值的比是否足够大,比如能否是 3 或 5 倍那么大。若确实足够大,就可视为单维。

(2)实际上可以获得按所选模型期望能有的性质。常见的是检验能力参数与试题参数是否真正具有不变性。检验能力参数不变性,可以把施测的测试试题分成两半,然后根据两个半测试数据来估计同一批考生的能力值,看看这些能力值跨越不同项目样本时,事实上变化是否很小(由于有估计误差,不会绝对相同)。假定相关性极高,就可认为有能力参数不变性的存在。检验试题参数不变性,也可把考生组随机分成两半,然后再估出试题参数值加以比较,考察相关性是否极高。若真的很高,即可认为试题参数不变性确实存在。这就从外部特性的角度说明了所选模型与数据的性质相适合。

(3)由所选模型作出的预测跟实际情况一致。这种检验一定是在估出参数之后进行的,而且常常逐个试题分别来进行。

常用的统计检定适合度评估的方法为满意的适合度(goodness-of-fit)统计,如卡方检验,卡方检验(x^2)可以检定出考生实得值与期望值的偏离程度。如果实得值与期望值相差甚远,则两种数据分布也将不同。在 IRT 理论中,如果一个试题的实得值与期望值相差很大,则这个试题不适合其他的数据。这可以被看作是类似于在传统的 NRT 中找到一个具有非常低的点二列相关的试题。在这两种情况下,该试题不表现为与其他试题相同的方式。在 IRT 理论中,失拟合(misfit)的试题(即该试题设计有误,或该试题所测内容不同于测试中其他试题所测内容)不按正常的单维性假设运作。在执行卡方检验时,考生根据他们的水平和相同能力组排列,这样,答对试题的考生组百分比就计算出来了。即:

$$x^2 = \sum_{j-1}^{G} \frac{N_j \left(O_{ij} - E_{ij}\right)^2}{E_{ij}\left(1 - E_{ij}\right)}$$

(公式 8-6)

其中：

i＝试题；

j＝根据 θ 值对组考生能力估计值；

G＝考生组数；

N_j＝各组具有 θ 值的考生数；

O_{ij}＝对试题 i，能力为 j 的实得答对率；

E_{ij}＝对试题 i，能力为 j 的基于试题反应函数的期望答对率。

高的 x^2 值提示试题表现与预期值存在差异。在文献中可能存在卡方检验差异，其中之一是满意的适合度变量指标，在单参数模型中使用两种类拟合度统计数值即内拟合度和外拟合度（infit and outfit）。两种方式都是用于估计残差值（residuals，即实得分数与预测分数的差）有多大，在数据集中，实得值和预期值不同。外拟合度显示某一组数据中分数差异的程度。一个接近零的外拟合度平均平方值表明该试题、评分人和考生的分数在预期的常规范围之内。如果该值大于＋2 低于－2，那么通常会被认为表示该考生、评分员或试题表现出的偏离常规的水平已经到达不能接受的程度。而内拟合度指的是在排除极端分数（即异常分数）（outlier）之后数据中分数的差异程度。如果一个内拟合度平均分的平方值接近零，说明该试题、评分人或考生的分数在正常范围内。若一个标准分值（即 Z 分数）等于或超过＋2 或－2，通常认为考生、评分人或试题（或数据的其他方面）的行为表现出对常模的离差达到不可接受的高水平，因此，不适宜由整套数据定义的测量维度。简言之，外拟合度将全部观察值都包括在内，而内拟合度则将异常值排除在外。因为通常内拟合度测量值对人们最关心的观察值的差异最敏感，所以常用来解释测试数据。

检定考生拟合在不考虑采用何种统计量时，类似于试题拟合检定过程，其目的是区分考生答题数与预计的是否相一致。那些反常的应答模式也许正反映出考生的猜测、心不在焉或教育的缺陷（Reise，1990）。

Reise（1990）指出 x^2 卡方检验存在两个基本问题：他指出第一

个基本问题是 j 值如何建立。例如,能力值为 3 的考生在量表间隔也可能包括能力为 -2 的考生值,甚至估计值可高到 $+3$ 或 $+4$。另一方面,间隔值可包含能力估计值为 -3 和 -2,也可包含能力值为 -1 和 0,甚至高达 $+3$ 或 $+4$。这些间隔的宽度和组成的决定可以很清楚地影响 x^2 值。第二个问题指出在分析中 x^2 对考生数是敏感的。在大样本下,x^2 会趋向于有意义的值,因此意味着失拟合(misfit)。这可导致作为有大样本的人工试题中发现大数量的失拟合试题。然而,尽管拟合度统计数值很有限,但它们可以帮助检测试题和人群拟合。

试题失拟合至少可以有两种方法来解释:首先,试题失拟合可以是简单的试题设计缺陷,如试题可能有多于一个的正确答案或没有提供足够多的信息;其次,试题本身也许很完美,但不属于同个测试领域,如阅读考试,试题要求考察考生的阅读能力,但该试题本身含有词汇障碍,与所测的内容或阅读能力不相符。

同样的,人群失拟合有许多种可能性。首先,最常见和关注的就是考生的欺骗行为,如果一位考生能够幸运地看到比他好的考生的答案,而使他的成绩提高,那么这样的非预期应答模式将对整体考生能力的估计失拟合。其次,失拟合也可能是该试题不能很好地检测出该特别考生的能力水平,因此,检测测试结果非常重要,以便判断试题是否有失拟合估计意义。

总之,模型—资料拟合检定一般从上述几个方面来进行检测。假定检验结果总体看是拟合度不佳,就应考虑选用或构建其他模型。若检验结果对测试总的来说拟合良好,但未必每个试题都拟合得好,这就要利用公式 8-6 对试题逐个作检定,以便剔除少数不良试题。有时也需要采取一定措施,剔除拟合不良的少数考生。在实际工作中,选用单维还是多维的 IRT 模型,目前也有比较多的争议,以下从局部独立性假设着手,探讨目前有关 IRT 模型的新思路。

◀ 8.5 IRT 模型与局部独立性
假设问题的认识 ▶

试题分数条件独立（conditional independence）是经典真分数理论和项目反应理论的通用概念。在经典真分数理论中，假设给定考生的真分数时，测量误差是互不相关的。前面我们已经知道，在 IRT 中，该假设被称为局部（试题）独立性［local（item）independence］是 IRT 模型能准确预测考生特质、有效解决试题特征函数问题的必需假设。而该假设能否得到满足则需要检验，这正是模型—资料拟合研究发展的动因所在，如果拟合程度不好，则意味着试题之间可能存在局部试题依赖（local item dependence，LID）。当前部分测量学者、测试开发者以及测量专业的学生对局部独立性假设的理解尚存在一些偏差。下面从三个方面来探讨该假设。即局部独立性假设的理解、局部依赖问题、题组（a set of items）中局部依赖问题的解决策略。

8.5.1 局部独立性假设

一、局部独立性

局部独立性的概念是由 Lazarsfeld（1959）提出的，而 Lord（1968）较早地给出了其明确的定义，他指出：

局部独立性意味着在以相同的 $\theta_1, \theta_2, \cdots, \theta_k$ 值为特征的任何受试群体内部，试题分数的（条件）分布相互独立。这绝不是说对于整个考生群体，分数之间都是相互无关的。其含意是说试题分数只通过潜在变量 $\theta_1, \theta_2, \cdots, \theta_k$ 产生相关。……用干净于

……如果我们知道了该考生的能力，他在其他试题上成功或失败的任何

信息都不会对这个决定增加信息。

测量学界大都遵循着这样的定义，并逐渐根据局部独立性满足的条件，对其概念作出了更为详细的划分。Yen 和 Fitzpatrick（2006）将 Lord（1968，1980）这种最为普遍的定义称为"强局部独立性"（strong local independence），其数学表达式为：

$$P(\{X_i = x_i\} \mid \theta) = \prod_{i=j}^{n} P(X_i = x_i \mid \theta)$$

（公式 8-7）

McDonald（1979）提出了"弱局部独立性（weak local independence）"的概念，它只要求所有的值测试中试题之间的条件成对协方差等于零。一对试题之间的局部独立性可定义为：

$$P(X_i = x_i, X_j = x_j \mid \theta) = P(X_i = x_i \mid \theta) P(X_j = x_j \mid \theta)$$

（公式 8-8）

Stout（1987，1990）进一步提出了"基本独立性"（essential independence）的概念。它规定所有的 θ 值随着测试长度的增加而增加，当试题之间条件协方差的平均值达到零时，这对试题就可被视为基本独立了。

对局部独立性的理解，有几个需要注意的问题。"局部"的含义是由潜在能力（特质）θ 值给定，而不是 Bachman（1990）所说的试题难度相同。Bachman 认为局部独立性假设是指个体对一个给定试题的反应不依赖于其对同难度的其他试题的作答情况。

有学者认为，这样的论述是站不住脚的。第一，它只是要求同难度试题之间的反应相互独立，对不同难度试题的反应之间关系如何却无法提供保证，而它们很可能就是相互依赖的。这样，如果不同难度的试题反应之间存在依赖性，整个测试也就不能满足局部独立性了。假如要使整个测试满足局部独立性，那么其中的所有试题都得是同一难度的，这显然不符合测试的理论与实践要求。第二，局部独立性假设并不是说所有考生的试题反应都是无关的。只要考生在所测能力上存在变异，成对的试题之间就会出现正相关。但试题分数对于处于给定能力水平（即给定的 θ 值）的考生来说是无关的，"给定能力水平"也正是"条件独立"概念中"条件"的含义所在。第三,局部独立性是测试试题的性质,它指的是试题反应互相独立。正如前面所说局部的独立性包括了假设的两个方面。同样,也有学者认为,这种观点不能成立。IRT 的参数估计有一个假设,就是一个考生(即此处的"应试者")θ 参数的确定不依赖于其所在的考生群体(虽然在事实上是存在依赖性的),但这个假设与局部独立性假设无关。而如果一个考生的作答反应受其他考生的影响或取决于其他考生,那么这将不再是 IRT 模型的问题,而是测试出现了问题,比如作弊行为、评分程序缺陷等。所以,局部独立性是试题的性质而不是考生的性质,从其较为完整的说法"局部试题独立性"中我们就可以看出这一点。

二、局部独立性与维度的关系

IRT 建立在潜在特质理论的基础之上,因此,IRT 中局部独立性的概念与潜在特质空间,尤其是其中的维度概念是紧密相关的。而随着测量理论与实践的发展,人们对这种关系的具体形式的认识也逐渐发生改变。

早期,人们将局部独立性与单维性视为一对对应的概念。Lord(1980)认为局部独立性是试题的一个特性,它是随着单维性自动产生的。虽然也认识到很多测试并非单维,也可以将 IRT 构想为分析这种测试的理论,但他认为这样的多维 IRT 应用超出了当时的技术状况,并进而将既有的几项多维 IRT 研究视为特例。

这样的观点在逻辑上是有漏洞的,因为若依此状况,我们会发现 IRT 在处理很多实际测试问题、解释很多多维 IRT 研究时将显得捉襟见肘,测量真实性研究的发展更使这个问题进一步凸显。Bachman(1990)曾指出,测试开发者"面临的一个困境是一个要满足单维性和局部独立性假设的测试,还有一个目的就是要保持所涉语言技能的真实性,而具有真实性的语言测试可能和当前的测量假设是不相容的"。

测试维度研究为这个困境的解决提供了一种新的视角,并将局部独立性认识的视线转移到了其与维度的关系上来。McDonald

(1981,1982)对测试维度的定义,以及测试维度与局部独立性的等价性进行了研究。他认为,维度的一个很有意义的定义应该基于局部独立性原则之上,测试的维度则是满足局部独立性原则所需特质的数目。通过这个定义,维度与局部独立性概念直接连接起来。Stout (1987,1990)正是在 McDonald 等人维度研究的基础上,提出"基本独立"这个概念的。Stout 还进一步定义了"基本维度",即满足基本独立性所需维度的最小数目。在教育测量界的《教育测量》(Educational Measurement)书系中,第三版认同了研究者将局部独立性与维度,而不是单维性进行对应概念的做法。第四版又在此基础上更进一步在"局部独立性与维度"一节中,分下列"局部独立性"和"维度"两小节,在对它们分别作出研究综述的同时,也回顾了二者关系的研究探讨,可见编撰者匠心所在。

总之,目前人们已经逐渐认识到局部独立性与单维性二者只在能力是单维的情况下具有等价关系。这种等价关系之所以往往被过度概括化,是因为大多数情况下,我们的假设测试只测量了一个特质,是单维测试(Brown 2002)。而在概括化的 IRT 模型中,并不将测试局限于只测量一个特质,因此与局部独立性存在对应关系的是测试维度。如前所述,测试维度是满足局部独立性假设所需特质的数目,而满足该原则所需的最小数目可以被定义为基本维度。反过来也可以说,局部独立性意味着个体正确作答一道试题的概率,仅由其在测试所测的一个或若干特质上的水平决定,其中每个特质都对应于潜在特质空间中的一个维度。

8.5.2 局部依赖问题

一、局部依赖

局部(试题)依赖在 CTT 和 IRT 中都可以作出定义,而且其定义都需要以相对概念为出发点。在 IRT 中,这个相对概念是局部独立性假设。从技术上讲,局部独立性意味着对于同一能力水平的考生,两个测试试题相关的途径应该仅仅是测试所测的潜在特质 θ,将 θ 的影响从试题分数中排除掉之后,试题之间就是零相关的。而当两个试题的残差之间仍然存在显著水平的相关时,它们就存在局部依赖。这可能暗示这些试题测查了另一个测试维度,这个维度是既有的 IRT 模型所不能解释的。由此可见,对局部依赖的测量可以用来评价针对弱局部独立性的 IRT 模型。

Chen 和 Thissen(1997)作出了"潜在局部依赖"和"表面局部依赖"的区分,前者由试题内容所造成,后者则经常出现在测试结尾未能回答的试题中。我们一般所关注的是与测试试题内容相关的潜在局部依赖。

在方向上,局部依赖可能是正的,也可能是负。两个试题之间的正局部依赖意味着如果考生在一个试题上的表现好于预期(基于由 θ 的期望值反映出来的整体测试表现),这些考生在另一个试题上的表现也会更好。负的局部依赖意味着如果考生在一个试题上表现越好,其在另一个试题上的表现将越差。

正局部依赖的概念一般比负局部依赖更易理解,但如果 IRT 模型不能解释试题分数之间的所有重要关系时,二者都会出现。假设一个测试测量了一年级学生的加法和减法两个数学技能,学生的总分将受到这两类试题的共同影响。他们得到一个中等测试总分的方式可以是加法较高而减法较低、加法较低而减法较高,或者二者分数都是中等。如果一个单维 IRT 模型被用来拟合这些二维测试数据,很有可能产生加法试题或减法试题之间的正局部依赖,而加法和减法之间则是负局部依赖。

不管 IRT 模型中用了多少维度,局部依赖这个概念都是有意义的。不论模型中有一个还是若干个维度,我们都假设模型解释了试题之间所有的重要关系,因而是一个完全模型。在一个多维模型化情境中,一个未被模型化的因素一直影响某些考生在某些试题上的表现时,局部依赖就产生了。例如,一个数学问题模型可能有数学技能和阅读能力这两个维度,然而,如果这个测试既有多选题又有主观题,写作技能将在主观题之间产生正的局部依赖。

二、甄别与计算

由于局部独立性与维度是对应概念,各种测试维度检验标准都可以用来粗略检查在测试总体水平上是否违背了局部独立性,这些标准包括因素分析,基本单维性的非参数检验(针对单维测试),IRT拟合统计,基于 G^2、基于 x^2 的似然比例统计,基于 IRT 的 Q_3 统计量等(叶萌 2010)。其中 Q_3 是最常用的检验标准,和其他甄别标准相比,它具有以下几个优点:

(1)恰当地体现了潜在特质;

(2)便于比较试题对和进行解释;

(3)便于子试题对之间的比较。

Q_3 是 Yen(1984,1993)提出的一个统计量,它可以被描述为由原始分数减去 θ 预测分数所形成的试题残差之间的相关。Q_3 统计可以有效减少试题局部依赖的影响,对某一特定能力的考生而言,他/她在某份测验上的反应组型的机率等于他/她在单独一道试题上反应机率的连乘积。对于 0、1 计分的试题,我们定义:

$$d_{ik} = x_{ik} - \hat{P}(\hat{\theta}_k) \qquad \text{(公式 8-9)}$$

d_{ik} 为第 k 个考生在第 i 个试题上的观察分数与 IRT 模型的预测之间的偏差,其中模型预测是用基于总体测试表现的考生 θ 估计值得出的。试题 i 和 j 之间局部依赖的计算公式为:

$$Q_{3ij} = r_{didj} \qquad \text{(公式 8-10)}$$

其中:

r_{didj} 是考生在两个试题上的偏差分数之间的相关。

使用这类描述性统计的时候,可以为典型的统计值设定期望。比如,Q_3 大于 0.20 时一般就需要予以注意。

三、起因和控制程序

产生局部依赖的基本原则是:存在一个额外因素,它对某些考生在一些试题上的表现所产生的影响一直大于在其他试题上的影响。Yen(1993)列出了一系列可能引起局部依赖的原因,包括:对一些试题的外部提示或干扰、速度、疲劳、练习效应、特殊试题形式、反应形式变异(比如多项选择题与文字题)、共享的刺激或文章、试题链、需要由前一个答案作出解释的试题、完形填空题、评分说明、评分员、内容知识、能力的独特性以及学习机会的差异性。此外,测试试题的分布也可以成为一些试题的潜在局部依赖来源。

　　虽然人们已经在很多多项选择题和基于表现的测试中发现了局部依赖,但是,局部依赖的量并不总是可预测的。对试题内容作逻辑性分析所鉴别出的有潜在局部依赖的试题,其数量往往会多于实际存在的数量。例如,当发现共享一篇阅读短文测试的试题之间存在局部依赖时,其效应就可以减到最小。其他试题类型(比如需要考生对回答前一道题的理据作出解释的文字题)则通常有很强的局部依赖。

　　局部依赖及其效应可以通过以下方式减到最小:构建由独立试题组成的测试、尽量保证施测条件的恰当性、修改评分说明、使用统计方法确定局部依赖的试题、在分析中使用题组(testlet)或题束(item bundle)等。

四、局部依赖对测试实践的影响

　　产生正局部依赖时,一些试题之间的关联强度得以增加,而且试题得分和测试总分之间的关系得以增强,因此局部依赖的试题会有较高的区分度。如果使用题库,且局部依赖的试题按测试形式依序分散开来的话,这些试题的预测区分度可能会不恰当地偏高。

　　局部依赖通过试题区分度会影响试题反应函数,但如果使用了较为灵活的 IRT 模型(比如允许试题区分度有变异的模型),在进行模型预测与观察试题反应匹配度的拟合度检验时,将不会把局部依赖视为一个问题。如果试题是局部依赖的且其参数被用来产生一个测试特征曲线,该曲线的准确性一般不会受到不利影响,基于多级试题的(针对特定 IRT 模型的)最大似然能力估计也不会受影响。然而,如果在局部依赖的语境中标定试题,之后又将其分散施测在一个非局部依赖的语境中,模型预测可能就会不准确。局部依赖是对计算机化自适应测试(CAT)的一个潜在威胁,而这正是推动题组发展的原因。

　　局部依赖最大的实践效应似乎是过高地预测了测试信息,从而对测试分数的标准误差预测不足。测试分数的预测标准误差基于这样的假设:不同试题的测量误差没有条件相关,估计真分数或值的各个试题的分布相互独立。当产生局部依赖时,这些假设都无法满足。在估计存在特定局部依赖的试题的信息量时,这种背离的效应非常大;而如果大多数试题都没有局部依赖,违背局部独立性在整个测试标准误差上的效应相对就很小。因此测试实践者应该对特定应用或模型中发现的任何局部依赖的影响都作出评估。

8.5.3 题组中局部试题依赖问题的解决

题组是教育测量中广泛应用的一种测试形式,而题组的形式特征带来了一个问题,即由于受共同刺激的制约,在阅读理解等题组内,试题之间很可能是存在局部依赖的。解决这个问题可以有几种传统策略:(1)只用一个试题,这样得到的信息量很小,而且造成了很大的浪费,降低了考试效率。(2)只问一个题目,同时缩短短文的长度,这样做最终会改变所要测量的构念。

使用题组的策略,将题组作为一个测量单位,可以在提高测试效率又不改变测试构念的情况下解决局部独立性,或者说局部依赖的问题。这种策略与传统的题组内试题处理方法有明显的区别(后者是将题组中的试题视为和单一试题等同的独立单位,对二者进行统一处理)。

一、基于题组的测试的多级评分

Rosenbaum(1988)提出将题组视为一个单一的试题,与多级IRT模型进行拟合,进而对其进行多级评分。由于测试形式的特征(如一篇短文跟着好几个题目)或确实偏离了测试构念的单维性,因此局部独立性将不能满足。而证明出在题组内部缺乏独立性的情况下,单维性在题组之间仍可以普遍存在。因此,如果将题组作为测量单位,单维项目反应模型仍然可能是适合的。

这种方法在很多情境中都表现很好。但使用多级IRT模型来拟合一个题组时,题组的分数就体现为答对的数目(也可以是一个加权答对的数目),而在答对分数的精确模式中有一些信息不能显现出来。而且在CAT中临时构建题组时,试题选择系统也会产生与传统形式不同的额外信息。为了提取这些信息，则需要一个更为复杂的模型。

正是基于这样的需要，Wainer Brandlow 和 Wang（2007）提出了一种处理题组中试题的新理论——题组反应理论（Testlet Response Theory，TRT）。

二、TRT 的解决策略

TRT 是在 IRT 的基础上逐渐形成的一种扩展理论。其方法论的出发点有两个：基于题组的测试的多级评分、Holzinger 和 Swineford（1937）发现的双因素（bi-factor）方法。TRT 构建了一系列数学模型，它们与传统 IRT 最基本的区别在于，通过引入题组参数 $r_{id(j)}$ 为由于题组 d_j 而产生的额外依赖建立起了模型。具体方法是：将线性预测量 t_{ij} 的标准形式

$$t_{ij} = a_i(\theta_i - b_j)$$

扩展为：

$$t_{ij} = a_j(\theta_i - b_j - r_{id(j)}) \tag{公式 8-11}$$

其中，a_j，b_j 和 θ_i 分别是试题区分度、试题 j 难度和考生 i 能力，$r_{id(j)}$ 描述在题组 d_j 中试题 j 和考生 i 的题组效应（交互作用）。对于一个给定考生，同一题组内试题的额外依赖就以这种方式建模，因为试题都会共享它们预测分数中的效应 $r_{id(j)}$。由定义可以看出，$r_{id(j)}=0$ 时所有试题独立。因此，设定的参数 $r_{id(j)}$ 体现了这个模型和标准化 IRT 模型之间的差别。

在此基础上，TRT 依次构建了 2-PL 贝叶斯题组模型、3-PL 贝叶斯题组模型、二项和多级数据混合的贝叶斯题组模型、含协方差的贝叶斯题组模型以及包括缺失数据的题组模型等一系列模型。正是在这样的框架中，TRT 对题组中试题的局部依赖问题作出了较为满意的解决。

综上所述，目前我们在测量学界对局部独立性和局部依赖问题的主要研究成果总结如下：

（1）局部独立性意味着在以相同 $\theta_1, \theta_2, \cdots, \theta_k$ 的值为特征的任一受试群体内部，试题分数的（条件）分布相互独立。这也就是说，个人

能力 θ 是决定其正确作答特定试题的概率的唯一影响因素。根据满足的条件，局部独立性可细分为三种类型：强局部独立性、弱局部独立性和基本独立性。

（2）局部独立性与单维性只在能力是单维的情况下具有等价关系。而在概括化的 IRT 模型中，与局部独立性存在对应关系的是测试维度。

（3）在一个模型化情境中，如果一个未被模型化的因素一直影响某些考生在某些试题上的表现，局部依赖就产生了。局部依赖对试题区分度、试题反应函数、CAT 以及测试分数的标准误都会产生影响。

（4）可以用测试维度检验标准来粗略检查局部依赖的存在（其中 Q_3 是最常用的标准），也可以将其效应减到最小。而对于题组中的局部依赖，我们可以通过基于题组测试的多级评分，以及运用题组反应理论来加以解决。

总之，虽然 IRT 跟 NRT、CRT 框架同样都是关注一致性，但是实现一致性的方法不同。IRT 更关注一致性的应答模式、实际的实得值、预测值、考生的能力和试题的难度。因此，CRLT 考试如果想要利用 IRT 所提供的优势，就必须对试卷的可靠度、信度、单维性进行更为细致的分析评估。

第九章　标准参照语言测试的效度研究

　　上一章详细地讨论了 CRLT 的信度问题,信度和效度是语言测试及其他教育与心理测量的质量评价的根本要求。从普通计量学引入的信度概念比较稳定,教育与心理测量学家关注的是信度的估算方法。效度则是社会科学计量学的概念,自 20 世纪 30 年代提出以来,效度概念不断演变,在近半个多世纪取得了重大进展。尤其是从 80 年代中期以来逐渐形成的"效度整体观"颠覆了"分类效度观"的统治,对当代效度研究产生了深远的影响。

　　在第二章里已经介绍过传统的测试效度的概念,较早的效度定义是由 Kelly(1927)提出的——效度问题就是一项测试是否真正测量了它所要测量的东西。Lado(1961)也持同样的观点:一项测试测量了它要测量的东西了吗? 如果答案是肯定的,那么它就是有效的。这种意义上的效度概念在目前的测试或测量著作里仍频繁使用,如 Henning(1987)、Davies(1990)、Hatch 和 Lazaraton(1997)等。那么,效度的本质是什么呢? 经过几十年的探讨(如 Guion 1977;Cronbach 1980,1988;Messick 1975,1980,1981,1988,1989,1994,1995,1996;Tenoyr 1977;Erbretson 1983;Anastasi 1986,1997;Angoff 1988;Alderson 1991;Moss 1992;Linn 1997;Shepard 1997;Chapelle 1999;Cane 1992,2001;APA 等编制的"标准"1954 版,1966版,1974 版,1985 版,1999 版),人们至少达成以下几点共识:

　　(1)效度不是测试本身的特征。效度是测试分数在多大程度上准确地代表了应试者的语言能力。换句话说,在多大程度上能够证明测试分数的解释和使用是合理的。

　　(2)效度是一个多层面的整体概念。它需要多层面(种类)证据的证明,这些证据之间是互补而不是互相替代的关系。

（3）信度是效度的一个方面，是效度的必要条件，二者不是对立的关系。Weir(2005)称信度为"评分效度"。

（4）效度是一个相对的概念，程度有高低之分，并不是非有即无。

（5）效度验证是一种评价过程——使用定量和定性的方法收集足够的证据支持基于测试分数作出的推断。

本章将从 CRLT 的角度谈效度和效度验证问题。CRLT 设计要求测试对象测量某门课程，该测试确实测量了这些目标，则该CRLT 测试就具有效度。我们还就效度的各式定义作了一个整体的了解，并就效度问题探讨了近年来测量学界对效度的统一概念的看法，并就效度及效度验证提出了一些观点和理论依据。CRLT 关注的效度主要为内容效度和构念效度。本章将全面地探讨这两个效度，并会提供足够的例子帮助说明这两个概念在实际中是如何应用和关联的。另外，本章还将关注传统的切线法和在曲线上分级（cut-points and grading on a curve），任意切线，标准设定的定义，标准设定的选择方法以及标准设定和标准参照决策（decision making）之间的关系，标准和可靠性之间、信度与标准参照决策之间的关系等等。

◄▌9.1　概述 ▌►

标准参照测试中的效度问题一直是比较重要的问题，测试分数是否有效直接关系到对它的解释和使用。人们应该认识到，测试的效度指的是对测试分数的使用是否恰当，而不是指测试本身。

对于标准参照测试来说，测试的效度问题可以表述为各种各样的问题，如：

（1）测试是否适用于某类特定的应试者？

（2）测试所测量的是否是测试编制者所希望的？

不过，当测试的效度涉及掌握者与未掌握者的区分这个问题时，就不会有明确的定论，人们需要不断收集证据以证实测试分数及其区分是否满足所期望的目的,只有人们有足够的证据,才能对测试分数的效度及相应的区分作出判断。

为保证标准参照测试的效度,测试专家(张厚粲 1992)推荐了如下的编制程序:

1. 编制前的准备

(1)明确测试目的

(2)明确测试的对象及对测试的特殊要求(对应试者能力等全面的了解)

(3)预算编制测试所需的时间和资金

(4)确定适当的工作人选

(5)初步估计测试的长度

2. 查阅目标

(1)查阅目标说明,看其是否可用于出题

(2)对有些目标进行修改,使之更明确,便于出题

3. 编写题目

(1)拟出足够数量的题目以供预测

(2)正式修订

4. 估计内容效度

(1)确定一组适当的评判专家

(2)检查每个题目是否符合测试目标,对目标的代表性如何,是否有测试偏见

(3)检查题目是否符合其他技术要求

5. 修订测试题目

(1)根据4(2)和4(3)获得的数据资料进行修改或决定取舍

(2)如需要补写部分试题之后重复第 4 步。

6. 小范围试测

(1)将题目组成试测(预测)试卷

(2)抽取适当的应试者小组进行试测

(3)进行题目分析和题目偏见研究。

7. 再次修订测试题目

(1)根据 6(1)的数据再次对题目作必要的修改和删除

8. 组合成试卷

(1)确定试卷的长度,备用卷的份数和每个目标中的题数

(2)从适合的和有效的题目库(题目集合)中选取题目

(3)编写测试指导语,实施指南,设计测试手册,正确答案,答卷纸等

9. 选择标准

(1)确定一个程序以决定区分"掌握者"和"未掌握者"的分数线

10. 试测

(1)设计实施试测方案以收集信度和效度资料

(2)对抽选的样本组实施测试(或测试以及复本)

(3)评价测试实施程序、测试题目、分数的信度和效度

(4)根据上一条的数据最后确定测试的版本

11. 准备测试手册

(1)编写一个测试实施者手册

(2)编写一个技术手册

12. 资料的后续收集

(1)进行信度和效度的研究(效度验证)

以上这些步骤都是为了使测试分数更加有效,但是测试分数最终是否有效不仅取决于编制过程,还要看测试使用是否得当。因此,必须进行效度的调查和研究。

关于标准参照测试的效度研究,教育和心理测量学专家曾提出过多种方法,归纳起来大概有以下几种:

(1)目标内方法,包括题目分析以及对测试内容(题目效度和内容效度的确定)和分数信度的评估。

(2)目标间方法,包括人们常说的"集中"和"分散"效度研究——研究测试分数是否与其应该相关的变量相关,以及是否与其不应该相关的变量不相关。

(3)效标关联方法,包括预测研究以及对测试分数和其他测量(如教师的评价)之间关系的研究。

（4）实验方法，研究测试分数是否敏感地反映了教学的效果。

（5）多特质多方法研究，研究测试实际测量的是什么。

效度研究是一项持久的工作，对某一测试分效度研究所花费的时间和精力与该测试的重要程度是一致的。比如说，平时学习的考试就不如升学或毕业考重要，因此后者在效度研究上所花的时间和精力就多。

◀▏9.2 内容效度▕▶

前面我们说过，内容效度在一项测试中，如果应该考查的语言要素和技能都有所体现，那么这个测试被认为具有内容效度。与 NRT 不同，在 CRLT 中，因为考试是针对教学目标或所教的内容进行测试的，因此，为了判断一项测试是否具有内容效度，需要一份以教学大纲为基础，对要考查的语言要素和技能作出具体规定的考试大纲。考试大纲是命题的依据，它和试题内容的对比是判断试题内容效度的基础。内容效度是非常重要的，它的重要性在于一次测试的内容效度越大，那么它就是一个越准确的衡量尺度。如果一次测试没有完全包括考试大纲所规定的主要内容，那么这次测试就谈不上具有内容效度，而且还会带来负面影响。这是因为没有被测试的部分往往被教与学双方所忽略，从而影响了语言教学的效果。

测试的内容效度要求对试题和分数结果进行系统的研究，确保所设计的内容和能力是应该要测量的。CRLT 内容效度特别关注测试的内容是否与课程（如，课程目标或双项细目表以及领域即基于理论基础制定的目标描述或双项细目表）相吻合。在标准参照评估中，内容效度将得到理论论据或专家判断或两者共同的支持。与构念效度论证方法相比，CRLT 更主张内容效度方法的确定性。

9.2.1 内容效度的理论论证法

理论论证法（theoretical arguments approach）的内容效度通常

通过提供足够多的具有代表性的证据进行验证来确定考试内容的代表性,(1)在理论、研究、实际应用的基础上详细制订考试计划;(2)依据应用前景支持考试内容的有效性。因此,理论考试的可定义性与可决定性以及测试应该如何设计将取决于该理论、研究和实际测试的根本因素。从某种意义上说,内容效度是动态的,因为它随着教学内容和要求的变化而变化,针对课程和课堂评估的 CRLT 内容效度研究尤其如此。

一、基于任务型行为的评估实例

在任务型课程中,指导测试的理论是任务型大纲设计。因此,测试应有清晰的理论支柱,事实上,在拟测试设计过程中,必须提供以下四种文献研究作为参考:(1)替代评估(alternative assessments);(2)行为评估;(3)任务型语言教学;(4)任务型评估。当选择任务型行为评估时,必须陈述理论效度论据。当然这并不是说我们仅简单地反馈已获取的一致文献,相反,我们会选择相关话题的有效信息,以及人们接受的有效行为评估过程到研究何种程度等信息,以懿读者和测试使用者将来的使用。

下面以任务型行为评估(task-based performance assessment)为实例来说明 CRLT 内容效度的理论论证法。

任务型行为评估通常考虑以下三个问题:(1)语言学习者的语言能力是如何体现出来的;(2)这样的知识与能力产生时的过程是什么样的;(3)这种产生的过程对于语言学习具有何种作用。在任务型行为评价中如何确定任务的难度是任务型语言测试中一个颇有争议的问题。因此,任务型的有效性评估首先需设计者考虑是什么因素决定了任务的难易程度,这里由三个相关成分决定,即语码复杂性、认知复杂性和交际要求,表 9-1 为修订评估的语言表现任务的难度矩阵,它回答了这个问题。

表 9-1　修订评估的语言表现任务的难度矩阵

	易 ── 难		易 ── 难	
	范围		输入材料次数	
语码复杂性	−	+	−	+
	将被传递的信息量		输入管理	
认知复杂性	−	+	−	+
	模式		渠道	
交际要求	−	+	−	+

（注：在任务难度矩阵中，根据任务给出相关成分和特征，−表示容易，＋表示难）

　　表 9-1 中的语码复杂性指的是：一个给定任务的语码复杂性依赖于语言和已获得成功的任务表现信息。评估语码复杂性的基本变量有两个：(1)范围，能多大程度地扩展基于给定任务所能代表的语码能力；(2)输入材料的次数，指考生能否对输入的多种信息进行解码，每种输入源代表固有的语码差异。表 9-1 中的认知复杂性则为在一个给定任务的认知复杂性中，考生必须成功地完成信息处理的总量和种类（如脑力体操等益智游戏），它的基本变量也有两个：即(1)输入/出管理，指对任务成功参数来说，哪些信息必须被明显地组织、重组或只是简单改变；(2)输入有效性，指考生是否要求通过有意义的方式搜索基于任务表现的信息。表 9-1 中的交际要求指给定的任务决定了交际语言的活动类型，受语言交流能力的影响，这种语言交流能力将对某些考试的难度产生巨大影响。它的基本变量有：(1)模式，指任务是否具有产出性成分并与任务表现成功紧密联系；(2)应答程度，考生对在线输入/实时感的应答水平。

　　根据表 9-1 的难度矩阵，选择健康休闲/娱乐这一典型任务来评估考生的语言表现能力，并通过实验得出表 9-2，即典型的任务难度矩阵——语言行为评价。从表 9-2 中可以看出任务 A9 难度最大。

表 9-2　典型的任务难度矩阵:语言行为评价

成分		语码>		认知复杂性>		交际要求>	
特征		范围	输入源	输入/出管理	输入有效性	模式	应答程度
任务主题	差异指标						
A1 看哪部电影	5	+	+	−	+	+	+
A2 选择合适的电影	4	+	+	−	+	+	−
A3 计划周末活动	2	−	+	+	−	−	−
A4 选择去聚会的路线	2	−	+	+	−	−	−
A5 使用约会服务	5	+	+	+	+	+	+
A6 获得医疗忠告	4	+	−	−	+	+	+
A7 小心服用药物	1	−	−	−	−	−	+
A8 戒烟	4	+	+	+	−	+	−
A9 从医疗热线获得劝告	6	+	+	+	+	+	+

(注:本表从 114 项潜在语言任务中选其中的 9 项作为例子,节选自 Norris et al,1998)

任务型评价把任务本身作为最基本的分析单元,从而成为测试任务选择、评价工具建构以及评价任务表现的依据。因此,为了完成表 9-2 中的任务表现评价,要求测试设计者必须先设定好效度论证(validity arguments),并谨慎地设计合适的试题类型,这样才能确保考试测量了我们想测量的内容。尽管内容效度的理论论证法也适用于其他类型的测试,但在 CRLT 任务型教学中有极强的实用性(罗少茜 2009),也通过后面将谈到的构念效验中的分层结构法作进一步验证。

二、工程英语阅读测试评估实例

表 9-3 是另一基于任务型行为——"工程英语阅读测试"的评估实例,在该实例中,我们选取了语言因子和工程因子两大项作为测试任务对四种不同类型的学生进行测试,本次试验参加者为:美国某大学工科类学生和非工科类学生、中国某大学工科类学生和非工科类

学生,其中人数各半,即每组 29 人。其中非工科类学生都为人文学科的学生。通过测试数据的原始分析结果修正测试,并对试题进行描述统计报告、信度估计和评判试卷的效度。

表 9-3　工程应用阅读测试项目计划

Ⅰ.语言因子	Ⅱ.工程因子
A. 衔接	A. 事实项目
1. 参考项目	B. 推论项目
2. 替换项目	C. 词汇
3 词汇衔接	1. 准技术词汇项目
4. 连词	2. 技术词汇项目
B. 非技术词汇项目	D. 科学修辞功能项目

通过基于任务型行为的评估计划,我们已经为测试的效度建立了证据,再经过详细计划项目类型,基于有效的文献和访谈一些工程教授,规定想要测试项目类型的理论范畴,就可以进行下一步骤——施测和发现想要评估的内容是否得到很好的测量。在后面的差异组群构念效度研究章节中会有进一步的介绍。

9.2.2　内容效度的专家判断法

内容效度的专家判断法(expert judgments approach to content validity)首先必须判断专家的身份,专家指那些经过培训或具有测试内容、过程经验和知识的人群。然后请这些专家判断并验证测试内容的有效性。

显然专家判断法从理论证据法中获得极大的利益,如果该测试经过基于理论、研究和实践的检验,专家们将更好的判断 CRLT 的内容效度。从某种程度上来看,专家判断法也是利用理论证据法。专家判断效验在实际应用中测试设计者应注意如下几点:

1. 确信专家们具备与设计者们共有的专业知识,即必须是同行专家,同时这些专家对试题的设计在大方向上必须与设计者保持一

致,这样,专家们凭借经验就能确定所测试的内容范围是否适合;

    2. 专家们对每项试题的评判都必须很明确。因此,专家们在评判试题之前,测试设计者应提供给他们明确的类似于评分等级的表格,如就每道试题都标明 1 至 5 数字的评判表,1 表示完全不匹配,5 表示完全匹配(参见表 9-4);

    3. 提供有针对性的各题目的双项细目表,这样专家们可以对试题在形式、内容和是否与整个测试目标相匹配等方面进行评判。

表 9-4   试题内容评判表

评定者＿＿＿＿＿＿   日期＿＿＿＿＿＿   内容领域＿＿＿＿＿＿

    仔细阅读领域界定说明和测试题目,然后请标明你觉得每一题目是否测量了所要测量的领域。根据测试题目的内容与其所要测量的内容之间的匹配程度,对每一测试题目作出评定。请使用下面五点量表:

完全不匹配	基本不匹配	匹配	基本匹配	完全匹配

    在与每一测试题目对应的数字处画圈

目标	测试题目	题目评定					评论
1	2	1	2	3	4	5	
	5	1	2	3	4	5	
	6	1	2	3	4	5	
2	10	1	2	3	4	5	
	4	1	2	3	4	5	
3	1	1	2	3	4	5	
	3	1	2	3	4	5	
4	7	1	2	3	4	5	
	8	1	2	3	4	5	
	9	1	2	3	4	5	

    由于 CRLT 试题的编写与所授课程的目标紧密结合,而课程目标就是要被评估的内容,因此,每道题的编制都必须与所授的内容和

技巧相关。因此,内容效度是试题编制过程中必须综合考虑的部分,课程教师编写的试题不但要与课程目标一致,还需与他们所授的课程内容匹配。总之,内容专家评判的任务就是判断每一测试题目是否测量了领域界定说明(如教学或考试大纲)和课程所界定的内容。

表 9-4 适用的范围比较大,这种评定不用复杂的统计方法,一般只需求出评定结果的平均数或中位数就行了。当然,如需更精确也可以对每一题目的各评定结果的范围进行考察,这样就可以了解内容效度评判专家评定的一致程度。可以用经典测试理论中的中数方法来衡量专家的评定情况,并利用专家判断法得到的数据,通过计算内容效度比作为内容效度的证据,计算公式如下:

$$CVR_i = \frac{\left(n_e - \dfrac{N}{2}\right)}{\dfrac{N}{2}}$$

其中:

CVR_i＝测试中一个项目的值;

n＝认为该项目"重要"的专家人数;

N＝小组中专家总人数。

CVR_i 的取值在 ±1.00 之间,数值越大,内容效度越高。通过计算 CVR_i 可以看出每个题目的内容效度,也可以利用 CVR_i 平均值来判断整个测试的内容效度。但是,在实际工作中,由于内容效度判断的有关问题涉及范围较宽,常常很难用简单的"合理"或"不合理"进行判断,因此,常常难以通过上述的公式进行量化分析,更多采用专家分析、集体推断的描述形式进行内容效度的检验。当然,如需更精确也可以对每一题目各评定结果的范围进行考察,就可以了解内容专家评定的一致程度。

内容效度的另一效验就是前面提到的对任务难度的效验,除利用表 9-2 或 9-3 方法效验外,还可以利用统计软件采用相关系数来效验,如表 9-5 就是内容难度估计的专家评判相关系数表。表中显示了主成分和次成分之间评分员给出的分数。这些相关系数最低是输入有效性为 0.62,最高是应答程度为 0.94,这些数据强烈支持了内容效度的难度值,表示利用114个任务(参见表9-2)进行的行为测试与内容效度难度的评分有显著相关。

表9-5   内容难度估计专家评判相关系数表

主成分	次成分	相关系数
语码复杂性	范围	0.68
语码复杂性	输入源的数量	0.77
认知复杂性	输入/出管理	0.75
认知复杂性	输入有效性	0.62
交际要求	模式	0.88
交际要求	应答程度	0.94

◀┃9.3   构念效度┃▶

在第二章里已经谈到了构念效度的概念,它是CRLT中要考虑的最重要的问题,部分学者认为它是内部效度和外部效度提供的上级形式。正如Ebel和Frisbie(1991)给构念效度下的定义一样:"构念(construct)指心理构念,是对无法直接测量或观察的人类行为的一个方面的理论阐述。智能、学能、语言能力、阅读能力等都是这样的构念。"测试构念效度论证的目的是确定测试的结果(分数)是否与我们的期望一致。从某种程度上说,构念效度方法全部依赖于实验研究,如一个测试测量心理构念或想要测量的构念的程度,这种实验研究有许多形式,就CRLT来说,干预和差异组群构念效度研究是最合适和实用的方法。但是,构念效度的分层结构研究有时也有效。

9.3.1   干预组群构念效度研究

谈到CRLT的项目分析,在第五章中我们已经谈过干预性研究。干预组群效度验证通常需要三个步骤：(1)前测(组织试验前测试)；(2)过程(教授构念相关知识)；(3)后测(在课程结束后再次测验学生)。如果 CRLT 是合适的,则能准确地测量构念,学生后测的成绩会比前测的成绩明显提高,因为测试分数和课程指导(即干预)有关。这个过程就称为干预性研究,对此的研究可以作为构念效度的论证。

结合第五章表 5-6 显示在干预性研究中 DI 的计算实例,表 9-6 为该 CRLT 前测与后测信息的统计结果。从表中可以看出测试分数和课程指导(干预)有关。测试选取了 46 个阅读试题($K=46$),Pre A 和 Pre B 表示试验前测试,Post A 和 Post B 表示试验后测试,最后两行数字是两次测试的偏差,测前和测后原始平均分的偏差 A 测试为 3.62,B 测试为 2.67；对应地百分率为 7.87%(组 A)和 5.80%(组 B)。但统计结果有不足之处:(1)试验前和试验后的人数并不匹配(试验前 35+29=64,试验后 26+35=61),某些试验前成绩高的学生没有参加试验后测试,64 个学生中只有 58 个两次均参加了测试。(2)46 项测试中,有些题目的差异指标很低(如低于 0.02)甚至为负值,这样的题目要考虑过滤或去除；有不少同类试题,差别不大,甚至重叠,即那些高差异(high difference)题目未经项目分析和 B 指标分析。因此,为了消除以上的不足,对表格进行了修正,只取同时参加两个测试的学生成绩做分析($N=58$),减少测试项目到 30 项($K=30$),由表 9-7 可见偏差小了,A 组为 4.31,对应百分率 14.37%,B 组为 3.52,对应百分率为 11.73%,A、B 两组试验前和试验后的成绩差距变大了。

在干预组群研究中,试验前和试验后的差别越大越能说明效度验证的成功。但是,到底差别多大时才可以被理解为效验成功呢？它需要满足统计学上的显著差异(比如 T 检验、ANOVA 方差分析等)才能被接受,因为任何的差异没有经过统计意义的分析都是属于偶然的。判断是否有显著差异应基于差异的大小,包括一些因素如指示语的长度、学生的水平和教学资料的难度等等。

表 9-6　CRLT 前测后测描述统计结果($K=46$)

统计结果					
测试	人数	原始均分（Raw M）	原始标准差（Raw SD）	M(%)	SD(%)
Pre A	35	31.11	5.18	67.63	11.26
Pre B	29	30.90	5.47	67.17	11.89
Post A	26	34.73	4.86	75.50	10.57
Post B	35	33.57	3.81	72.98	8.28
Difference A		3.62		7.87	
Difference B		2.67		5.80	

表 9-7　CRLT 描述统计修正后测前和测后的统计结果($K=30,N=58$)

测试	FORM A				FORM B			
	Raw M	Raw SD	M(%)	SD(%)	Raw M	Raw SD	M(%)	SD(%)
Pre-test	17.97	4.15	59.90	13.84	19.24	3.24	64.13	10.80
Post-test	22.28	4.05	74.27	13.52	22.76	2.61	75.86	8.69
Difference	4.31		14.37		3.52		11.73	

表 9-8　阅读测试干预组群效验的重复测量方差分析结果

变量源	SS	df	MS	F	p
两组之间					
Form difference	8.20	1	8.2	0.44	0.509
Within Cells	1039.66	56	18.57		
组内之间					
Pre/post difference	440.13	1	440.13	57.36	0.000
Form By Prepost	15.30	1	15.30	1.99	0.163
Within Cells	429.67	56	7.67		

　　表 9-8 利用方差分析对表 9-7 进行统计,回答了三个问题:(1)前测和后测的平均值差异是否属于显著性差异? (2)A、B 两组的平均值差异是否属于显著性差异? (3)测试时间和测试组是否有相关性?该表有三个需注意的事项:(1)A、B 两组的 $p=0.509>0.5$,说明两组没有显著性差异;(2)测试时间(前测和后测)的 $p=0.00<0.01$,说明两者具有显著性差异;(3)测试时间与测试组没有显著的相关性($p=0.163>0.05$)。

　　第一个结果说明 A、B 组均差为偶然波动(chance fluctuation),因为我们希望两组尽量平衡;第二个结果说明表 9-7 显示的前测和后测的平均值差异是有显著意义的,它们不是偶然的波动,前测、后测分数的获得是基于教师的干预(如教学)或者有助于提高阅读能力的其他因素;第三个结果显示测试组与测试时间不相关,也就是说这个结果对测试组和测试时间都清楚且自成系统。因此,在用干预性研究进行 CRLT 效度验证时必须注意以下几点:

　　(1)确保前测和后测为同一批学生;

　　(2)进行项目分析和对前后两次不同数目试题的统计结果进行比较,剔除差异指标过低的题目,保证 CRLT 试题的有效性;

　　(3)干预性研究主要针对外语学习,观察差异值也可能受日常生活中语言习得的影响。

　　语言学习完全不同于数学中分数的学习,语言学习是一个日积月累的过程,学前考试和学后考试数值哪怕只有细微的差异也可认为是显著的。CRLT 项目分析中差异性指标对 CRLT 效验很重要,目的都是使测试拟合课程,逐题地进行项目分析,其目的也是让课程与测试拟合,课程改革正是为了更好地适应测试,以完成课程目标。总之,通过干预性研究发现,课程改革可以提高均值百分率。

9.3.2　差异群体构念效度研究

　　差异群体构验效度研究(Differential-groups construct validity studies)首先设计两个群体:即掌握构念的掌握组(masters)和未掌握构念的未掌握组(non-masters)。如果掌握组均值显著高于未掌握组,说明均值与构念有显著相关,反之说明没有太大相关。然而,两者的均值差别多大时可以作为判断标准呢？作者认为应该建立统计分析证明均值的差别与因素有关而不是随机出现的结果。此外，均值的差异越大，则效度验证更令人信服。

这里举两个例子说明为建立测试的效度验证所采用的不同方法。第一个例子(Brown1982)是选择了实际不同群体作为效验的一个论据来测试工程英语的阅读能力，第二个例子是设计掌握组和未掌握组即表 9-6 中前测和后测中组 A 和组 B，作为不同群体进行效度验证。

1. 实际不同群体指那些已经接受过构念的测试人群，另一组是未接受过构念的测试人群。不同群体研究的问题集中在测试是否对工程英语阅读能力的效验有效，参加者即为前面提到过的某大学工科类学生和非工科类学生，每组 29 人，检测他们的整体英语水平，这里非工程类都为人文学科的学生。利用前面所提到的理论和描述统计计算出结果见表 9-9。可以看出，美国工科学生平均分最高 50.52（总分60），中国非工科学生平均均值最低 27.38。所有工科类学生的平均分数为 43.74，非工科类学生平均分数为 36.09。这个结果可以说明测试的效度很高，因为掌握了工科类阅读能力的学生，成绩高；而没掌握的则成绩低。该测试同时也测量了中国学生的英语水平，从表 9-9 的结果也可以看出中国的工科类学生比非工科类学生更好地掌握了相关知识。

表 9-9　不同群体工程英语阅读测试研究描述统计结果

国籍	专业		
	工科	非工科	总计
美国	$M=50.52$	$M=44.79$	$M=47.66$
	$S=3.91$	$S=6.94$	$S=6.31$
	$n=29$	$n=29$	$n=58$
中国	$M=36.97$	$M=27.38$	$M=32.17$
	$S=8.22$	$S=6.63$	$S=8.92$
	$n=29$	$n=29$	$n=58$

续表

国籍	专业		总计
	工科	非工科	
合计	$M=43.74$	$M=36.09$	
	$S=8.54$	$S=6.97$	
	$n=58$	$n=58$	

　　为了进一步说明所观察到的不同不是由于偶然的波动引起的,我们对表 9-9 的数据进行方差分析统计,从表 9-10 可以看出平均分与专业和国籍(母语差别)都有显著关系($p<0.01$)。因此,不同群体的研究支持了工程英语阅读测试(CRLT)的构念效度验证。

表 9-10　不同群体组工程英语阅读测试研究双侧方差统计结果

Sources	SS	df	MS	F
专业	1699.45	1	1699.45	35.88*
国籍	6951.76	1	6951.76	146.75*
专业×国籍	108.14	1	108.14	2.28
残差	5305.65	112	47.37	
合计	14064.99	115	122.30	

　　* $p<0.01$

　　2. 掌握组与未掌握组不同群体即为前面提到的组 A 和组 B 两个不同群体。从表 9-6 到表 9-8 通过前测和后测可以很清楚地看出如何运用掌握组与未掌握组群体来进行效度验证。

　　通过以上分析可以知道:从教育角度来看,CRLT 项目编写和项目分析都应考虑内容和构念效度验证,也就是说,项目选择和试题校正是结合在分析和改进测试的效验过程中。在某种意义上,用于决定 CRLT 及格或不及格的策略(即确定切线)可以帮助建立差异组群:即哪些学生通过考试(掌握组)而哪些学生没有通过考试(未掌握组)。通过上述两组不同群体构念效度研究,可以得出差异组群效验的两个方法:(1)比较那些通过考试(掌握组)和未通过考试(未掌握组)的学生成绩,发现通过与否是由考试本身决定的;(2)通过检验项目适度值、B 指标、A 指标等统计显示学生答题的正确性与试题本身以及学生是否通过科目考试都具有很大的相关性。

9.3.3 分层结构的构念效度研究

让我们回到前面任务型行为评估方法那里对分层结构(Hierarchical-structure)的构念效度研究——作为效验 CRLT 的另一效验法来解释它。所谓分层构念效度研究采用的是单向度编制量表或问卷的方法并借助 Guttman(1944)量表图进行逻辑分析,它特指构念效度中测试试题在某种程度上具有很清楚的理论分层关系。在这种情况下,根据理论我们预测基于任务型行为的任务难度就非常大,这意味着那些通过高难度考试的考生也将通过中等程度和容易的考试;而那些没有通过高难度的测试的考生,但若通过了中等程度的考试则一定能通过容易的考试;同样,那些只通过了容易考试的考生则无法通过任何更难些的考试。也就是说任务必须依据理论预测难度进行分层。表 9-11 为分层结构效度验证的蕴含量表,通过该量表显示了分层的情况。

表 9-11 选择了 19 位学生,进行了 7 项任务,表中的 1 表示学生获得或高于平均值的 60%(由 3 位评分员打分),这说明通过了该任务;0 表示获得或低于平均值 59%,表示未通过该任务。表中右边最后一栏是对获得 1 的学生进行了总计,每栏中获得 1 的总计数目放在了底下,这样按从高到低、从左到右的降序排列。这样有利于接下来的分析。中间曲折的线为分层线,基于该线可以计算出不符合的项目数,在分层线左边和上面的 0 数目应为 1,而在分层线下方或右边为 1 的数目应为 0,这样每栏中不符合的项目,统计在下面的 ERRORS 一栏内。复制系数(coefficient of reproducibility)的统计可以用下面的计算公式说明:

$$CR = 1 - \frac{\sum E}{N(k)}$$

表 9-11 分层结构蕴含量表(组 P)

学号	A20	B20	A18	C15	F7	E22	A9	TOTAL
9	1	1	1	1	1	1	1	7
19	1	1	1	1	1	1	1	7
11	1	1	0	1	1	1	1	6
16	1	1	1	1	1	0	1	6
18	1	1	1	1	1	1	0	6
36	1	1	1	1	1	1	0	6
41	1	1	1	1	1	1	0	6
10	1	1	1	0	1	1	0	5
14	1	0	1	1	1	0	0	4
21	1	1	1	0	0	0	0	3
24	1	1	0	1	0	0	0	3
12	1	0	1	0	0	0	0	2
23	1	0	1	0	0	0	0	2
28	1	0	1	0	0	0	0	2
31	1	0	0	1	0	0	0	2
25	0	1	0	0	0	0	0	1
32	0	1	0	0	0	0	0	1
38	0	0	0	1	0	0	0	1
39	0	0	0	0	0	0	0	0
SUM of 1s	15	12	12	11	9	7	4	
ERRORS	0	3	5	4	0	1	0	13
DIFFICULTY	2	4	2	2	4	4	6	
CR	0.9023							
p	0.79*	0.63*	0.63*	0.58*	0.47	0.37	0.21	
q	0.21	0.37	0.37	0.42	0.53*	0.63*	0.79*	
MMR	0.6543							
PI	0.2566							
CS	0.7423							

* 表示有较高 p、q 值的试题

其中：

    CR＝有效重复系数；

    $\sum E$＝不符合项的总和，所谓不符合项为按能力区分，容易的试题，考生没通过，而较难的试题考生却通过了，共计 13 项。

    N＝测试人数 19；

    k＝测试任务（项目数）7。

    则：$CR=1-\dfrac{13}{19\times7}=1-\dfrac{13}{133}=1-0.0977=0.9023$

另外一个统计量需要计算的是可扩展性系数（coefficient of scalability，CS），为了获得该值，必须先计算几个中间变量：

（1）每栏通过任务的项目即 1 的百分率 $p=\dfrac{N_1}{N}$ 即每栏中通过的项目数除以考生人数；每栏未通过任务的项目即 0 的百分率 $q=\dfrac{N_0}{N}$ 即每栏中未通过的项目数除以考生人数；

（2）然后计算最小临界重复值（minimum marginal reproducibility，MMR）即为 p 或 q（取大值者）的平均值除以项目数 k，公式如下：

$$MMR=\frac{\sum p_{or}q}{k}$$

其中：

$p_{or}q$ 为 p 或 q 取大值者进入计算，如 $p_1>q_1$，则取 p_1 计算；若 $q_2<p_1$，则取 q_2 计算。

k 为项目数

计算 MMR 值要注意表 9-11 中标有 ＊ 号的 p 或 q 值，因此：

$$MMR=\frac{\sum p_{or}q}{k}=\frac{0.79+0.63+0.63+0.58+0.53+0.63+0.79}{7}$$

$$=\frac{4.58}{7}=0.6543$$

（3）接着我们用下面的公式计算提高百分率（percentage of improvement，PI）

$$PI = CR - MMR$$

则表 9-11 的 $PI = CR - MMR = 0.9023 - 0.6453 = 0.257$

(4)最后必须计算扩展性系数(CS)

$$CS = \frac{PI}{1 - MMR}$$

则表 9-11 的 $CS = \frac{PI}{1 - MMR} = \frac{0.257}{1 - 0.6543} = 0.7434 \approx 0.74$

解释关键的 CR 和 CS 两个量，Guttman(1950)认为 CR≥0.90 是判断等级的必要条件；Dunn Rankin 则认为 CR≥0.9 和 CS≥0.6 是判断等级的必要条件。

在效度定义中，表 9-11 的结果使用 60% 的切分线区分通过组和未通过组，则 CR 值约为 0.90 和 CS 值约为 0.74 支持了分层构念效度的假设。注意表 9-11 还有一栏为难度估计，这些数字 2、4 或 6(表示为容易、适中和难的任务)前面我们已经谈到过。除了 B20 任务外，其他任务难度值都与预测的蕴含量表完全一致。因此，我们应分析一下 B20 任务找出其不符合我们预测的原因。其他的任务都支持了分层—结构构念效证的假设。

表 9-12　所有组的蕴含量表统计值

各组统计值	切　线		
	40%	60%	80%
组 P			
CR	0.9023	0.9023	0.9624
MMR	0.7143	0.6541	0.6767
提高百分率	0.1880	0.2481	0.2857
CS	0.6579	0.7174	0.8837
组 Q			
CR	0.8947	0.8872	0.8947
MMR	0.7444	0.6917	0.7218
提高百分率	0.1504	0.1955	0.1729

续表

各组统计值	切　　线		
CS	0.5882	0.6341	0.6216
组 J	40％	60％	80％
CR	0.9714	0.9286	0.9857
MMR	0.8571	0.7857	0.9143
提高百分率	0.1143	0.1429	0.0714
CS	0.8000	0.6667	0.8333

　　表 9-12 为其他项目的蕴含量表,从表中可以看出组 P、Q、J 切线分别为 40％、60％和 80％,检测 CR 和 CS 值可以很快发现组 P 和组 J 是可称量的(scalable),而组 Q 则不然。过后对组 Q 进行了更大量的样本分析,发现组 Q 也是可称量的,目前提供的数据至少说明组 P 和组 J 支持分层—结构构念效证。有关分层结构构念效验在语言测试中的运用不多见,虽然在教育心理测量中有所介绍(张厚璨 1992),但也着墨不多,有关它的实际运用有待进一步的探讨。

◀| 9.4　内容效度和构念效度的关系 |▶

9.4.1　关系

　　Messick(1989)曾指出内容效度就是指测试是否具有内容代表性和内容相关性,从上面我们看到,理论证据或专家判断效度都可用于完成内容代表性和相关这两个任务。Messick 在同个章节也指出内容效度作为效度的唯一基础有其局限性,他说(1989):"与其说内容效度关注测试分数,不如说是关注测试的形式;更注重测试测量,还不如说是注重工具。"

　　接着他阐述:"严格地说,甚至从内容的观点来看,在测试中概念化内容效度,不如在专家判断领域相关性和代表性中来得更合适。焦点应该不是在测试上,而是在测试和相关领域的关系上。"

因此,可以简单承认内容效度应该概念化为属于专家的判断而非内容效度本身,我们还可以再认为内容效度在 CRLT 中是必须的,但不足以论证作为构念效度的前提条件。就其本身而论,内容和构念效度是不可分的。正如 Messick(1988)指出:"特别地,内容相关推论是不可与构念相关推论分开的……测试题目和任务是紧密关联并具有代表性,因为他们是构念效度相关测量以及领域知识和技能的代表。"恰如在本章开头所指出的,如果论据(arguments)是由一系列观点收集而来,则无论对谁而言,测试分数的效度论据都可信,因此,从多方面来看,CRLT 中的内容效度和构念效度都须慎用。

另一种方式看待内容效度和构念效度关系的方法即内容效度是构念效度的一个方面。如 Messick(1996)指出:"构念效度的内容方面包括内容关联的证据(evidence)和技术质量的代表性如恰当的阅读水平、清晰的释义能力或准确的打字能力等等。"总之,尽管我们接受内容效度是构念效度的一个方面,但依据代表性和题目关联来看,从理论论据和专家判断观点仔细探讨 CRLT 内容效度是确保准确定义任何一个 CRLT 效度的关键步骤,这一事实不容改变。

9.4.2　联合内容和构念效度

应用不同的方法或者联合应用不同的方法去研究标准参照语言测试的效度更容易让人理解和接受。比如,前面谈论的"工程英语阅读能力测试",内容效度和差异组论证法两者联合验证该测试的效度。

再有表 9-9 揭示美国工科学生如何胜出非工科学生以及胜出中国工科学生,而中国工科学生又如何胜出非工科学生的;表 9-10 则通过方差结果 $p < 0.01$ 表明工科和非工科,及母语和非母语之间差异的显著性。以一种"特别的标准参照方式(a very criterion-referenced way)",表 9-13 的分析结合了内容效度论证包含了表 9-9 的差异组构念论证。此表显示了各组的分数百分比,左栏为每个项目类型的分

比,右栏为每个项目类型分测试。如,语言因子下的"参考"一栏,美国工科学生表现最佳平均正确率为 82％,其次为美国非工科类为 67％,接着为中国工科类学生,最后为非工科类学生。表 9-13 显示的分数百分比与表 9-9 属同一类型。也就是说,美国工科学生表现最佳,下来依次是美国非工科类学生、中国工科类学生、中国非工科类学生。该模式适合每一种 CRLT 测试或分测试(subtest)。同时支持内容效度的分析和不同构念效度的验证。该分析还可以得出下面的结论:如,快速浏览表 9-13 发现有些分测试明显易于其他的测试,实际上,在所有的调查中诸如语言因子测试比其他的如工程因子测试要容易。

表 9-13　差异组群在各项目类型上的行为表现

项目类型	美国		中国	
	工科(％)	非工科	工科(％)	非工科
语言因子				
参考	82	67	60	52
替换	100	79	77	41
词汇衔接	94	64	63	55
连词	85	80	66	65
非技术词汇项	97	95	78	72
工程因子				
事实	89	81	62	48
推理	90	69	59	36
准技术	71	65	59	28
技术词汇	80	52	42	21
修辞功能	92	91	81	50

正如 Brown(1988)指出:工科类的项目(项目计划表参见表 9-5)比语言类项目更有效。语言类项目仅有 34％分介于高和低分段

（包括美国和中国的 TEFL），而工科类项目同样的数字为 49 分，从理论角度，仅使用工程类项目也许更公正，因为通过专家检验"真实（authentic）"和"诚恳（genuine）"，则认为工程任务更"真实"。这些附加的信息在以后的修正测试中被证实有用，并可提高测试的效度。

总而言之，采用各种方式研究 CRLT 效度，甚至联合那些各种方法可以更好地理解一个测试是如何测量构念的，构念又是如何工作的，以及怎样的内容类型最适合测量构念。简短地说，无论是逐个或联合地使用各种效度的效验方法，都将帮助测试开发者检测他们想要测量的数据和"构念"这个内涵在理论和实践上是如何被定义的。

在本节的例子中，联合几种效度方法不但帮助我们理解了测试是如何测量"工程英语阅读能力"构念的，还帮助我们发现哪些分测试在该测量中最重要。

◁▏9.5　效度扩展观▕▷

在 20 世纪的最后十年里，对效度内涵、效度观念的扩展引起了许多教育测量专家的争论。最初的专家有 Messick 和 Cronbach。Messick 在 1988 年提出必须考虑测试解释及使用的证据和影响基础，Cronbach(1988)指出应从功能、政治、经济和解释性视角对效度提问，下面就这些问题作一些深入的研究。

9.5.1　Messick 的效度观

Messick(1988,1989)提出效度统一理论，并重新定义了效度，即："经验证据和理论依据在多大程度上支持基于测试分数或其他评估方式所作出的推断或采取的行动是充分和适当的？对这个问题的综合评价性判断就是效度。"他对效度的基本看法好比如律师掌握着委托人的证据那样。Messick 认为效度研究应该作为一个论据或一组论据为测试的有效性服务，这与概念中的效度属性有较大差别，概念中的效度只是测试的某种特征。这种效验的观点应该扩展至不但律师需掌握着委托人的证据,而且还要包括检察官的证据,以备防守,也如证据为分数推理寻找替代解释一样。这一观点,说明构念效度验证不只是某个测试或一组测试的效度,正如前面表 9-12 所示,组 Q 是不可称量的,当然这也可能基于某项分类中的评分以及三项难度分类的过于绝对,假设有某个附加种类极其依靠特别任务或环境,则基于测试方式背后的效度验证就可以被接受。

Messick 的效度统一观点提供了两个目的:(1)确立了构念的核心地位,加强了对构念效度作为效度整体概念的一致认识;(2)明确了效验的对象是测试分数的解释和使用,而不是测试本身,并把效度的涵盖范围由分数意义扩展到相关性和使用(relevance and utility)、价值含义(value implication)及社会后果(social consequences)。多数都认为 Messick 的这一观点是针对常模参照测试而言的,其实这种概念化应用也一样适用于标准参照测试。

Messick 用"分层效度框架"(facets of validity framework)表达自己的效度思想。表 9-14 中,Messick 在表的左边提供了两种试验信度依据:证据基础(evidential basis)和后果基础(consequential basis)。证据基础注重于从已测试的相关资料、信息作出的经验性判断,后果基础注重于测试本身的结果或测试后期的效果。该表中 Messick 列出了测试的两个功能:测试的解释和测试的使用。测试的解释着重于对哪些测试解释是适合和公正的程度;而测试的使用则是基于对哪些测试行为是适合和公正的程度。

表 9-14 Messick 效度层面渐进矩阵

	测试的解释	测试的使用
证据基础	构念效度	构念效度+相关性/实用性
后果基础	价值含义	社会后果/影响

我们对表中的每个因素进行分析。左上方的因素是基于证据层面上的测试解释,这种测试解释是构念效度基于经验调查的意义(包

含与其他构念有关联的理论背景）。右上方的因素是基于证据层面
上的测试使用，这种测试使用不但包含了构念效度的经验调查意义
还包括了相关性/实用性的意义（即包含了与其他相关和实用性有关
的理论背景）；左下方的因素是基于测试解释的后果基础，该层面包
含了分数解释的价值意义（内涵包括好与坏、令人满意与否等）。测
试解释的价值含义对测试影响更具有政治和情景来源的社会价值。
这种测试解释的价值含义传统地被认为是使用测试分数者的道德职
责，因为只有分数使用者才了解在特定的环境、特别的教育和政治情
况下，实施测试并产生决策的后果。

与此相比，右下方的因素是基于后果层面的测试使用，具有测试
使用的社会影响意义，即价值环境中隐含的手段和目的，或是计划测
试使用结果以及影响实际应用测试的具体事物（the concrete after
effects of actually applying a test）。测试使用的社会影响包括"建
议使用的潜在社会后果评估和使用时的实际后果"。这种社会后果
被传统地认为是测试使用者的原始职责，因为只有那些分数使用者
才知道他们的决定造成社会、政治和个人的后果。近期，这种职责转
变到测试设计者身上，因为这些人负责预测测试将如何使用或滥用
以及使用后的社会影响，正如必须遵从通过研究利用测试而作出的
真实生活决策，进而影响实际使用的测试。

自从 Messick 表明他的效度多层面观后，在教育测量领域里引起
了相当大的争论。如，Shepard（1997）争论后果效度（consequential
validity）的重要性，Linn（1997）则争议说："使用和解释测试分数的后果
是使用和解释评价的中心。后果的评价恰好属于效度领域。"与此相
比，Popham（1997）认为后果要重点关心，但实际上这是错的，因为这将
"社会后果绑在了效度架构上了"。

在效度的后果基础上实施 Messick 的观念，引起了各种结果或测
试使用和解释影响之后的证据收集。Lane、Parke 等（1998）建议至少
调查测试（或测试计划）的预期效果（intended effects）和非预期效果
（unintended effects），诸如在表 9-15 列出的概括性问题。表中都为"是
与否"问题。这种对后果层面进行效度评价的总目标将决定测试（或

测试计划)是否具有预期效果,或者是否有非预期的效果需要修正。

表 9-15　评价评估后果的架构

1. 预期效果
(1)是否因测试需修改课程?
(2)是否需提高指导策略和指导内容?
(3)是否需加强课堂测试和小测的形式和内容?
(4)学生、教师和教育管理者的动机是否有增强?
(5)是否支持和增强了专业发展?
(6)所有学生的学习是否有所提高?
(7)教师参与测试过程的人数是否增加了?
(8)学生、家长、教师和教育管理者等对测试的意识是否增强了?
(9)学生、家长、教师和教育管理者等对判断行为意识是否增强了?
(10)学生、家长、教师和教育管理者等是否增强了使用测试结果的意识?
(11)学生、家长、教师和教育管理者等是否提高了对考试准备材料的价值和
　　性质(value and nature)的意识?
2. 非预期效果
(1)是否存在滥用测试结果?
(2)是否存在对学生、家长、教师和教育管理者等负面影响?
(3)是否有因上面的预期效果而导致下面的非预期效果:
①缩减了课程和课程要求;
②使用与考试相近的考试准备材料或未按课程要求操作;
③使用不符合专业要求的考试准备材料;
④考试时给部分学生加小灶;
⑤不公平或不符合规范地使用考试结果(如,仅用考试结果来评价老师等)。

　　与 Messick 的基于证据层面和后果层面的效度观点区别的是,Lane 等(1998)进一步建议使用多种信息来源(如学生、教师和行政管理人员)以及多类型的数据工具(如访谈、问卷调查和课堂观察)来评价后果层面上的测试使用和解释的效度。

　　目前有关语言测试后效作用的文献,尤其是负反拨方面的文献都与后果层面上的效度有直接关系。比如 Alderson 和 Hamp-Lyons(1996)总结和综合了一系列的概念,并讨论了测试在许多方面都有负反拨效应,如在教学、课程内容、课堂特征和课堂时间等。我们把这些

呈现在表 9-16 里，表中的问题都可以用于评价后果层面效度。

表 9-16　负面反拨作用

教学因素

1. 教师是否因考试而缩减教学课程？

2. 教师是否因考试而停止所授课程进而转向复习与考试相关的材料？

3. 教师是否用与考试相近的材料代替课本？

4. 教师是否教学不规范？

课程内容因素

1. 学生是否被教成"测试型"？

2. 学生是否都被迫地接受应试教育？所进行的是否都是与考题形式一样的训练？

3. 学生在课堂上是否都受测试策略训练？

4. 学生是否有学词汇和语法原则（或其他方面的语言原则）？

课程特征因素

1. 学生所受的教育是否为不适当的语言学习和语言使用策略？

2. 是否有削落对复杂思维和解决问题技能的培养？

3. 课程是否会提高学生考试成绩而非提供他们将在大学所需的语言交互性知识？

4. 课堂氛围是否紧张？

课堂时间因素

1. 学生是否要求参加额外的考前班或考前培训？

2. 复习部分是否被加在正常的课堂上？

3. 学生是否逃避正常语言课程时间而为考试学习？

4. 学生是否因考试而失去辅导时间？

一般地说，测试的使用和对结果的解释最为重要，尤其对 CRLT 来说，比如，试题选择技巧采用 B 指标，而效度证据采用通过或未通过差异组策略。显然，B 指标是通过决定决策结果来进行试题选择的一种技术；而通过或未通过差异组方法效验也同样关心决定决策的结果。在 CRLT 本质中，测试使用与结果的解释相互交织（interwoven）。因此，思考这些后果或影响以及伴随的价值含义能加强 CRLT 的效度验证。

9.5.2 Cronbach 的效度观

Cronbach(1988)总结了测试效度必须解决的 4 个问题:功能视角、政策视角、经济视角、解释说明视角。

一、功能视角(Functional perspective)

Cronbach 从 1988 年开始探讨有效测试的功能。他指出历史上测试效验关注于对测试解释的内容和真实性上,近年验证程序转向关注于分数解释的价值,毋庸置疑,为使测试效度验证更有效,分数解释的价值和分数解释的真实性都是应该考虑的,然而,其两者并无须紧密相连:

(1)比如,CRLT 的价值在于"测试有利于学生的进一步学习或者有利于指导来年的教学"(Cronbach 1988);

(2)同时,必须意识到测试还存在保守主义的思想,也就是说,构念是在特定的时期被定义的,在这种情况下,价值的概念也是会改变的,因此,社会模式改变,则测试的构念也会随之改变;

(3)因此,验证者必须复审测试实践是否适合人们或组织机构所期望的后果。

以上的观念与 Messick 是一致的。

二、政策视角(Political perspective)

政策视角主要关注于人们是怎样利用测试分数来作出决策的。其中的一个主要因素是我们常常忘记所有的语言测试决策或者说语言课程决策都是政策性的。因为他们离不开当地、内部机构的政治影响,如果受政治家或公众的关注,则测试将考虑更多的政策影响。

Cronbach(1988)还指出为考虑政治制度而保持信仰的一致性是没必要的:

当每个党派都意识到他们待定的决策将影响到各自的利益时,民主起着很好的作用。为候选人的问题,研究者应该征求各类利益相关者,然后将这些资料审核并公布以免影响民众的判断。评估人必须抗拒压力集中精力做那些执政人(persons in power)详细说明的事情,并将之作为他们的主要问题。

但作为测试员在民主构架下,我们的职责是什么?

测试设计专家如果没有清楚和充分地解释测试实践,那么非专业人员(即政治家、公众等等)就会作不利于测试专家的决策。概括地说,在何种程度上应试者被公正地对待与"公平"的定义都将是政治决定。我们应该努力形成科学和专业的决策,以便提供最好的信息给决策者。

三、经济视角(Economic perspective)

Cronbach 在对测试进行效度验证时还特别强调分类和使用定量判断来获得正确的决策。我们也应该考虑其他的经济因素包括考生和家长们在测试上的花费,以及因错误的决策所作的不适合的测试、效率低的学习过程所花的费用等。

测试施加在考生和家长们身上的花费有许多种情况,但多数是考试费和准备考试课程的花销,其他情感和心理上的消耗自然是不可忽视的,但这里我们指应试者和主办者财务上的花费。

当提到因错误决策而导致不适合的测试以及低效率的学习过程所产生的费用时,这些费用很多嫁祸在考生和家长们身上。比如,学生可能因错误的行政或人员分配决策而付额外的学费。总之,目前几乎没有相关文献从经济视角方面来关注语言测试的效度验证。

四、解释说明视角(Explanatory perspective)

测试效度中的解释说明视角是做研究需要的不同方法,用于支持构念效度和从一系列分数中演绎出结论。Cronbach 认为这些方法可以分成两类:弱势和强势方法。弱势法由探索性研究组成,以理解和观察出数据间的关系。弱势解释方法在语言测试中的例子包括用于搜索和期望了解的多因子自然测试的探索性因子分析,测试发展中的探索性有声思维等等。强势法则是指对构念理论的清晰定义和构建测试,以对该理论进行挑战并作实证分析。因此,强势法在批评家们开始攻击之前就必须预想到,并用一些可供选择的合理解释来检测他们。

9.5.3 对标准参照语言测试作决策

毫无疑问,一位以语言测试为主要应用的人必是决策者。同理,测试的效度在某种程度上直接地与测试分数的准确性相连,并对决策的作出起作用。在第八章中我们谈到一个正确的决策与标准参照的可靠性相关,并且利用置信区间可以改善决策过程,尤其是应对那些成绩在切线附近的学生作出准确判断。然而,如何划定一个确切的点作为结果判断的依据是测试效度的研究内容。关于切线、标准、决策和效度是如何关联的,可以归纳为以下七个问题:

(1)在课堂评估中应用传统的切线和曲线上的分级(grading on a curve)合理吗?

(2)是否是武断地划定切线?

(3)什么是标准设置?

(4)在标准设置中什么是可选择的?

(5)标准设置怎样帮助标准参照测试作出决策?

(6)标准和可靠性的关系是什么?

(7)效度和标准参照测试决策的关系如何?

以下就围绕上面七个问题进行详细说明。

一、传统的切线和曲线上的分级合理吗?

在北美,课堂老师通常决定学生的成绩至少达到60%,以便在期末的时候得 D 以通过课程期末考试。那么60%的切线是否合理?60%意味着学生知道所学内容吗? 什么使60%的决策有效? 传统的60%~69%的概念是 D 级(常常包括 D−、D 和 D+),70%~79%为 C 级(同样包括 C−、C 和 C+),80%~89%为 B 级(包括 B−、B 和 B+),90%~99%为 A 级(包括 A−、A 和 A+),制定这个标准合理吗? 能说“这是传统”就置之不理了吗? 什么使这些决策有效? 就因为是“传统”吗?

此外,如果测试难度出现较大差异该如何解决? 比如,某班的测试试卷明显难于其他班的,那么教师如何处理这么多不及格的学生? 教师使用“曲线上分级”来处理吗? 为什么这种方式就比传统的

60％有效？这些都是本节要解答的问题。

概括地说,最武断的切线决策系统就是传统的设置百分比切线即 60％或曲线上分级。曲线上分级就是使用正态分布来设置级别。图 9-1 描绘出了人们利用曲线分级定 A、B、C、D 和 F 的情况。那些在低于平均分一个标准差之间和高于平均分一个标准差的定为 C,在此之上,高于均分两个标准差的定为 B,低于均分两个标准差的定为 D,比此更低的少数者则定为 F。支持"曲线上分级"的语言教育家总是争论说需要这种"维持标准";这里的"标准"与在"标准设定"中使用的标准不同,"维持标准"指的是坚持和站在公共机构的立场上,而非为决策而设定分数点。

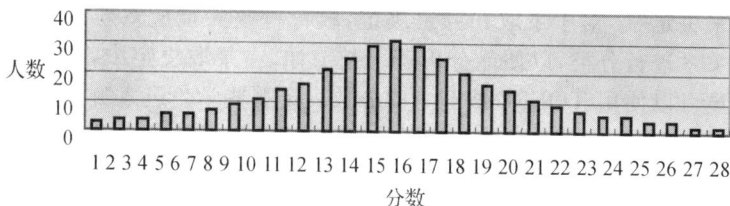

图 9-1 曲线上分级和正态分布

很明显,采用"曲线上分级"的一个主要前提是课堂测试必须是正态分布。当然,正态分布在语言教学中是常有的。比如,大规模的学生参加常模参照测试,如果测试是合适的,则他们的分数常常是正态分布;又如大规模的非母语学生参加的 TOEFL、IEFLS 考试,分数通常也都是正态分布的;以及我国的高考哪怕是各省的自行命题高考,由于参加的人数众多,尽管学生水平不均衡,但正态分布不但存在,而且是统计分析中强有力的模型(powerful model)。

遗憾的是,以课堂情况为基础的"曲线上分级"是有缺陷的,即大多数课堂测试和分级情况下的正态分布的分数是不可能存在的。这主要有三个原因造成为什么正态分布不是适合用于分析课堂测试和分级的模型。首先,小样本的课堂测试分数通常不按正态分布排列,同样哪怕是 TOEFL 考试,如是小规模的学生参加,分数的分布也不会是完全的正态。其次,学生在课堂上由于受分班程序或是个人选择(如喜欢和朋友在一起,或不喜欢上午或下午的课等)的影响而相对地将水平相近或语言背景相当的学生分在同一组。因此,在这种同质组中无法期望分数呈正态分布。再次,教师教某部分材料,然后测试该材料,这种教什么测什么更使得学生组趋向同质,所以无法指望在这样小样本又如此同质的课堂测试中分数能正态分布。

二、是否是武断地划定切线?

语言教师常常必须对他们的学生作出决策。有时教师必须用测试来制定录取或分班的决定,虽然这个决定通常是教育行政人员的职责,而通常教师参与的是自己课堂的诊断评估、进度和成就决定。

这样看来,前面两种决定即录取和分班决定应该用常模参照测试来决定[①]。对于录取和分班决定,教育行政人员应对学生按彼此的关系进行分类,以便能分出若干组。如,在录取决定中,教育行政人员可以使用 TOEFL 或高考的分数决定哪些学生进入哪些特别的学校。在分班决策中,教育行政人员可以用分班测试成绩来决定哪些学生分别到初、中、高级程度班级学习。总之,基于应试者常模参照测试的成绩可以用来作出这些决定。但有个问题是各个学校在制定录取和分班的分数线时是各不相同的,比如有的 500 分,有的 600分。他们根据什么制定这些分数线? 这样的制定方法是否武断?

前面已经探讨过诊断、进步和成绩决策最好都由标准参照评估作出。如,成绩决策用标准参照成绩评估,典型的例子就是期末成绩测试是课程结束时给出的。测试得到的分数用百分比来表示,那么,如前表述那些学生成绩在 60%～69% 之间得 D 的学生,以及得 C(70%～79%)等,那么到底达 60% 通过课程考试和那些达 59% 没通过课程考试的学生是怎么衡量出来的? 难道这些标准参照切线和常模参照切线一样(前面所述)是武断决定出来的? 答案是非常肯定的。然而,不管武断与否,语言教育者要作出录取、诊断、进步和成绩评估决策,标准是需要的,而且要合适的,还要考虑到社会和政治方面来作

---

① 这么说是根据语言学习的现状而作的,如果哪天真正的分层课程被开发出来,那么就没有理由不用 CRLT 进行分班测试了。

出决策。总之，从某种程度上来说，标准的决定会严重影响学生的心情和老师及出题者的工作思路，因此必须应用最实用的技能去制定标准。

三、什么是标准设置？

标准设置在这里就是切线的确定。标准设置在这里定义为决策的过程必须符合几点决定测试分数的切线，从而有效地决定学生的行为。为建立标准，教师或教育行政人员必须为一系列给出的测试分数作出合适的切线且作出决策。"切线"在此指如果学生的测试分数在这一点或高于该点，则这部分学生为一类（如及格或录取），而那些低于该点的学生则被分为另一类（如不及格、不录取）。如前所述，"切线"也可以把学生分成不同水平的各组，也可以被判断为掌握组和未掌握组，以作出诊断、进步或成绩决定。因此，当说到设立标准（standard）时，就是设立切线（cut-point）。标准的同义词为切线。

几十年来，在普通教育领域，标准设定已成为实质性问题；在语言测试中，标准的设定虽不是一个新领域，但在语言规划中标准却鲜被提及，标准不但常是作出重要决策的基础，且该决策还将在经济上和情感上戏剧性地影响学生未来的幸福生活。

四、在标准设置中什么是可选择的？

在第三章中已经谈到了标准参照中的标准设定（即及格的标准水平，参见 3.3.3）。在教育测试文献中提供了广泛的设定标准的方法，这里就前面提到的标准设定从语言测试的视角进行一些补充。

1. 状态—掌握方法（state-mastery approaches）。该方法被认为是最早的标准设定方法。方法预示考试特点是分枝型还是绝对型，比如通过某次考试，从分数上可以看出学生是否掌握了知识。这种方法比较适用于那些界限非常清楚的领域，比如数学，但在语言教学领域就不适用。因为这种方法只是简单地通过分数将知识掌握分为 0% 和 100% 两个点，不能客观地反映掌握情况。所以，许多教育测试专家提出了另外几种及格标准设定方法，即以测试为中心的设定办法和以应试者为中心的设定方法。

2. 以测试为中心的设定办法。该方法主要依靠专家的判断。主要有 Nedelsky,Anghoff,Ebel 和 Jaeger 四种方法。

前面已经介绍过 Nedelsky、Anghoff 和 Ebel 方法,这里来谈一下 Jaeger(1982,1989)的方法,与其他以测试为中心的方法相比,Jaeger 的方法更为复杂,执行起来非常困难。但相比缺点,该方法还是有很多可取之处,它在所有相关群体的考试、讨论、判断个人考试项目方面都显示出了很大的优势,表 9-16 显示了 Jaeger 标准设定方法。

表 9-16 Jaeger 测试为中心的标准设定方法

1. 从所有组群专家中判断测试结果的合法权益;
2. 判断测试的各题项和答案对问题"是"或"否",是否所有通过考试的学生必须正确回答这些问题;
3. 显示学生在测试中真实行为的判断数据和其他判断的答案;
4. 专家是否再测各题项并仍保持"是"与"否"答案;
5. 统计各专家设定标准为"是"的问题;
6. 通过计算专家判断样本,为各组专家统计测试标准;
7. 检测所有组群专家判断决定测试标准,并使用最低通过标准。

3. 以应试者为中心设定标准的方法。该方法和以测试为中心的设定方法不一样,它主要观察考生在考试中的表现。有两种具体方法:临界组方法和对照组方法(参见 3.3.3)。临界组方法需要专家先以某个学生的表现为基准参照。老师对学生的情况很了解,通过学生的课堂表现知道哪些学生的表现可以作为基准参照,从而判断其他学生的水平。这种方法需要老师对班级情况非常清楚,如果老师没教过某个班级或者没有融入某个班级,就不能用这种方法。对照组方法与临界组方法基本相似,对照组方法将可接受(acceptable 即掌握组)和不适当(inadequate 即未掌握组)的两组作为设立切线的基点。表 9-17 描述了对照组标准设置方法的主要步骤。

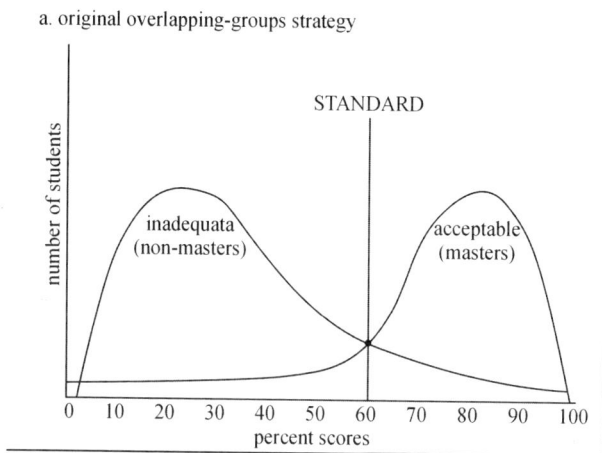

a. original overlapping-groups strategy

图 9-3 掌握组与未掌握组交叉点设为标准

表 9-17 对照组标准设置方法步骤

1. 以非常熟悉的学生为考试对象；

2. 确定掌握组/临界组/未掌握组三种考试成绩；

3. 利用考试过程中获得的信息(不是分数)判断学生该获得哪种成绩；

4. 执行考试；

5. 统计掌握组和未掌握组的分布情况；

6. 用下面四种可能方法设置标准切线(其中之一)：

(1)将掌握组和未掌握组两种分布图绘制在同一张图上，在两个分布图的交叉处设定标准线(图 9-3)；

(2)计算每次考试获得掌握学生的比例，在成绩比例的 50% 处设定标准线，作为掌握判断线(图 9-4)；

(3)(以设定者利益为主)将两部分成绩绘制在一张表格上(图 9-5)，允许两个分布图重叠，设定标准线，落在交叉点的右边通过切线的为掌握组，而未掌握组学生都未超过切线；

(4)(以保护考生利益为主)将两部分成绩绘制在一张表格上(图 9-6)，允许两个分布图重叠，设定标准线，落在交叉点的左边部分表明没有掌握的学生，并且成绩低于切线。

b. percentage of acceptable performances

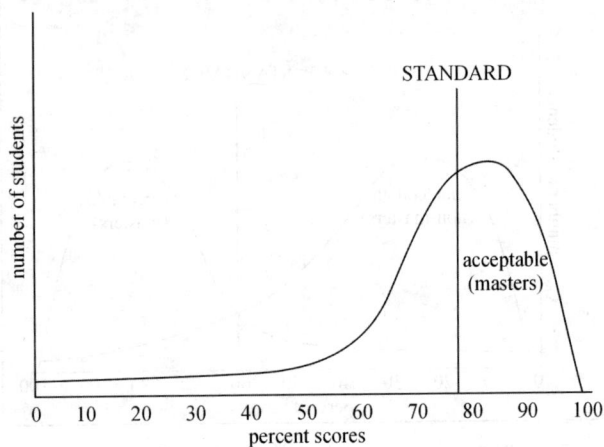

图 9-4　按掌握组学生的表现设定标准

c. protecting-the-institution strategy

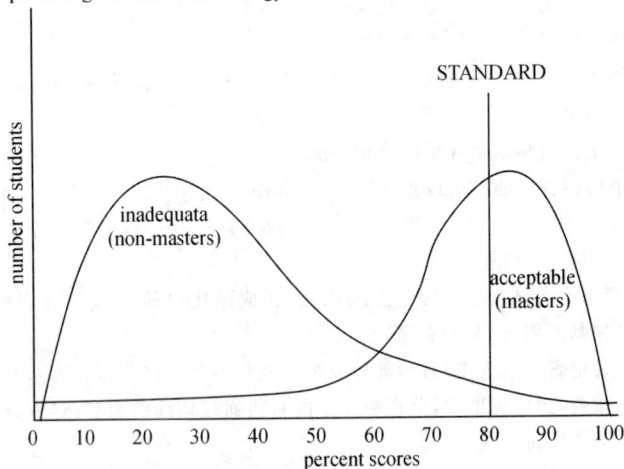

图 9-5　保护设定者利益方法设定标准

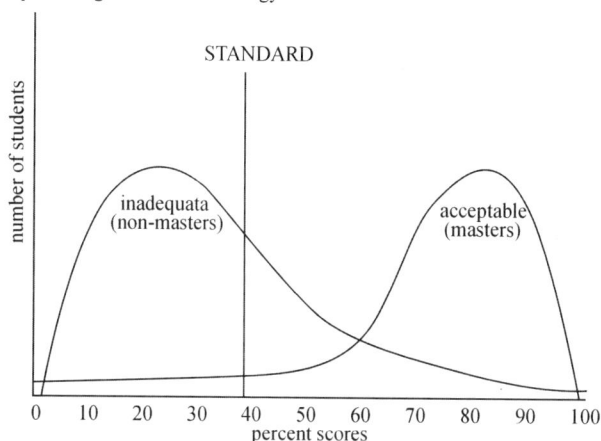

图 9-6 保护考生利益为主的标准设定法

五、标准设置怎样帮助标准参照测试作出决策?

前面描述了很多关于标准设置的方法,应该用哪种方法才能适应您的工作需要,你可以和你的同事挑选其中两三种方法进行比较,在划分切线时择优选用。虽然,无论使用哪种方法,总是觉得所设"标准"不够完美,但是,无论何种评估过程,在设置切线时,考虑测试的可靠性和效度都是极其有效的。

六、标准和可靠性的关系是什么?

标准涉及测试的可靠性。在比较可靠的考试中,我们可以比较放心地根据切线作出考试决定,但如果在比较不可靠的考试中,对根据切线作出的决定就必须持谨慎态度。根据测试可靠性的高低绘制置信区间(confidence interval,CI),测试可靠性越高,CI 越窄;测试可靠性越低,CI 越宽。例如,假设两个考试在 0% 到 100% 的规模(scale),如果其中一个测试很可靠,则具有 3% 的置信区间,意味着在 68% 的时间里,学生的成绩可在 ±3% 上下波动,在 27% 的时间里,成绩可在 ±6% 之间波动,甚至在 3% 的时间里,成绩可在 ±9% 间波动。相比而言,如果一个测试没有那么高的可靠性,置信区间可能达 15%，则意味着在 68% 的时间里，学生成绩会在 ±15% 上下波动，在 27% 的时间里，成绩会在 ±30% 之间波动，而在 3% 的时间里，成绩会在 ±45% 之间波动。

特别地，为了确定哪些是未掌握组以便让学生重测，可以使用置信区间去限制决策误差。也就是说，学生成绩在某个切线之下的一个置信区间内，也许重测后会高于切线的一个置信区间，反之亦然，这个结果就体现了决策误差。因此，可能需要额外的信息为这位学生作决策。使用置信区间可以提高决策的一致性和准确性。表 9-18 为使用 CI 作决策的步骤。

表 9-18　使用置信区间作决定的步骤

1. 使用在语言计划中（程序）被认为最合适方法设置标准；
2. 计算 CI，确认在切线周围正态分布的决定误差；
3. 决定是否需考虑对学生或学校（或两者兼而有之）不利的误差；
4. 分离那些在一个 CI(68% 置信)之上或低于切线（依数字 3 之上）的学生，收集这些学生的附加信息，并就有效信息作决策；
5. 在某一时刻，用所有测试可靠性的有效信息和 CI 去检测其他可能性并修正切线以备将来使用。

七、效度和标准参照测试决策的关系如何？

标准直接关系到标准参照评估过程的效度，因为考试的目的常常取决于切线应被放置在什么地方。如前所述，测试的效度和测试目的紧密相关，而标准会影响测试目的，同时，标准还会影响测试所想要测量的程度，换句话说，标准会影响一个被用于做决定的测试的程度，因此，测试设计者不但要考虑测试效度，还需考虑那些需用测试作决策的决定效度。例如，学校的升级考试，测试设计者们会尽量将切线设置在 90% 以上的学生都能升学的位置上。因为，教育者们都知道那些在诊断标准参照评估中，获得高于或等于 90% 的学生，都有资格升学。无论是出于心理还是政治目的，人们都无权将达到水平的学生留在低于他们水平的年级里学习。当然，对于一门掌握课程的考试,老师也许可以将切线定在 60% 或 70% 的学生通过考试,同时对于低于切线一个置信区间(CI)的学生,老师还可以采用前面提到的收集附加信息的方法确定学生是否通过考试。总之,无论是切线为 90% 的升学诊断考试还是切线为 60%～70% 的掌握课程结束考试,都应考虑到决策效度的价值含义和社会后果(如前 Messick 所说)。这样,就必须考虑一下基于标准参照测试的决策的后果。

1. 及格的后果(consequences of passing)。测试开发者很少会考虑由他们决定考试成绩及格的学生,但作为标准参照性测试,以下几点在设置通过点时必须考虑:

(1)及格是由什么组成的? 或者说,学生及格了在现实社会中意味着什么?

(2)如果学生是错误地被认为及格,那么对该学生会有什么后果?

(3)对每个学生来说,是否及格分数必须作为单个分数来报告? 或者必须按描述者那样报告测试分数的含义?

(4)是否其他地方也需报告分数,比如学校或父母?

(5)是否有人通过已提供的考生个体考试分数使用更详细的信息,或者测试开发者需培训哪些收到分数的报告人,以便他们理解分数的真正价值?

2. 不及格的后果(consequences of failing)。测试开发者更多地考虑那些被定为不及格的学生,同样,在标准参照性测试中,对于不及格者必须考虑以下几点:

(1)不及格由什么组成? 或者说,学生未通过测试在现实社会中意味着什么?

(2)是否学生的得分如在任何分测试的切线之下就被定为不及格? 或者说,测试开发者需平均分测试的分数,以便可以用均分来决定单个切线?

(3)决策者应如何对待不及格的学生? 那些通过整个考试的学生是否需补修他们未通过的分测试? 或者直接进入下个水平的学

习？他们将来的老师是否需知道他们的弱点，如汇报未通过的分测试成绩？

　　标准设置和标准参照测试的决策非常困难，也很具有政治性。教师和管理者经常需要设置切线并决定他们学生的命运。公开、诚实和系统地设置标准是每一位测试工作者应认真思考和对待的问题，因为没有标准就意味着测试无系统、不公平和无效。因此，CRLT标准的设定对考试的公平、公正具有重大的意义。

◀| 9.6　小结 |▶

　　信度和效度是评估和保证试卷质量的两个最重要指标，与NRT相比，CRLT的效度和效度验证更注重标准的建立和对掌握组与未掌握组的区分，因此，CRLT的效度验证更注重于正确的决策和标准参照的可靠性，尤其必须关注那些成绩在切线附近的学生，对标准的设立必须从政治、社会、经济等方面结合置信区间等方法作出准确的判断。

第十章　标准参照语言测试的分数报告、反馈和管理

◁▏10.1　概述 ▏▷

　　测试分数报告是测试实施和编制的继续。测试经过精心的编制和施测后，得到测试分数，这些分数得之不易，尤其是在大规模的测试中，它们具有丰富的评价信息，同时，它与开发标准参照语言测试、给出标准参照的反馈和报告标准参照结果同为重要，因此，本章主要就这三个问题进行探讨。

　　在常模参照测试中，应试者的原始分数通常要与常模量表相对照，也就是要和其他考生的分数进行比较，加以转换。转换后的常模参照分数表明了应试者在考试总体中的相对位置。这样的分数在人才选拔考试中，可以很直观地让应试者知道自己是否被录取。

　　在标准参照测试中，原则上无须在考试后对分数进行转换。由于考试目的、性质及编制过程决定，人们可以直接从考试结果中了解到应试者在测试的哪部分表现好，好到什么程度，或参考考试标准具体了解到应试者对哪些教学目标已掌握，掌握的程度怎样。因此，近年来，在测试分数的报告上，施考者采用了更加详细的分数报告方式，同时还注重提供反馈信息。

◁▏10.2　标准参照语言测试的开发 ▏▷

　　多数语言教学的老师都有开发和管理测试的经验，尤其是对他们自己所上课程进行出卷和对课程考试的实施。许多情况下,一门功课由多个老师承担,在课堂上教师自行设计课程考试,特别是如果该课程有一个共同的目标时,就会发现,这种教师自行开发并实施的考试,实际上是浪费资源,因为它重复、多余而且没有效率。因此,在实际工作中应该采取上同一门课程的教师合作互助、分配充足资源的方法。以下几种方法是加强教师间合作开发标准参照语言测试的有效方法。

10. 2. 1　团队开发

表面上看,评估和明确的项目目标(program goals)有关联,这个观点没有争议,这是合作开发试题的基本步骤。但在实际工作中,教师们之间常常因评估是否应与项目目标关联而发生分歧。在测试编制过程中,针对测试内容,应考虑以下的问题:

(1)课程的实质是什么

在对一门课程进行课程内容掌握测试的编制过程中,课程的本质和课程目标必须明确。如,英语作为专门用途的课程,其课程目标与普通的课程目标就应有明确的不同。课程目标的设定将直接影响到测试的设计,当然在实际工作中,要让单个教师完成课程的目标制定是很难的,因为每个教师对目标的解释也大不相同。

(2)一个学期里,大纲应覆盖多少

在实际教学中,课程大纲常被忽略。教师也许尽全力去完成课程材料的教学,但却只花了很少的时间去教授与大纲相关的材料,而花了大部分时间去收集补充和完成那些与大纲联系不紧密的附加材料。现实地关注课程大纲的覆盖面可以帮助教师实现课程目标并使之更现实化和标准化。

(3)课程是如何被教的

教师们总是希望教学能和考试匹配,也就是说,课堂指导能和测试的材料保持一致。为此就必须调整材料应如何教或应如何考。虽然这样做花费时间和精力,有时还常感到受挫,但通过调整,强调了教学大纲,还强调了教师应教什么和怎么教。

（4）希望学生在特定的课程中做什么

在考试中应很明确地定义用于区分学生层次和类型的表现。比如,在第一阶段学生学习了一系列的语法点,那么在考试中,这批学生应能分辨考试中的语法结构,并能在作文中应用这些语法结构。如果在编写试卷时没有预先特别指明,则这种指示类型就需重新考虑。

（5）哪部分课程内容确实体现在测试上

语言课程通常包括使用技巧和最终目标。比如,阅读大纲往往包括以下两点目标:

①学生能够概述一个五段的解释性文本;

②学生能确定阅读段落的概括是事实或是观点。

这样,试卷编写者必须确定第一个目标首先是使用技巧,接着才是第二个目标,最终目标就作为下个层次的语言课程水准。这样就可确定期末考试是否应包含第一个目标。

（6）测试中实际应包括什么材料

如果测试时间太长,则学生成绩会因太疲惫而受影响。由于时间限制,不是所有所学内容和教学大纲中要求的材料都体现在试卷上,因此,教师应知道如何权重那些必须要掌握的内容,并在试卷上体现。

10.2.2　加强教师间的协作关系

没有教师之间的合作,测试的开发就不可能实现。同样的道理,没有教师间的彼此协作,课程开发计划也就不可能得到开展。任何影响教师课堂和学生的问题都必须得到教师和学生的赞同,这不但是政治原因,还因为教师们深知他们的学生,如,课堂上学生们使用的材料、课程的组织、语言教学和实践的类型等等。

因为 CRLT 关注更多的是课堂教学和学习过程,加强教师间的联系则成为 CRLT 规划中最重要的部分。

下面我们探讨在实际 CRLT 试卷编制中所碰到的加强教师之间合作的具体步骤:

(1)提供协调服务；

(2)让测试对教师有用；

(3)提高教师自身兴趣；

(4)呼吁教师的专业精神；

(5)奖励教师的敬业精神；

(6)减少对测试的恐惧感；

(7)让评估留有自由度；

(8)提供其他激励措施。

一、提供协调服务

任何 CRLT 规划都要求多于一位教师的参与。若有合格和有资质的教师协作和帮助，则该 CRLT 规划可以进展得更顺利。这个教师可以是管理者、教师骨干或获得其他教师认可和支持的普通教师。测试的协调要求教师们协作愉快，并能鼓励他们一起将事情做好。基本原则就是必须让老师们一起(1)复审试题；(2)修改试题；(3)为他们教的特别课程编写新的测试试题。在学期初(诊断前测试)和学期末(成就后测试)，相关部门还应(4)提供足够的试卷；(5)将试题及时地提供给教师；(6)考试完后收集试卷；(7)尽量统一评卷；(8)及时获得考试结果。

二、让测试对教师有用

教师也应知道在测试规划中相互协作关系对师生都有益处。这种认知让教师感觉到加强教师间协作的重要性和理解前面提到的协作具体步骤。如果实际操作时能按本章节的原则去实施，相信教师们都会感到他们的工作的重要性和他们被接受的承认度，这样，教师们和教育管理者之间的关系就将更为融洽，真正让学校的行政机构实现"服务育人，管理育人"，进而达到"教学育人"的目的。

三、提高教师自身兴趣

为了让教师们觉得测试对他们有用，应该使用任何有效的策略来提高教师自身编制试题的兴趣，比如，当老师意识到编制试题不但可以检测自己的专业水平还能在编制过程中提高自己，并且在协作过程中可以获取更多好的试题,则老师们就会形成主动编写试题的习惯,并在不断地编写过程中找到编制试题的乐趣。当用自己编写的试题进行 CRLT 课程测试后,可以从学生的反馈中发现试题的不足,进而改进试题,不断提高教师自身的业务水平和自己编制试题的能力,这样,教师编制试题的兴趣自然就得到提高。

四、呼吁教师的专业精神

现实情况常常是专业教师总是比普通教师做更多的事情:他们改卷、给学生建议、设定课程目标、挑选材料,为保持和提高自己的专业水平还需不断学习、培训和进修(继续教育)。专业教师还需完成自己所授课程和班级的测试任务。因此,对上同一门课程的老师,在课程测试的开发编制过程中让他们相互合作,取长补短,将使他们的工作更容易、更有效。

要提高教师们的这种专业精神,行之有效的方法之一就是将考试的开发协作写入相关的文件或岗位职责中,并与晋升和评奖评优相结合,若条例定的越具体就越具有现实指导意义。

五、奖励教师的敬业精神

在我国,教师被誉为"人类灵魂的工程师",教师的职业被认为是"太阳底下最光辉的事业",但为此而不断地加压老师,如授课班级的不断扩大、教学工作量定额不断提高等等都将取得适得其反的效果。职业教师应该有职业道德和奉献精神,但一味的要求教师追求纯粹的奉献,势必会打击和挫伤他们的工作热情和积极性。教师的职业和其他职业一样享有加班给报酬的权利,如果管理者们期望语言教师有专业人士那样的表现,则必须像对待专业人士那样对待教师,只有这样才能期待教师们工作更敬业,完成课程授课外的试题编制工作,让课程 CRLT 测试科学地得到开发和实施。因此,适当地奖励和支付教师们额外的工作是非常必要的。

六、减少对测试的恐惧感

阻碍教师参与试题编制的其中一个重要原因是对测试规划的恐惧,尤其是参与大规模考试的试题编制,教师们害怕承担由此带来的不良后果。因此,为了让测试能够科学的实施,除了做到前面提到的几点外,还要让教师们减少对测试的恐惧感。

首先,应让教师们明白测试的反拨作用。对于授课课程的考试,让他们知道一份编制科学的试卷对教学有积极的促进作用,同时也提高学生学习的积极性。

其次,鼓励教师对本书中提到的标准参照的前测试(诊断性测试)和后测试(成就测试)的有效目标与教学目标进行相比,让他们明白教学、测试与教学大纲之间的紧密关系。通过课程测试,从不同的角度分析测试结果,让老师们了解不同教师授课班级的教学质量的好坏应如何比较。教师们总是很害怕这样的比较,因学生们成绩的高低影响他们的继续聘任。其实教师们的聘任问题在于教育管理者,而非测试本身。为了减少老师们对测试的恐惧,管理者们应做到如下两点:

(1)要保证测试分析不是因为通过比较班级的好坏而由此决定续聘教师与否的条件;

(2)要保证这种比较结果只是为了获取测试的反馈信息,该结果不完全公开,并不用于作为聘任的唯一依据。

七、让评估留有自由度

另一让教师不愿参与试题编制和统考的原因是教师们担心他们所授的内容没有在测试中得以体现。为了避免这种情况出现,上同样课程的老师集体备课和课后的及时交流是很有必要的,在编制试题时,尽可能发挥教师的特长,分工协作。相同的大纲和目标,使得课程发展和课程测试更容易进行。从学生的角度看,同一门课程,无论他们选修哪位老师,都可以学到相同的学习内容和知识,只是个别教师在补充材料上有所不同而已。因此,为了在考试试卷内容中避免出现测非所学,应加强教师间的交流,对测试的核心问题达成一致意见,并在评估卷面时留一定空间给教师,尤其是在主观性强的CRLT考试中。

八、提供其他激励措施

为激励教师们之间的团结合作,共同设计测试,除了以上的措施外还有其他的一些小小的激励措施。如,对积极参与测试编制并做好团结合作工作的老师,提供他们外出学习或进修或开会的机会;在他们年度的总结上写肯定和认可的评语;在需要管理部门作推荐的时候,在推荐信上特别强调他们的团结合作精神。

10.2.3　分配充足的资源

常常会碰到个别教师总是在明天要考试了或是临近放假时间才想起来要对所授课程进行测试。由于试卷设计匆忙,没有时间进行研磨就匆匆给学生进行测试,测试完后才发现有的题目有了两个正确答案,或者个别段落里有语法错误或是指示语不明确等等。为了避免类似情况发生,管理者可以对整个教学时间进行一个合理的安排,并在适当的时间里提醒各位任课教师,让他们有充分的时间来出题、做好考前准备。我们知道,衡量教学质量的好坏虽然不是以测试为唯一标准,但以检测学生是否掌握课程知识为主的 CRLT,却是课程教学过程中重要且不可缺的环节,至少 CRLT 测试应和课程一样重要。因此,在定课程目标、课程大纲、课程要求时,也应考虑课程考试。

总之,我们的观点是:在课程开发过程中,CRLT 必须小心并系统地进行计划、开发、实施、评分、分析和报告。因此,给测试提供充足的时间和资源是必要的。作为任课老师必须做到:(1)编制试题;(2)和其他教师探讨试题;(3)组织并管理考试;(4)给试卷评分;(5)向学生报告测试结果;(6)评判试题的质量;(7)为考试管理部门提供反馈和评分过程。

10.2.4　均衡标准参照形式

如前所述,对 CRLT 开发最好的方法是进行前测和后测。当然,我们认为没有必要让所有的学生都参加前测,因此,可以选择部分学生进行学前课程考试,另一部分进行学后考试,假设将这两种形式定为 Form A 和 Form B,那么所谓的均衡(counterbalancing)意味着采取多种形式的手段来管理一项测试,通过前测/后测设计,使得

没有一个学生参加两次相同的测试。图 10-1 则为标准参照诊断和
成就目的的两种形式均衡法。

期间	组 1	组 2
课程结束时	Form B	Form A
课程进行中	教/学	教/学
课程开始	Form A	Form B

图 10-1　标准参照诊断和成就目的的两种形式均衡法

　　在课程开始阶段,测试用于诊断,期中测试检测学生掌握知识的
进步程度,期末检测学生掌握课程的最终状况——成就测试。三种
形式可起名为 Form A、Form B 和 Form C。则在课程开始时,三分
之一的学生参加前测作为诊断目的;随着教学和学习的不断进行,到
前半学期,所有的学生都参加不同于前测的考试;后半学期随着教学
和学习的不断进行,则学生参加不同于前面的成就测试,目的是检测
学生是否完全掌握了所授课程的全部知识。图 10-2 为三种形式的
标准参照诊断、进展和成就目的的均衡法。

期间	组 1	组 2	组 3
课程结束时	Form C	Form A	Form B
授课 2/3 时	教与学	教与学	教与学
授课半程时	Form B	Form C	Form A
授课 1/3 时	教与学	教与学	教与学
课程开始	Form A	Form B	Form C

图 10-2　三种形式的标准参照诊断、进展和成就目的的平衡法

　　在实际测试情况下,均衡往往容易造成两个问题:(1)确定学生
在每次的施测中获得正确的组别和形式;(2)确保测试的安全性。
　　根据经验,事先计划能确保学生在每次施测中获得正确的组别
和形式。在考试开始前才进行分配哪些学生参加哪组或哪个形式的

测试,很容易引起混乱。因此,一旦决定哪些学生参加哪场次的考试,则学生名单必须公示,以避免不必要的麻烦。因此,为保证CRLT 顺利进行,考务管理必须跟上,以避免出现第七章案例中启示内所提到的问题。

◄ 10.3　提供标准参照反馈 ►

提供 CRLT 的反馈信息非常重要,这不仅仅只是给学生提供反馈,同时也是给教师、教育管理者、家长等提供反馈信息。反馈不是试卷编制者给应试者自上而下的信息,而是施考者和应试者之间的双向交流(two-way communication)。

10.3.1　谁应获得反馈

在实施 CRLT 时,应考虑到给学生提供反馈。实际上,给学生提供详细的一个目标接着一个目标的分测试成绩反馈是 CRLT 最具吸引力的特征之一。图 10-3 是一份阅读课程的期末诊断反馈表(Brown 2002)。通过实现一个目标再实现下一目标的分测试成绩反馈方法将帮助学生在学期初的诊断和期末的检测知识掌握情况中起到很好的作用。

如果将图 10-3 中前测和后测之间加入期中的检查,则该图还可以表现为包括平均分在内的班总结(class summary)。这样,图 10-3最后一栏分数(SCORES)就可以用班均分(CLASS AVERAGES)来表示,包括了前测均分(pre)、期中测试(mid)和后测均分(post)。这样,对于那些每次学习都低于目标的学生,教师就可以很好地帮助他们,并提供适当的补充材料以便让他们达到教学目标;而对于那些高于学习目标的学生,教师可以给他们提出更高的要求,并让他们帮助那些成绩较低者。

Reading Course, LEVEL C
Final Score Report Sheet

STUDENT'S NAME _____

OBJECTIVES

SCORES

Pre   Post

1. Answer 5 multiple-choice questions about main topics of a
   1500-word science article in five minutes with 70% accuracy.   ____ ____

2. Answer 5 factual multiple-choice questions in 5 minutes on a
   1500-word science article with accuracy.   ____ ____

3. Supply the word or phrase to which another word or phrase
   refers, taken from a 1500-word science article, with 70%
   accuracy.   ____ ____

4. Match a passage with the rhetorical function it represents
   (definition, process description, physical description,
   classification, listing, cause and effect, or comparison
   and contrast) with 70% accuracy.   ____ ____

5. Fill in the correct signal words, from a given list, in a passage
   taken from a 1500-word science article with 70% accuracy.   ____ ____

6. Decide whether inferences drawn from a 1500-word science
   article are valid or invalid with 70% accuracy.   ____ ____

7. Answer multiple-choice vocabulary questions chosen from
   a 1500-word science article with 70% accuracy.   ____ ____

8. Select the paraphrase which most nearly restates the meaning
   of the original sentence(taken from a science article)with 70%
   accuracy.   ____ ____

9. Answer interprtiveand inferential multiple-choice questions
   about charts, tables and graphs taken from a 1500-word
   science article with 70% accuracy.   ____ ____

10. Summarize at least three main points of a 1500-word
    science article in one paragraph with 70% accuracy.   ____ ____

图 10-3　阅读课程的诊断反馈表

教育管理者也可从 CRLT 中获得反馈，尤其是他们对课程开发感兴趣的话。这种情况下，前测和后测所获得的结果都很有意义。对教育管理者而言，反馈着重于平均值，图 10-4 是一份适合教育管理者的反馈信息表。该表显示了后测前测和获得比分的百分值，尤其注意在最后一栏要求提供总平均值。

Reading Course，LEVEL C
Final Score Report Sheet

TEACHTER'S NAME _____

OBJECTIVES   SCORES

AVERAGES   Post-Pre＝Gain

1. Answer 5 multiple-choice questions about main topics of a
   1500-word science article in five minutes with 70％ accuracy.   — — —

2. Answer 5 factual multiple-choice questions in 5 minutes on a
   1500-word science article with accuracy.   — — —

3. Supply the word or phrase to which another word or phrase
   refers，taken from a 1500-word science article，with 70％
   accuracy.   — — —

4. Match a passage with the rhetorical function it represents
   (definition，process description，physical description，
   classification，listing，cause and effect，or comparison
   and contrast)with 70％ accuracy.   — — —

5. Fill in the Correct signal words，from a given list，in a passage
   taken from a 1500-word science article with 70％ accuracy.   — — —

6. Decide whether inferences drawn from a 1500-word science
   article are valid or invalid with 70％ accuracy.   — — —

7. Answer multiple-choice vocabulary questions chosen from
   a 1500-word science article with 70％ accuracy.   — — —

8. Select the paraphrase which most nearly restates the meaning
   of the original sentence(taken from a science article)with 70％
   accuracy.   — — —

9. Answer interpretive and inferential multiple-choice questions
   about charts，tables and graphs taken from a 1500-word
   science article with 70％ accuracy.   — — —

10. Summarize at least three main points of a 1500-word
    science article in one paragraph with 70％ accuracy.   — — —

Overall average：   — — —

图 10-4　提供给教育管理者的行为反馈表

当教师致力于课程开发时，图 10-4 对他们也起到很好的指导作用。在实践中，有许多类似的反馈信息，选择哪种合适方法取决于当

地的实际情况。

家长们也同样对自己孩子的学习课程的反馈信息感兴趣。比如,在期中考试后(也许在家长会上)或在期末考试完后,家长们对孩子是否能正常升级表现出极大的关切。当然,针对家长可以采用不同的反馈表,如成绩报告单、在校表现情况登记表等。总之,针对不同的人群,应采用不同的反馈形式和不同的表格或报告,并注意哪些应该反馈、如何反馈。这种反馈是 CRLT 的一个特征,它不同于NRT 只是考生整体的,而缺乏考生个体的反馈报告。

10.3.2　双向交流式反馈

我们也注意到反馈不是自上而下单向的针对某个所关心的群体,特别是当教师也参与并关注时,反馈往往是双向的交流。让教师们参与包含编写、评估试题、计划和评估考试管理程序以及解释和报告考试结果等实际发展过程,反馈可能起着至关重要的作用。

一、编制和评估试题

教师参与试题的编制,也为他们提供了更有利于职业发展的条件。如前所述,如果教师们意识到别人能分享他们自己编制的试题,会激起他们更多的从业热情;而且通过编制试题,教师们才会意识到他们能够掌控测试以及测试是如何与教学大纲和目标相匹配。

一旦教师确信他们可以帮助编制试题,则应做好试题编制的组织工作,规定每人编制 10~15 个题目,或由 2~3 人一组编制一道大题,然后进行试题的汇总,并集体研磨试题,有条件的话,先进行试测,最后才进行正规的测试。

如果授课教师无法参与所授课程的试卷编制,许多教师认为会出现所出的试卷不符合授课内容或缺乏针对性;但如果让授课教师直接参与命题,则又担心教师考核不严,学生猜题押题。为了避免这种情况发生,如今,我国许多高校提出了"教考分离",即把教学和考试分开,根据培养目标、教学目的、教学大纲,制定考核大纲,建立一套包括试题库、自动命题、阅卷、评分、考试分析、成绩管理等各种规章制度完备的考核管理系统。相对于教考合一而言,教考分离有利于教学考核的公平、公正,有利于教学评价的科学、有效,有利于教风、学风的根本好转,教考分离会使学生认识到,成绩的好坏取决于平时的努力程度,取决于对所学课程掌握与理解水平的高低。教考分离的意义在于能够使教师自觉地按照课程教学大纲和基本要求组织教学,注重教学研究,改进教学方法,求得好的教学效果。同时从学生的角度来看,它能促使其树立端正的学习态度,努力学习并掌握课程的基本内容、重点内容,经受课程学习结束后的考试检验。从而形成重教重学的良好氛围,不断提高教学质量。实行教考分离也是规范教学工作和适应教学管理制度改革的需要。以教学大纲为依据进行教学和考核,统一命题、集体流水评卷的教考分离制度,有利于充分发挥考试在教学工作中的作用,使教学工作规范有序地进行。

二、计划和评估测试管理程序

在进行测试之前,教师应陈列出测试的管理程序计划过程。有四类人员应考虑:学生、教师、测试协助者(如监考人员等)、行政管理人员(其他人员如家长也许也应在考虑之内)。

在目标参照 CRLT 中,教师应很明确地知道考试的各方面细节,如分测试时间的分配、每题大概花多少时间、考试需要什么设备和什么相关人员等等。因此,在大多数情况下,任课教师是最合适执行和参与测试全过程的人员,他们很清楚考试的每个步骤和考试的全过程,行政管理人员协助考试实施,让考试正常进行。在大规模和高风险考试中,还要考虑到家长和其他社会人员。如,我国的高考当日,许多城市还启用警察和出租司机等人员协助考生按时、准点到达考试地点,并由警察维持考场周围的秩序等。

考试完成后,对阅卷和出卷的总结,也是考试行政管理人员应组织反馈的一个方面。通过对试题和考后结果的分析,总结试题编制的经验以备下次改进。对试卷编制的总结除了用前面所述的方法进行分析外,也可以采用个别访谈的方式,对考生和相关教师进行访谈,并分析访谈结果,以提高命题质量。

三、解释和报告结果

CRLT 的一个主要目的就是向考生反馈学生在诊断、过程和成就测试中的结果。图 10-3 反馈表中如果分数是按百分比（percent score）给出，则学生可以很清楚地知道自己在班级的位置，这样的报告对学生、教师和家长都很有用。

当然，提交给学生、老师的这些分数报告并不是成绩报告过程的结束，学生和教师们的观点应有序地收集起来，不但分数对考生个人和课程有意义，而且要明白如何进一步改善考试、考试管理程序和分数报告方式。通过这种方式可以从学生、教师中收集反馈获取信息，更主要的是可以提高他们在课堂上的积极性和测试过程中的主动性。

◀ 10.4　报告标准参照结果 ▶

本书章节中已经列举了许多关于 CRLT 与 NRT 的不同之处。但在实施和报告 CRLT 结果时会发现许多 NRT 中不会碰到的问题，如，考试不想及格的学生问题、只参加前测的学生、解释总成绩、帮助同事改进 CRLT 测试以及 CRLT 成绩报告中的困难等。

10.4.1　考试不想及格的学生

通常学生参加考试，如期中、期末或水平考试总是尽自身可能最好地去完成。但在某些情况下，有些学生不想通过考试或只希望得到低的成绩。这个问题主要是因为那些学生知道在学期初进行的诊断测试会作为定级的标准，因此，这些学生在参加学期初的前测时，故意不考出自己的成绩，而在后测或期中考查时一下考得很好，这样他们就可以定到他们想去的那个级别。故而，这样的结果往往会造成统计上的偏差，如本书前面讨论的项目分析等统计分析。

为避免这种情况的发生，可以在前测时直接告诉学生：若在前测时成绩高的学生，可以直接免修进入下一个阶段的学习。目前在我国《大学英语》课程（EFL）教学中，有很多高校采取了分级教学的形式，通过入学的分班考试，将学生分为快、中、慢三个层次，通过一个学期的学习并测试后,按成绩的高低,成绩进步快的学生可以从慢班进入中班,如果进步得更快还可以直接进入快班学习;在快班学习的学生只需修完 3 个学期就可以完成《大学英语》课程的学习;但如果在快班的学生努力不够,也一样会被淘汰到中或慢班去。

10.4.2　对只参与了前测的学生的处理方法

本书第五章在谈到 B 指标项目统计时,这些只参加了前测考试,而未参加后测考试学生的统计数值将严重影响 B 指标的计算。因此,为了确保差异性指标统计的准确性,建议在进行差异性指标统计时,应将只参加前测的学生去除。

10.4.3　提高分的解释

百分数(percentage gains)或提高分(gain scores)从图 10-4 中可以很容易获得。每个考生的提高分可以通过后测成绩减去前测成绩获得。比如,小李的前测成绩为 77%,后测 97%,她的提高分就是 97%-77%=20%,同样,全班的提高分可以通过学生的平均成绩获取。又如某生 A 在前测时的成绩 53%,而后测时的成绩为 87%,则该生的提高分就是 87%-53%=34%。当然正如 10.4.1 所述,有时提高分也就不是那么可信赖了。

一、提高分受外来的影响

当某位老师看到学生获得了提高分成绩而认为这是学生在课堂上的总体表现,其实这个成绩只是课堂表现的一部分,提高分的来源还有其他方面,其中一个是实践效果(practice effect),因为经过两次的测试,而且第二次的考试显然不同。由于 CRLT 考试可以是基于任务型测试或者更主观的考试,如小说测试类型,因此,如在前测中有类似的考题出现,在后测中相近类型的题型学生就会做得更好。

实践效果也体现在若家庭作业或平时的实践部分与考题相近,则考生们在考试中会表现更好。事实上,CRLT 应该适当地反映学生们平时课堂所学的知识或经验及技巧。这样,当学生们进行最终的后测时,就可以将平时所学知识在考试中正常的体现出来。总之,实践效果是作为教师平时应该注意的问题。

此外,教师还应注意到学生的总成绩还受其他因素的影响:(1)其他语言类科目的影响;(2)其他专业课程经验,如课程领域内容、社会实践经验、校园文化等隐性课程①的影响;(3)其他更通俗的经验影响(如电视、与朋友交流、购物等等)。

总而言之,教师应该十分谨慎地解释学生的 CRLT 结果或提高分,因为它代表着教学的效果和学生所具有的语言经验。从某种程度上说,在外语教学过程中的 CRLT 总分比较容易解释,因为它受以上所列出因素的影响较少,如其他课程或隐性课程、缺乏习得的环境等。

二、提高分的可靠性或依赖性

考虑到可靠性时,CRLT 的提高分还存在一个问题:即如果 CRLT 提高分表现为低可靠性,则不能使用它们。这并不排除它可以用来检测和比较前测和后测的项目分析,或者用于构念效度的干预研究。提高分主要用于分级或进行分级研究,但应保证其可靠性。

10.4.4   CRLT 成绩报告的困难

标准参照语言测试的分数报告、解释和分界线的划定即分数体系方面,目前研究者关注得还不够。而且,许多的统计方法对语言教学的老师来说还是新知识。在分数的报告和解释上面,许多考试仍沿用了经典测验理论中的常模参照方法来对其分数进行报告和解释,即在分数报告的过程中常将分数通过 Z 分数转化得到一定的量表分数来报告。而常模参照主要依赖于其所在的样本,当样本成绩呈非正态分布时,它将导致报告分数出现偏低或偏高的情况。另外在分界线的划定上面,即判断考生是否掌握时,依据常模参照很难确定具体区分考生掌握与否的分界线,而测试标准的划界分数(cut-off score)或者说合格线的准确把握问题目前也还没有十全十美的方法。因此,在标准参照测试分数的报告和解释方面,主要注意以下几

---

① 黄锐.论英语教学中隐蔽课程的功能[J].集美大学教育学报,2001,(3):61~63.

个方面：(1)首先，要选择一定的常模样本作为参照的标准；其次，要保证其常模样本具有一定的代表性和标准。(2)在分数的转换过程中，采用测试等值法，而等值方法中基于 CTT 基础上的 Tucker 法、百分位数等值法以及基于 IRT 的三参数逻辑斯蒂等值法的等值误差较小。(3)在分界线的确定上，将以标准为参照的方法与以常模为参照的方法结合起来共同决定更为适宜，即一方面考虑根据测试本身的要求所确定的通过率等一些标准性的指标，另一方面也要考虑所选择的标准样本的分数分布。

总之，目前标准参照语言测试分数体系方面还存在问题，比如，分数的报告和解释过分依赖标准样本的分布；采用不同的等值方法和等值设计将造成不同的等值误差，且差异较大；由各专家评定的分界线的划定仍存在一定的主观性等等。因此，标准参照语言测试中仍然存在大量有待解决的问题，它需要人们在以后的工作中进行进一步的探索，希望以后有更多更好的办法来解决这些问题，为日后进一步研究标准参照语言测试分数体系的设计提供切合实际的参考。

参考文献

Ackerman, T. A. Unidimensional IRT Calibration of Compensatory and Noncompensatory Multidimensional Items. *Applied Psychological Measurement*, 1989(13):113~127.

Alderson, J. C. et al. 1995. *Language Test Construction and Evaluation* Cambridge:CUP.

Alderson, J. C & Hamp-Lyons TOEFL Preparation Courses: a Study of Washback. *Language Testing*. 1996(13):280~297.

Andersen, T. W. 1958. *An Introduction to Multivariate Statistical Analysis*. New York:John Wiley & Sons Inc.

APA.. Technical Recommendations for Psychological Tests and Diagnostic Techniques. *Psychological Bulletin* 1954(51)2,(*Supplement*).

APA. 1966. *Standards for Educational and Psychological Tests and Manuals*. Washington,DC:APA.

AERA, APA, & NCME. 1974. *Standards for Educational and Psychological Tests*. Washington,DC:APA.

AERA, APA, & NCME. 1985. *Standards for Educational and Psychological Testing*. Washington,DC:APA.

AERA, APA, & NCME. 1999. *Standards for Educational and Psychological Testing*. Washington,DC:AERA.

Bachman, L. F. 1990. *Fundamental Considerations in Language Testing*. Oxford:OUP.

Bachman, L. F. & Palmer, A. S. 1996. *Language Testing in Practice* Oxford: OUP.

Berk, R. A. 1980. *Criterion-referenced Measurement:The State of the Art*. Baltimore:Johns Hopkins University Press.

Berk, R. A. 1984. *Selecting the Index of Reliability*. In R. A. Berk(Ed.) *A Guide to Criterion-referenced Test Construction*. Baltimore:Johns Hopkins University Press.

Birnbaum, A. 1968. *Some Latent Trait Models and their Use in Inferring an*

Examinee's Ability. In F. M. Lord & M. R. Novick, *Statistical Theories of Mental Test Scores* (Chapter 17~20). Reading, MA: Addison-Wesley.

Bock, R. D. & Aitkin, M. Marginal Maximum Likelihood Estimation of Item Parameters: Application of an EM Algorithm, *Psychometrika*. 1981(46): 443 ~459.

Bonk, W. J. & Ockey, G. . J. A Many-facet Rasch Analysis of the Second Language Group Oral Discussion Task. *Language Testing*. 2003(20): 89 ~ 110.

Brennan, R. L. 1980. *Reliability: Applications of Generalizability Theory*. In R. A. Berk (Ed) *Criterion-referenced Measurement: The State of the Art* (pp. 129~185). Baltimore: Johns Hopkins University Press.

Brennan, R. L 1983. *Elements of Generalizability Theory*. Iowa City, IA: American College Testing Program.

Brennan, R. L 1984. *Estimating the Dependability of the Scores*. Baltimore: Johns Hopkins University Press.

Brown, J. D. 1982. *Testing EFL Reading Comprehension in Engineering English*. Unpublished Doctoral Dissertation, University of California at Los Angeles.

Brown, J. D 1984. *A Norm-referenced Engineering Reading Test*. London: Heinemann Educational Books.

Brown, J. D. Improving ESL Tests Using two Perspectives. *TESOL Quarterly*, 1989(23): 65~83.

Brown, J. D. Short-cut Estimates of Criterion-referenced Test Consistency. *Language Testing*, 1990(1): 77~97.

Brown, J. D. & Thom Hudson. 2002. *Criterion-referenced Language Testing*. Cambridge: CUP.

Bruner, J. S. 1966. *Studies in Cognitive Growth*, New York: John Wiley& Sons. Inc.

Canale, M. and Swain, M . Theoretical Bases of Communicative Approaches to Second Language Teaching and Testing. *Applied Linguistics*, 1980(1): 1~ 47.

Carroll, J. & Sapon, S. 1958. *Modern Language Aptitude Test*. New York: The Psychological Corporation.

Carroll, J. & Sapon, S. 1967. *Modern Language Aptitude Test-Elementary*. New York: The Psychological Corporation.

Cheng L. Y. Judgments of Oral Proficiency by Non-native and Native English Speaking Teacher Raters: Competing or Complementary Constructs? *Language Testing*. 2011(1):31~51.

Chomsky, N. 1955. *Logical Structure of Linguistic Theory*. MIT Humanities Library. Microfilm. New York and London: Plenum Press, 1975; Chicago: University of Chicago Press, 1985.

Chomsky, N. 1957. *Syntactic Structures*. The Hague: Mouton. Reprint. Berlin and New York, 1985; Berlin and New York: Mouton de Gruyter, 2002. Translated as *Structures Syntaxiques*. France: Editions du Seuil, 1994.

Cronbach L. J. el al. 1972. *The Dependability of Behavioral Measurement*. New York: Wiley.

Cronbach, L. J. 1971. *Test Validation* [A]. In Thorndike R. L. (ed.). *Educational Measurement* (3rd ed.). [C]. Washington, DC: American Council on Education and National Council on Measurement in Education.

Cronbach, L. J. 1988. *Five Perspectives on Validity Argument* [A]. In H. Wainer & H. Braun (eds.). *Test Validity*. [C]. Hillsdale, NJ: Lawrence Erlbaum.

Cronbach, L. J. & Meehl, P. E. Construct Validity in Psychological Tests. *Psychological Bulletin*. 1955(52):281~302.

Cziko, G. A. 1983 Psychometric and Eudiometric Approaches to Language Testing. In J. W. Oller, Jr. (Ed.) *Issues in Language Testing Research*. (pp. 289-307) Rowley, MA: Newbury House.

Davies Alan 1990 *Principles of Language Testing*. Oxford, UK: Basil Blackwell Ltd.

Davies, A. et al. 1999. *Dictionary of Language Testing*. Cambridge: CUP.

Douglas, C. M. 2000 *Design & Analysis of Experiments*. 3rd ed. New York: John Wiley & Sons.

Ebel, R. L. and Frisbie, D. 1962(1st ed.), 1979(3rd ed.), 1991(5th ed.) *Essentials of Educational Measurement*. Englewood Cliffs, N. J: Prentice Hall.

Embreston, S. E. & Reise. 2000. *Item Response Theory for Psychologists*. Mahwah, NJ: Lawrence Erlbaum Associates.

Gardner, R. and Lambert, W. Language Aptitude, Intelligence and Second Language Achievement, *Journal of Educational Psychology*, 1965(56):191~199.

Glaser, R. & Klaus, D. J. 1962. *Proficiency measurement: Assessing human performance*. In R. M. Gagne (Ed), *Psychological Principles in Systems Development*. New York: Holt, Rinehart, & Winston.

Glaser, R. Instructional technology and the Measurement of Learning Outcomes: Some questions. *American Psychologist*. 1963 (18):519~521.

Gray, W. M. A Comparison of Piagetian Theory and Criterion-referenced Measurement. *Review of Educational Research*. 1978(48):223~249.

Guttman, L. A Basis for Scaling Qualitative Data. *American Sociological Review*. 1944(9):139~150.

Guttman. The Basis for Scaling Qualitative Data. American Sociological Review. 1950(9):139~150 In Brown J. D *Criterion-referenced Language Testing*. 2002. Cambridge: CUP.

Hambleton, R. K 1979. Latent Trait Models and their Applications. In R. Traub (Ed.) *Methodological Developments: New Directions for Testing and Measurement* (No. 4) San Francisco, CA: Jossey-Bass.

Hambleton R. K. Applications of Item Response Theory and Applications: An Introduction. *Applied Psychological Measurement*. 1983 (6):373~378.

Hambleton, R. K. Applications of Item Response Models to Criterion-referenced Assessment. *Applied Psychological Measurement*. 1983(7):33~44.

Hambleton, R. K. & Swaminathan, H. et al 1991 *Fundamentals of Item Response Theory*. Newbury Park, CA: SAGE.

Hambleton, R. K. The Rise and fall of Criterion-referenced Measurement. *Educational Measurement: Issues and Practice*. 1994(13):21~26.

Harris, C. W. An Interpretation of Livingston's Reliability Coefficient for Criterion-referenced Tests. *Journal of Educational Measurement*. 1972(9):27~29.

Harris, C. W. & Subkoviak, M. J. Item analysis: A Short-cut Statistic for Mastery Tests. *Educational and Psychological Measurement*. 1986(46):495~507.

Heaton, J. B. 1991 *Writing English Language Tests* London: London Group UK

Limited.

Henning, G. 1987 *A Guide to Language Testing*: *Development*, *Evaluation*, *Research*. Cambridge, MA: Newbury House.

Hess, B., Subhiyah, R. G., & Giordano, C. Convergence between Cluster Analysis and the Angoff Method for Setting Minimum Passing Scores on Credentialing Examinations[J]. *Evaluation* & *the Health Professions*, 2007(4): 135~156.

Hudson, T. D. & Brown J. D. 1992 *A Framework for Testing Cross-cultural Programtics*, Honolulu, HI: University of Hawaii's Press.

Hughes, A. 1989. *Testing for Language Teachers*. Cambridge: CUP.

Hulin, C. L., Lissik, R. I., & Drasgow, F. Recovery of Two-and Three-parameter Logistic Item Characteristic Curves: A Monte Carlo Study. *Applied Psychological Measurement*, 1982(6): 249~260.

Hymes, D. H. 1972. *On Communicative Competence*. Pern: the University of Pennsylvania Press. Inc.

Ingram, D. E. 1977. '*Basic Concepts in Testing*' in Bachman, L. F. *Fundamental Considerations in Language Testing*. 1990. Cambridge: OUP.

Jaeger, R. M. An Iterative Structured Judgment Process for Establishing Standards on Competency Tests: Theory and Application. *Educational Evaluation and Policy Analysis*. 1982(4): 461~476.

Jaeger, R. 1989. *Certification of Student Competence*. In R. L. Linn(Ed.) *Educational Measurement* (3rd ed.) New York: Macmillan.

Koffler, S. L. A Comparison of Approaches for Setting Proficiency Standards. *Journal of Educational Measurement*, 1980(17): 167~178.

Kuder, G. F. & Richardson, M. W. The Theory of the Estimation of Test Reliability *Psychometricka*. 1937(2): 151~160. In Yang Zhiming & Zhang *Lei Generalizability Theory and Its Applied*. 2003. Beijing: Educational Science Publishing House.

Lado, R. 1961 *Language Testing* New York: McGraw-Hill.

Lane, S. & Parke, C. S. et al A Framework for Evaluating the Consequences of Assessment Programs. *Educational Measurement*: *Issue and Practice*. 1998 (2): 24~27.

Lee-sing, A. C. 1999. *Performance Standard Determination in the Health Pro-*

fessions : *A comparison of Judgmental Based Methods and Cluster Analytic Techniques* [D]. Alberta, Canada : University of Calgary.

Lewkowiz, J. An Authenticity in Language Testing : Some Outstanding Questions. *Language Testing*, 2000 (1) : 43~64.

Livingston, S. A Criterion-referenced Applications of Classical Test Theory. *Journal of Educational Measurement*, 1972(9) : 13~26.

Livingston, S. A & Zieky, M. J. 1982. *Passing Scores : A Manual for Setting Standards of Performance on Educational and Occupational Tests.* Princeton, NJ : Educational Testing Service.

Livingston, S. A. & Zieky, M. J. A Comparative Study of Standard-setting Methods. *Applied Measurement in Education.* 1989(2) : 23~33.

Lord F. M. *An Application of Item Response Theory to Practical Testing Problems.* Hillsdale, NJ : Lawrence Erlbaum Associates, 1980.

McDonald, R. P. The Dimensionality of Tests and Items. *British Journal of Mathematical and Statistical Psychology.* 1981(34) : 100~117.

Messick, S. 1988. *The Once and Future Issues of Validity : Assessing the Meaning and Consequences of Measurement* [A]. In H. Wainer & H. Braun (eds.). *Test Validity* [C]. Hillsdale, NJ : Lawrence Erlbaum.

Messick, S. 1989. *Validity* [A] . In R. L. Linn (ed.). *Educational Measurement* (3rd edition) [C] . New York : Macmillan.

Messick, S. Validity and Washback in Language Testing. *Language Testing*, 1996. 13(3) : 241~256.

Millman J. 1974 *Criterion-referenced Measurement.* In W. J. Popham (Ed.) *Evaluation in education : Current Applications.* (pp. 311 ~ 397). Berkeley, CA : McCutchan.

Mislevy, R. & Bock, R. D. 1982. BILOG : *Maximum Likelihood Item Analysis and Test Scoring with Logistic Models.* Mooresville, IN : Scientific Software.

Morrow K, 1979. *Communicative Language Testing : Revolution or Evolution?* In C. J. Brumfit & Johnson, K. (Eds.) *The Communicative Approach to Language Teaching* (pp. 143~157) Oxford : OUP.

Nedelsky, L. Absolute Grading Standards for Objective Tests. *Educational and Psychological Measurement*, 1954(4) : 3~9.

Norris. J. M. , Brown, J. D, Hudson, T. D. 1998. *Designing Second Language Performance Assessments*. Honolulu: Second Language Teaching& Curriculum Center, University of Hawaii Press.

Payne, D. A. 1997. *Applied Educational Assessment*. CA: Wadsworth Publishing Company.

Pimsleur, P. 1964. *Language Aptitude Battery*. New York: Harcourt Brace Jovanovich.

Pimsleur, P. 1966. *The Pimsleur Language Aptitude Battery*. New York: Harcourt Brace Jovanovich.

Popham, W. J. Implications of Criterion-referenced Measurement. *Journal of Educational Measurement*, 1969(6): 1~9.

Popham, W. J. 1978 *Criterion-referenced Measurement*. Englewood Cliffs, NJ: Prentice-Hall.

Popham, W. J. Consequential Validity: Right Concern-Wrong Concept. *Educational Measurement : Issues and Practice*. 1997 (13): 9~13.

Rasch, G. 1980. *Probability Models for Some Intelligence and Attainment Tests*. Chicago: The University of Chicago Press (Original edition published in 1960).

Richards J C et al 1998. *Longman Dictionary of Language Teaching & Applied Linguistics* Addison Longman China Limited.

Shannon, G. A. , & Cliver, B. A. An Application of Item Response Theory in the Comparison of Four Conventional Item Discrimination Indices for Criterion-referenced Tests. *Journal of Educational Measurement*, 1987 (24): 347~356.

Shepard, L. A.. The Centrality of Test Use and Consequences for Test Validity. *Educational Assessment : Issues and Practice*. 1997(2): 5~13.

Sireci, S. G. 1995. *Using Cluster Analysis to Solve the Problem of Standard Setting* [C]. Paper presented at the Annual Meeting of the American Psychological Association. New York.

Sireci, S. G, Robin, F, & Patelis, T. Using Cluster Analysis to Facilitate Standard Setting. *Applied Measurement in Education*. 1999(3): 123~136.

Spolsky, B. 1995. *Measured Words*. Oxford: OUP.

Subkoviak, M. J. 1980 *Reliability: Decision-consistency Approaches*. In R. A.

Berk（Ed），*Criterion-referenced Measurement；the State of the Art*（pp. 129-185）.Baltimore：Johns Hopkins University Press.

Tall G 1981 *The Possible Dangers of Applying the Rasch Model to School Examinations and Standardized Tests*. London：Methuen.

Thissen，D. & Steinberg，L. A Taxonomy of Item Response Models. *Psychometrika*，1986（4）：567～577.

Urry，J. 1974. *Reference Groups and the Theory of Revolution*，London：Routledge and Kegan Paul.

Victor R. Martuza. Applying Norm-Referenced and Criterion-referenced. *Measurement in Education*. 1977（9）：132～140.

Weiss，C. H. 1972. *Evaluation Research；Methods for Assessing Program Effectiveness*. Englewood Cliffs，NJ：Prentice-Hall.

Weir，C. J. 2005. *Language Testing and Validation*. Palgrave：Macmillan.

Wright，B. D. & Masters，G. N. 1982. *Rating Scale Analysis*. Chicago：MESA Press.

戴海琦.《心理测量学》.北京：高等教育出版社,2010.

韩宝成.《外语科研中的统计方法》.北京：外语教学与研究出版社,2000.

黄光扬.《教育测量与评价》.上海：华东师范大学出版社,2002.

黄锐.语言测试理论在听力教学中的应用研究.《集美大学学报》(哲社版). 2001(3)：92～96.

黄锐.语言测试理论及其实践和发展.《漳州师范学院学报》(哲社版). 2002(1)：80～84.

黄锐.尺度参照语言测试的基本描述与题项分析.《集美大学学报》(哲社版). 2004(3)：70～77.

黄锐.关于"高校外语专业本科教学评估方案"的探讨.《高师英语教学与研究》. 2005(4)：14～16.

黄锐.课程改革下英语测试途径探讨.《重庆理工学院学报》. 2009(2)：131～134.

黄锐.标准参照性录音口试的模糊评分研究.《外语测试与教学》.2011(4)：51～55.

胡中锋.《教育测量与评价》.广州：广东高等教育出版社,1999.

刘建达.评卷人效应的多层面 Rasch 模型研究.《现代外语》.2010(5)：185～192.

李清华.论交际测试中的"真实性".《外语界》.2001(6);68～78.

李清华.语言测试之效度理论发展五十年.《现代外语》.2006(1);87～95.

罗少茜.任务型语言测试中的任务难度研究.上海:上海外语教育出版社,2009.

李筱菊.《语言测试科学与艺术》.长沙:湖南教育出版社,1997.

罗莲.告别"标准参照测验"和"常模参照测验"的二元划分.《考试研究》.2007(6);18～22.

刘润清.《语言测试和它的方法》.北京:外语教学与研究出版社,2000.

漆书青,戴海琦,丁树良.《现代教育与心理测量学原理》.北京:高等教育出版社,2002.

漆书清.《现代测量理论在考试中的应用》.武汉:华中师范大学出版社,2003.

汪存友,余嘉元,标准参照测验中标准设定的聚类分析法.《南师范大学学报》(社会科学版).2010(1);103～108.

王振亚.《现代语言测试模型》.保定:河北大学出版社,2009.

汪顺玉.《语言测试构念效度研究》.成都:四川大学出版社,2009.

夏征农主编.《辞海》(缩印本).上海:上海辞书出版社,1989.

杨惠中.大学英语四、六级考试分数解释.《外语界》.2001(1)62～68.

杨志明,张雷《测评的概化理论及其应用》.北京:教育科技出版社,2003.

杨启亮.《困惑与抉择—20世纪的新教学论》.济南:山东教育出版社,1995.

余民宁.IRT学理与应用.《研习信息》.1994(Vol8－Vol11).

余建英等.《数据统计分析与SPSS应用》.北京:人民邮电出版社,2003.

张厚粲,刘昕.《考试改革与标准参照测验》.沈阳:辽宁教育出版社,1992.

张凯.《标准参照测验理论研究》.北京:北京语言文化大学出版社,2002,111.

叶萌.对IRT局部独立性假设问题的认识.《考试研究》.2010(2);96～107.

邹申.《简明英语测试教程》.北京:高等教育出版社,2000.

邹申.《语言测试》.上海:上海外语教育出版社,2005.

曾用强.测试项目的相对难度假设.《现代外语》.2001(4);417～521.

图书在版编目(CIP)数据

标准参照语言测试研究/黄锐著. —厦门:厦门大学出版社,2012.10
ISBN 978-7-5615-4456-3

Ⅰ.①标… Ⅱ.①黄… Ⅲ.①语言-测试-研究 Ⅳ.①H09

中国版本图书馆 CIP 数据核字(2012)第 248919 号

厦门大学出版社出版发行

(地址:厦门市软件园二期望海路 39 号 邮编:361008)

http://www.xmupress.com

xmup@xmupress.com

厦门集大印刷厂印刷

2012 年 10 月第 1 版 2012 年 10 月第 1 次印刷

开本:889×1194 1/32 印张:9.75

字数:259 千字 印数:1~2 000 册

定价:36.00 元

本书如有印装质量问题请直接寄承印厂调换